Resl von Konnersreuth

Leben und Wirken meiner Großtante Theres Neumann

Johann Härtl

Resl von Konnersreuth

Leben und Wirken meiner Großtante Theres Neumann

BUCH- UND KUNSTVERLAG OBERPFALZ

MIX
Papier aus verantwortungsvollen Quellen
FSC® C014138

Für uns, die Battenberg Gietl Verlag GmbH mit all ihren Imprint-Verlagen, ist Nachhaltigkeit ein wichtiger Teil unserer Unternehmensphilosophie. Daher achten wir bei allen unseren Produkten auf den Einsatz umweltschonender Ressourcen und Materialien.
Dieses Buch wurde auf FSC®-zertifiziertem Papier gedruckt. FSC (Forest Stewardship Council®) ist eine nicht staatliche, gemeinnützige Organisation, die sich für die verantwortungsvolle und ökologische Nutzung der Wälder unserer Erde einsetzt.

Unsere Partnerdruckerei kann zudem für den gesamten Herstellungsprozess nachfolgende Zertifikate vorweisen:
- Zertifizierung für FOGRA PSO
- Zertifizierungssystem FSC®
- Leitlinien zur klimaneutralen Produktion (Carbon Footprint)
- Zertifizierung EcoVadis (die Methodik besteht aus 21 Kriterien in den Bereichen Umwelt, Einhaltung menschlicher Rechte und Ethik)
- Zertifikat zum Energieverbrauch aus 100 % erneuerbaren Quellen
- Teilnahme am Projekt „Grünes Unternehmen“ zum Schutz von Naturressourcen und der menschlichen Gesundheit

Bibliografische Information der Deutschen Nationalbibliothek:
Die Deutsche Nationalbibliothek verzeichnet diese Publikation in der Deutschen Nationalbibliografie; detaillierte bibliografische Daten sind im Internet über <http://dnb.dnb.de> abrufbar.

1. Auflage 2022

ISBN 978-3-95587-088-1

Weitere Informationen zum Verlagsprogramm erhalten Sie unter:
www.battenberg-gietl.de

Inhalt

„Ehe ich annehme, daß ein einfaches Bauernmädchen gleichzeitig die kompliziertesten Wunden heimlich frisch erhält, sie rechtzeitig bluten läßt, schon zehn Jahre lang unter falschen Beichten und unwürdigen Kommunionen Nahrungslosigkeit vortäuscht, die archäologisch exaktesten Visionen mimt, die genauesten Symptome qualvoller Sühneleiden produziert, dabei hellseherisches Wissen zeigt, wie es auch ein ganzes Spionagebüro nicht beistellen könnte, und dazu noch mit Sprachcharismen in aramäischer, griechischer, französischer und provenzalischer Sprache die gewieftesten Philosophen verblüfft – ehe ich diese Denkungeheuerlichkeit annehme, glaube ich schon lieber, daß sie alles durch ihre Frömmigkeit von Gott hat. Wie sie's selber sagt." (MR, 44-45)

Sigismund von Radecki, Schriftsteller und Diplomingenieur (1891–1970)

Vorwort

Als im September 1962 meine Großtante Theres Neumann, genannt „Resl von Konnersreuth“, starb, war ich noch keine vier Jahre alt. Deshalb kann ich mich persönlich nur an einige kurze Momente mit ihr erinnern.

Von meiner Großmutter bekam ich im Lauf der Jahre einige Bücher über ihre Schwester Resl geschenkt, die ich nur quergelesen hatte. Mein Vater erzählte manchmal, was er mit seiner Patentante Resl erlebt hat. Ansonsten wurde in der Zeit, als ich in Konnersreuth aufwuchs, nicht viel Aufhebens um die Resl gemacht.

Für mich war immer klar, dass die Geschehnisse um die Resl und die Erzählungen meiner Verwandtschaft über die Resl der Wahrheit entsprechen. Seit fast 40 Jahren lebe ich in Regensburg. In dieser Zeit kam immer wieder die Sprache auf meine Konnersreuther Heimat. Dabei werde ich oft gefragt, ob die Geschehnisse, die man von der Resl erzählt, der Wahrheit entsprechen. Bei dieser Gelegenheit erzähle ich gerne die Geschichte des Chefredakteurs Dr. Fritz Gerlich. Dieser war im Herbst 1927 von München nach Konnersreuth gefahren „um den Schwindel aufzudecken“. Er lernte Resl kennen, stellte sie auf die Probe und wurde ihr glühender Verehrer. Dr. Gerlich nahm den katholischen Glauben an und wurde im Dritten Reich zu einem katholischer Märtyrer. Wenn ein gebildeter, kritischer Mann wie Dr. Gerlich so von der Resl überzeugt war, dass er deshalb die Weichen in seinem Leben vollkommen neu gestellt hat, ist das für mich ein klarer Beweis für die Wahrhaftigkeit der Konnersreuther Geschehnisse.

Vor einigen Jahren wurde mir die Frage gestellt, ob es in den Visionen der Resl eine Erklärung dafür gibt, warum die Handflächen Jesu bei der Kreuzigung nicht ausgerissen waren. Ich schlug in meinen Resl-Büchern nach, fand dort die Erklärung und war überrascht, welche Einzelheiten Resl in ihrer Vision der Kreuzigung Jesu gesehen hatte. Mein Interesse am Leben meiner Großtante war geweckt. Je länger ich über sie recherchierte und je mehr Informationen ich über sie gesammelt habe, umso stärker war ich von ihrem Leben und ihrem Wirken gefesselt und fasziniert.

Meine Quellen waren vorwiegend von Zeitzeugen geschriebene Bücher, alte Zeitungen, das Staatsarchiv in Amberg und die Erzählungen meines Vaters. Mit der Zeit entdeckte ich viele mir unbekannte Seiten im Leben der Resl. Besonders interessant fand ich, dass sie die Nazis offen abgelehnt und ihren Freundeskreis zum Widerstand gegen Hitler motiviert hat und warum sie trotzdem das „Dritte Reich" überlebte.

Bei meinen Recherchen hat es mich oft geärgert, wenn ich in Büchern und Zeitungen Berichte über die Resl las, die versteckte oder offene Verdächtigungen und Verleumdungen gegen die Resl und ihre Familie enthielten. Auch um derartigen Anschuldigungen entgegenzutreten habe ich mich entschlossen, mit meinen gesammelten Informationen ein Buch über meine Großtante zu schreiben.

Mein Ziel war es, die wichtigsten Informationen über die Resl kompakt und übersichtlich zusammenzustellen. Dadurch erhalten Leserinnen und Leser, die noch nicht viel von der Resl wissen, schnell einen Überblick über das Leben, das Wirken und die Zeit der Resl von Konnersreuth. Leserinnen und Leser, die sich schon mit dem Thema Theres Neumann befasst haben, werden im Buch zahlreiche Informationen, Zusammenhänge und Dokumente entdecken, die auch für sie neu sind.

Ich bedanke mich an dieser Stelle vor allem bei meiner Frau Eva-Maria, ohne deren Ermutigung und Unterstützung das Buch nicht entstanden wäre. Besonderer Dank gebührt meinem Vater Englbert, der mir geduldig alle Fragen zu seiner Tante beantwortet hat, und meiner viel zu früh verstorbenen Mutter Theresia, die jahrelang Material über die Resl gesammelt hat. Mein Dank gilt auch meinem Neffen Florian für seine Unterstützung und meiner Großcousine Marie-Theres Neumann-Chromy für die Fotos, die ihr Vater Ferdinand Neumann von seiner Schwester Theres für die Nachwelt gemacht hat.

Johann Härtl

Bekannt in Deutschland und der Welt

Vor 60 Jahren starb meine Großtante Theres Neumann. Als „Resl von Konnersreuth“ machte sie vor fast 100 Jahren die kleine Oberpfälzer Marktgemeinde Konnersreuth weltberühmt.

Noch heute bringen viele Menschen den Ortsnamen „Konnersreuth“ sofort mit Theres Neumann in Verbindung. Wenn bekannt wird, dass ich aus dieser Gemeinde stamme, höre ich oft den Satz: „Da war doch die Resl von Konnersreuth.“ Und dann will man von mir wissen, ob die Resl tatsächlich 36 Jahre lang ohne Nahrung gelebt hat und ob ihre Stigmen (Wundmale Jesu) wirklich echt waren. Über diese Phänomene wird im weiteren Verlauf des Buches ausführlich berichtet.

Mir war immer bewusst, dass die Resl bekannt war. Bei meinen Recherchen stellte ich aber fest, dass sie zu ihrer Zeit in den damalige Medien weltweit viel präsenter war, als ich mir das je hätte vorstellen können.

Deutsche Zeitungen und Illustrierte

Als es noch kein Fernsehen oder gar Internet gab, waren Zeitungen mit Abstand die wichtigsten Medien. Es gab kaum eine Zeitung, die sich in den Jahren vor der Machtergreifung der Nationalsozialisten nicht mit dem Thema „Theres Neumann“ befasste. Wie in Abb. 1 zu sehen, zählte man Theres Neumann zu den Top-Persönlichkeiten, von denen man 1927 sprach.

Nicht nur religiöse Zeitungen, auch große Tages- und Wochenzeitungen berichteten sachlich und meist neutral über die Resl. Wie im Kapitel „Gegner der Resl“ zu lesen, waren die Artikel in linken Zeitungen, die den Sozialdemokraten oder den Kommunisten nahestanden, eher kritisch, manchmal sogar bösartig. Sogar in rechtsradikalen Zeitungen wie dem „Stürmer“, der berüchtigten antisemitischen Zeitung des NSDAP-Gauleiters Julius Streicher, schrieb man über die Resl. Auch in diesen Zeitungen nicht gerade positiv.

Dass Theres Neumann zu ihrer Zeit zum Allgemeinwissen gehörte, ist auch daraus ersichtlich, dass in Kreuzworträtseln nach ihr gefragt wurde (siehe Abb. 2).

In der Zeit des Nationalsozialismus wurde relativ wenig über die Resl geschrieben. Das änderte sich nach dem Zweiten Weltkrieg. Resl war wieder – oder immer noch – Thema in den Zeitungen. Im Nachrichtenmagazin „DER SPIEGEL“ ging man im August 1947 ganz selbstverständlich davon aus, dass man wusste, wer Therese Neumann ist. Unter der Rubrik „Personalien“ erschien eine kurze Information, dass Therese Neumann nur noch zu eingeschränkten Zeiten Besucher „aus wichti-

Von wem sprach man 1927?

Lindbergh

Nungessers „Weißer Vogel“
brach die Schwingen, sank –.
Dich trug dein stolzer Stern,
dein Mut empor zum Lichte!
Als ersten Helden der den
Ozean bezwang,
Schrieb Clio deinen Namen
in die Weltgeschichte.

Tunney

Halt fest den Lorbeer, den
du dir errungen.
Die Eisenfaust, die Dempsey
hat gefällt,
Hat auch Amerika damit be-
zwungen.
Und heut' bist du ein Gott
der neuen Welt.

Therese von Konnersreuth

Es wollte der Gläubigen Seele in Not:
Du seiest vom Himmel auf Erden gesandt!
Es bluten die heiligen Zeichen so rot.
„Ein Wunder!“.. Die Glocken erklingen
durchs Land.

Stresemann

Nimmt der Parteien Streit in Genf kein
Ende?
Naht nie der Eintracht langersehnter Mai?
Du lächelst, drückst nach links und rechts
die Hände,
Und denkst dir deinen Teil dabei.

Abb. 2: Kreuzworträtsel in „Das Leben“, Leipzig, Oktober 1933. (Z-01-01)

Abb. 1: „Das Magazin“, Berlin, Januar 1928. (Z-01-01)
Von wem sprach man 1927?
Nach Charles Lindbergh, der 1927 als Erster im Nonstopflug über den Atlantik flog, und Gene Tunney, der Schwergewichtsweltmeister wurde, obwohl er knapp 15 Sekunden k. o. gewesen war, wurde hier Therese von Konnersreuth aufgeführt, noch vor Gustav Stresemann, der als Präsident des Völkerbunds eine europäische Zollunion verwirklichen wollte.

gem religiösem Grund“ empfängt. Dieser Artikel war nur für Leser interessant, die mit dem Namen Therese Neumann etwas anfangen konnten. (Z-01-02)

Auch in späteren Jahren befassten sich Zeitungen und Illustrierte mit Theres Neumann. Eine besonders ausführliche, vierteilige Reportage über sie mit dem Titel „Die ungeliebte Heilige“ erschien im Oktober/November 1979 in der Illustrierten „BUNTE“.

Satiremagazine

In der Satire werden Personen oder Ereignisse parodiert oder verspottet, die der Leser kennt und die den Leser interessieren. Dass Theres und Konnersreuth von vielen Satiremagazinen der damaligen Zeit aufs Korn genommen wurde, ist ein Zeichen ihrer Bekanntheit.

In der Münchener illustrierten Wochenschrift „**Jugend**“, die Namensgeber für die Kunstrichtung „Jugendstil“ war, unterstellte man im September 1927 in einer Karikatur mit dem Titel „Das Wunder“, dass in „Konnersreuth heut“ große Hotels und eine Prachtkirche stehen würden (siehe Abb. 3).

Im „**Simplicissimus**“, der bekanntesten deutschen politsatirischen Wochenschrift, waren Konnersreuth und die Resl von 1927 bis 1930 immer wieder Thema. Manchmal waren die Beiträge harmlos, wie am 3. Oktober 1927 in einer Karikatur mit dem Titel „Die Macht der Presse“. Darin unterhalten sich drei Männer vor einer Kirche: „Dees mit der Resl is nimmer aufz’halt’n – die illustrierten Zeitunga ham s’ scho’ um a Haar selig g’sproch’n!“. (Z-01-05)

Nicht bösartig war auch ein Artikel des Schriftstellers Oskar Maria Graf, den die Süddeutsche Zeitung als *„einzigen bayerischen Schriftsteller von Weltrang“* bezeichnete. Im „Simplicissimus“ vom 26. September 1927 erschien sein Beitrag *„Oktoberfest und Konnersreuth“*. Darin schrieb Graf, dass sich sein Vetter darüber beschwert, weil in diesem Jahr seine Frau mit zum Oktoberfest will, um im Panoptikum die *„heuliche Theressi von Gonersreid“* zu sehen. Oskar Maria Graf hatte die schlimmsten Befürchtungen für das Oktoberfest 1927: *„Das, glaube ich, wird ein seltsames Oktoberfest: Heiliges Zeug und gar keine Unkeuschheit nicht. Neugierig bin ich bloß, ob die heilige Theresia, di wo so viel Wunder vollbringen kann, die diesartigen Schlechtigkeiten zu bannen vermag. Wissen möchte ich dann allerdings, zu was alsdann das ganze Oktoberfest?“* Tatsächlich war zu Beginn des Oktoberfests 1927 eine Wachsfigur der leidenden Resl im Panoptikum zu sehen. (Z-01-04, -05)

Auch der norwegische Maler und Karikaturist Olaf Gulbransson, für dessen Werke im Jahr 1966 in Tegernsee ein eigenes Museum gebaut wurde, befasste sich mit Konnersreuth. In der Ausgabe des Simplicissimus vom 30. Juni 1930 zeichnete er in einer Karikaturreihe zum Thema „Reiseziele“ einige ärmliche Wanderer und untertitelte die Zeichnung mit: *„Arbeitslose wandern nach Konnersreuth, um zu lernen, wie man jahrelang ohne Essen leben kann“*. (Z-01-05)

In mehreren Text-Beiträgen, Gedichten und Zeichnungen wurde Konnersreuth auch direkt aufs Korn ge-

Abb. 3: Ganzseitige Karikatur auf der Rückseite von „Jugend", 10. September 1927. (Z-01-03)

Abb. 4: Ganzseitige Farbkarikatur im „Simplicissimus", 12. Sept. 1927. (Z-01-05)

nommen. Oft unterstellte man dabei Geschäftemacherei, wie mit der Karikatur „Simpl-Woche: Saison in Konnersreuth" vom September 1927 (siehe Abb. 4).

In der Satirezeitung „**Der wahre Jakob**", der damals meistgelesenen SPD-Zeitschrift, waren die Beiträge über Konnersreuth politischer Art. Man unterstellte darin meist, dass die konservative Politik Resl für ihre Zwecke benutzen würde. (Z-01-06)

Am 15. Oktober 1927 wurde in der ganzseitigen Farbkarikatur *„Das ‚Wunder' von Konnersreuth"* unterstellt, dass die Politik die deutschen Wähler durch Resl dazu bringen wollte, dem „Reichsschulgesetz" zuzustimmen. Dabei handelte es sich um einen letztendlich erfolglosen Gesetzentwurf, nach dem konfessionell geprägte Schulen Vorzüge gegenüber solchen ohne religiöse Prägung erhalten sollten. In der Karikatur setzte ein grinsender „Pfaffe" dem „Deutschen Michl" eine Brille auf, auf deren Gläsern Fuß- und Handstigmen gemalt waren. Untertitel: *„So! Jetzt siehst ein Wunder! Und jetzt schluckst auch unser Reichsschulgesetz, gelt!"* (Der „Deutsche Michl" ist eine Figur, die den Deutschen als verschlafen, schwerfällig und leichtgläubig darstellt.)

Bücher

Im Buchhandel, in Antiquariaten und in Bibliotheken fand ich über 260 Bücher über Theres Neumann. Viele dieser Bücher wurden in mehreren Sprachen veröffentlicht (gezählt wurde jeweils nur die Originalausgabe).

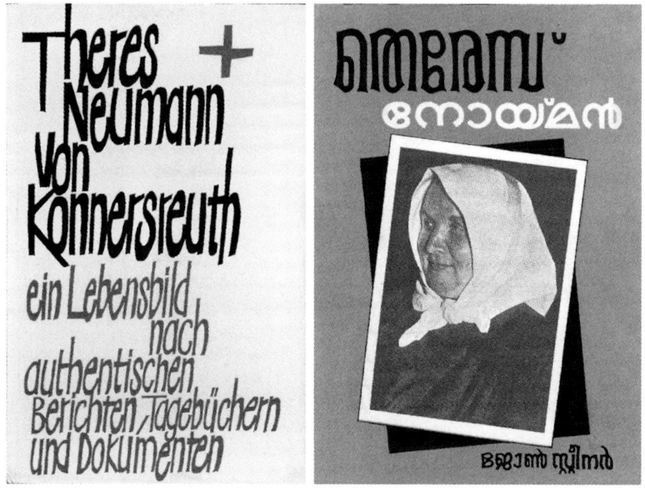

Abb. 5: „Theres Neumann von Konnersreuth ..." von Dr. Johannes Steiner. Ausgaben in deutscher und malayalamischer Sprache.

Eines der besten Resl-Bücher, „Theres Neumann von Konnersreuth. Ein Lebensbild nach Berichten, Tagebüchern und Dokumenten" von Dr. Johannes Steiner, das in Deutschland bereits zum 13. Mal aufgelegt wurde, ist in mindestens acht Sprachen erschienen: Deutsch, Französisch, Englisch, Italienisch, Spanisch, Ungarisch, Slowakisch, Slowenisch und Malayalam, das im Südwesten Indiens gesprochen wird.

Auch Würdenträger der katholischen Kirche schrieben Bücher über Theres: Erzbischof Dr. Josef Teodorowicz von Lemberg in Polen, Bischof Dr. Sigismund Waitz von Feldkirch in Österreich, Erzbischof Dr. Karl Kaspar von Prag und Weihbischof Györző Horváth von Kalocsa in Ungarn.

Luise Rinser, die *„erfolgreichste Schriftstellerin der deutschen Nachkriegsliteratur und führende Stimme des* *sogenannten Linkskatholizismus*", hat 1954 ihr Buch „Die Wahrheit über Konnersreuth – Ein Bericht" veröffentlicht, nachdem sie Theres zweimal besucht und *„so etwas wie die Erlaubnis von Therese, über sie zu schreiben*" bekommen hatte. (I-01-01; LR, 18)

Im Kapitel „Mit Resl wurden Geschäfte gemacht, aber nicht von den Neumanns" wird aufgezeigt, wie in Kinos, in Theatern, mit Vorträgen und mit anderen Geschäftszweigen Geld mit Theres Neumann verdient wurde. Geschäftemacher nutzten widerrechtlich Resls Namen, weil man damit viele Menschen anlocken konnte.

Man kannte Resl rund um die Welt

Max Rößler schrieb in seinem Buch „Therese Neumann von Konnersreuth": *„Ich erinnere mich, daß mir einmal ein amerikanischer Journalist gesagt hatte: Am bekanntesten von Deutschland seien in den Vereinigten Staaten: Das Münchener Hofbräuhaus, Konrad Adenauer und Konnersreuth.*" (MR, 9)

Dass Resl schon 1927 auf der *„ganzen Welt*" bekannt war, berichtete Pater Robert Leiber, der engste Mitarbeiter von Eugenio Pacelli, dem späteren Papst Pius XII., in seinem Buch „Konnersreuth – Tatsachen und Grundsätze": *„Man wird in der Geschichte der Askese und Mystik lange suchen müssen, bis man einen Fall findet, der fast die ganze Welt so sehr in Aufregung versetzt und in Spannung gehalten hat, wie der Fall der Therese Neumann.*" (RoL, 1)

Artikel über über die Resl erschienen nicht nur in vielen Zeitungen in ganz Europa. Selbst in fernen Ländern wie auf Kuba, in Äquatorialguinea, in Vietnam, in Indonesien und in Neuseeland wurde über sie berichtet, oft sogar auf Titelseiten (siehe Abb. 6 und 7).

Ein weiterer Beleg für das internationale Interesse an Theres Neumann ist im Kapitel „Das Dritte Reich, eine gefährliche Zeit" zu finden. Dort ist beschrieben, wie im Jahr 1939 die Meldung, Resl wäre umgebracht worden, rund um die Welt gegangen ist.

Viele ausländische Autoren interessierten sich für die Resl. Etwa 100 der genannten Bücher über Theres Neumann wurden von Autoren verschiedenster Nationalitäten in deren Heimatsprache verfasst.

Heutzutage ist Resl auch im Internet präsent. Ausführliche Internetseiten über Therese Neumann findet man sogar mit griechischen, russischen, hebräischen, japanischen und arabischen Schriftzeichen.

Abb. 6: Titelseite in Algier/Algerien im März 1933: (Z-01-07)
Thérèse Neumann
Im Artikel beschrieb man zunächst kurz Resls Unfall und ihre plötzlichen Heilungen. Danach stellte man die Phänomene der Resl vor.
Es wurde berichtet, dass Tausende von Priestern, Laien, Ärzten, Journalisten, Katholiken, Protestanten und Freidenkern die Phänomene überprüfen konnten und nun auch die Skeptiker der ersten Stunde die Tatsachen nicht mehr leugnen können. Für „auf jeden Fall sicher" wurden eingestuft: „Die Stigmata von Therese Neumann existieren" und: „Diese Stigmata und die damit einhergehenden Phänomene sind nicht das Ergebnis irgendwelcher Manipulationen".

Sixième Année – N° 268 — 25 Centimes le Numéro — Vendredi 24 Mars 1933

L'effort algérien

RÉDACTION ADMINISTRATION - PUBLICITÉ 23, Rue Horace Vernet - ALGER Téléphone 74-07

Journal d'Action et d'Organisation Catholique Sociale
Hebdomadaire, paraissant le Vendredi

Abonnement : 1 an, 20 fr. - 6 mois, 10 fr.

La France n'est pas celtique, ni gauloise, ni romaine, ni latine : c'est manquer à la comprendre que de la réduire à l'un quelconque de ses éléments ; c'est mal apprécier la merveille même de son génie, c'est désigner l'arc-en-ciel par une seule de ses couleurs. La France est la Musicienne de l'Occident. Abel Bonnard.

Sommaire du 24 Mars 1933

A l'Ecole des Ignorantins

M. Joseph Zamanski

Les Evénements

EN GLANANT

La Semaine Politique

Thérèse Neumann

Thérès Neumann est une paysanne de 30 ans, habitant Konnersreuth, petit bourg bavarois.

Son père est tailleur, et elle a neuf frères et sœurs, tous bien portants.

En 1918, étant fille de ferme, elle se brise la colonne vertébrale au cours d'un incendie, et cet accident la rendit aveugle. Cinq ans plus tard, elle recouvrait la vue, et deux ans après, elle se levait tout à coup de son lit et se mettait à marcher à la stupéfaction des médecins.

Ces deux guérisons avaient eu lieu les jours de la béatification et de la canonisation de Sainte Thérèse de Lisieux qu'elle priait particulièrement.

Ces faits ont été reconnus strictement exacts à la suite d'une enquête menée de front par des journalistes et des médecins.

Peu de temps après avoir retrouvé la santé, Thérèse Neumann aurait annoncé à ses parents que tous les vendredis elle accompagnerait Jésus dans sa Passion.

Et, en effet, depuis 1926, tous les vendredis, la jeune fille tombe en extase et déclare voir toutes les phases du drame du Golgotha, employant même dans ses paroles des mots araméens, langue dont se servait le Christ. En même temps, des stigmates rouges apparaissent sur les mains, le front, le cœur de Thérèse, tandis que du sang se mêle à ses larmes.

Pendant ces heures atroces, la jeune fille semble souffrir affreusement, bouche livide, figure de cire, étouffement, sanglots.

D'autres phénomènes étranges entourent la vie de Thérèse Neumann. Elle discerne les faux prêtres des vrais, les reliques truquées des authentiques. Depuis le 30 septembre 1927 elle n'a pris aucune nourriture à l'exception de l'hostie de la communion. Elle ne dort pas ou très peu. L'hostie, que le prêtre lui donne, fond sur sa langue sans déglutition de sa part. Enfin elle devine la vie cachée des inconnus qui viennent la voir.

Par ailleurs, c'est une fille normale, saine, bien portante; perdant 4 à 5 kilos le vendredi et les retrouvant le samedi.

Bonne cuisinière, bonne ménagère, simple, avenante, enjouée, ne semblant pas vieillir malgré son jeûne perpétuel et ses souffrances hebdomadaires.

Dans ses visions, elle décrit minutieusement les villes et villages où le Christ a vécu, donnant même des indications aux savants sur des détails d'archéologie qui les stupéfient par leur précision et leur exactitude. Inutile de dire que Thérèse n'a jamais été en Palestine.

Ces phénomènes durent depuis sept ans. Des milliers de personnes — prêtres, laïcs, médecins, journalistes, catholiques, protestants, libres-penseurs — ont pu et peuvent encore les vérifier. Chaque vendredi, la maison du tailleur Neumann ne désemplit pas. La famille n'accepte aucun argent; le village n'a construit aucun hôtel: aucune pensée de lucre n'est entrée dans les habitudes de ces braves gens.

Ainsi le fait est là, palpable, à la portée de toutes les investigations. Les sceptiques de la première heure eux-mêmes ne peuvent plus le nier; et des centaines d'écrits ont essayé de l'expliquer.

∴

L'Eglise, toujours prudente, réserve son jugement bien que Thérèse ait déjà converti des milliers de visiteurs et guéri — paraît-il — plusieurs malades.

Les hommes de science sont partagés : ils ne nient pas les faits, mais les expliquent différemment, bien qu'avec beaucoup de circonspection.

Croyants ou incroyants, une prudence réfléchie doit donc guider notre jugement dans de pareils cas.

Il y a tellement de choses que nous ignorons ! Les points de jonction entre les choses d'ici-bas et celles d'en haut sont tellement imparfaits aux regards de nos pauvres certitudes, qu'une humilité de bon aloi doit nous servir de règle devant des faits aussi étranges que ceux dont Thérèse Neumann est l'héroïne.

Trois choses sont dans tous les cas certaines :

1° Les stigmates de Thérèse Neumann existent ;

2° Ces stigmates et les phénomènes qui les accompagnent ne sont le résultat d'aucun truquage;

3° Cette jeune fille a demandé à Dieu de revivre en elle-même le drame du Calvaire pour la conversion des pécheurs... *et Dieu lui a obéi*.

Songeons que les mystiques se considèrent en face du Tout-Puissant, ainsi que le disait l'un d'eux, comme *un lambeau de tapis dans la gueule d'un chien, comme une toile d'attente devant un peintre*.

Les mystères, dont leur corps et leur âme sont des tabernacles vivants, ils ne peuvent les expliquer, et pourtant à leurs yeux ils expliquent tout. Ils se disent que si l'amour de l'homme pour la créature fait parfois de grandes choses, celui de l'homme pour son Créateur peut en faire de plus grandes encore.

Tous ces phénomènes étranges, qui semblent à la jonction des frontières divines et humaines, ne doivent donc pas être examinées avec les seuls yeux de la chair.

Pour les comprendre complètement, il faut aussi que nos regards sachent en suivre la trace par delà ces domaines où l'esprit est roi et où tout est assujetti au règne de l'Amour. Tout semble prouver, en effet, que si leur racine est sur la terre, leur cime plonge dans l'empire de Dieu.

Et cela doit nous suffire pour en chercher l'énigme dans la joie, la charité et l'espérance.

PAUL RIMBAULT.

33ste JAARGANG — VRIJDAG 3 JULI 1931 — DIT NUMMER BESTAAT UIT VIER BLADEN — No. 152

De Sumatra Post

AANTEEKENINGEN

De pers vogelvrij.

HET MYSTERIE VAN KONNERSREUTH

DE R. K. KERKELIJKE AUTORITEITEN VERBIEDEN DE PELGRIMSTOCHTEN.

De „gestigmatiseerde" Thérèse Neumann.

Een telegram uit Berlijn meldt heden, dat de Bisschop van Regensburg thans verboden heeft, dat men in het vervolg nog langer bezoeken brengt aan Thérèse Neumann, het boerenmeisje dat z.g. „stigmatisatie"-verschijnselen vertoont, en dat de R.K. kerkelijke autoriteiten de bedevaarttochten naar het Beiersche dorp, waar zich het mirakel voordoet, verboden hebben.

De „gestigmatiseerde" van Konnersreuth, zooals men Thérèse Neumann pleegt te noemen, is door het kerkelijk verbod weer eens in het middelpunt der belangstelling gekomen.

Wat er in Konnersreuth gebeurd is, is echter niets nieuws. De gevallen van stigma-verschijnselen zijn talloos, doch vooral in dezen tijd, waarin men veel van wat vroeger geschied is tot het rijk der fabelen pleegt te verwijzen, maakt een dergelijk verschijnsel, dat toch ook wetenschappelijk geconstateerd is, grooten indruk.

Thérèse Neumann,
de gestigmatiseerde van Konnersreuth.
(Deze foto mocht op last van den bisschop van Regensburg niet verkocht worden).

Thérèse Neumann is een gewoon boerenmeisje, dat in het dorpje Konnersreuth, bij de Tsjeho-Slowaaksche grens woont. „Res'l, zooals men haar in het Beiersch „noemt, was van kind af aan zeer vroom van aard en vertoonde neiging tot godsdienstige meditaties. Op buitengewone wijze vereert zij vooral de H. Theresia, de eerst onlangs heilig verklaarde kloosterzuster van Lisieux.

Aanvankelijk was Res'l in dienst bij een boer. In 1918 trok zij de aandacht tijdens een brand, toen zij grooten moed en koelbloedigheid aan den dag legde, doch sindsdien werd zij ziekelijk en lijdend.

In October 1918 werd zij voor goed bedlegerig. Haar ziekte verergerde en in Maart van het volgende jaar werd zij zelfs blind en lam. Bovendien kreeg zijn naderhand zwellingen in den hals.

Haar eenige troost was het feit, dat Christus nog zwaarder geleden had, terwijl zij voorts berusting vond in haar devotie tot de H. Theresia, wier naam zij zelve draagt.

Plotseling kwam op 23 April 1923 het gezicht terug, en twee jaar later, op 17 Mei 1925 zag zij ineens een helder licht en was zij gelijkertijd van haar lamheid genezen.

Het spreekt vanzelf, dat deze feiten in het Beiersche dorpje veel stof tot spreken opwierpen, waardoor de aandacht van de geheele wereld, in de eerste plaats van de hoogere katholieke geestelijkheid, op haar gevestigd werd.

Sinds haar wonderbaarlijke genezig van haar lamheid, hoort zij voortdurend stemmen, die tot haar spreken.

Den 7den November 1925 kreeg Therese Neumann blindedarmontsteking. Op aanraden van den pastoor van Konnersreuth liet zij zich niet opereeren, doch bad zij tot de H. Theresia. Midden in den nacht voelde zij plotseling geen pijn meer en scheen zij genezen te zijn.

In 1926, op Goeden Vrijdag, nadat Res'l wekenlang met ontstoken ooren en andere wonden weer te bed gelegen had, kreeg zij visioenen van het lijden van Christus, en merkte zij een stekende pijn in de zijde, waar zij een wonde kreeg, die totnutoe elken Vrijdag, naar zij verklaart, bloedt.

Sindsdien loopt er Vrijdags ook bloed uit haar oogen, als ze „in extaze" verkeert, terwijl hetzelfde verschijnsel zich openbaart uit kleine wondjes aan haar handen en voeten.

Het laatste verschijnsel verminderde evenwel langzamerhand, zoodat de hand- en voetwonden sinds September 1926 des Vrijdags alleen roode plekken vormen, doch niet bloeden.

Zoowel aan de rugzijde als aan de binnenzijde der handen heeft Thérèse Neumann een ronde, roodbruin-achtige vlek, volkomen droog, die eruit ziet als een wond, doch zoodanig alsof de huid vervormd is tot een blaasje, dat er glad op ligt.

Volgens haar eigen zeggen heeft zij behalve deze „stigmatisatie" op de handen, deze ook op de voeten, terwijl zij bovendien op de linkerborst, juist op de plek waar het hart zit, een wonde heeft die elken Vrijdag bloedt.

Doch ook bloeden elken Vrijdag om haar hoofd de wonden van de doornenkroon, die Christus gedragen heeft, terwijl zij in extaze bloedige tranen schreit....!

Het moet een aangrijpend schouwspel zijn deze vrouw—die thans ongeveer 30 jaar oud is — blijkbaar in benauwden droomtoestand, zoo hevig te zien lijden. Zij wringt zich, met verwrongen gelaatstrekken, krampachtig de handen.

En het aangrijpende van dit schouwspel wordt nog sterk verhoogd, door de bloedstrepen, welke het marmerwitte gelaat geheel en al van vorm en uitdrukking doen veranderen, zóó zelfs dat de grove gelaatsuitdrukking van het boerenmeisje niet meer te herkennen valt.

Therese Neumann nam langen tijd geen voedsel tot zich behalve dan dat zij van tijd tot tijd communiceerde. Dit is door een geneeskundig onderzoek vastgesteld. Het bijzondere van het geval is bovendien dat, hoewel zij langen tijd niets at, haar lichaamsgewicht niet verminderde...!

Dit zijn feiten, door verschillende mannen van wetenschap en niet-katholieken, geconstateerd.

Hoe is het mysterie van Konnersreuth te verklaren?

Men staat hier voor een raadsel.

Hoewel Thérèse vroom katholiek is, en de dorpspastoor zich zeer voor het geval heeft geïnteresseerd, terwijl daarenboven vele katholieken eigener beweging Konnersreuth als een soort bedevaartplaats gingen beschouwen, dient men niet uit het oog te verliezen, dat de Hoogere Katholieke Geestelijkheid het geval nog niet als een wonder beschouwt, in den katholieken zin, dien men aan het woord wonder moet hechten.

Het telegram, heden over de kwestie uit Berlijn ontvangen, duidt daar eveneens op.

*

Berlijn 2 Juli (Aneta Transocean). Op last van den Bisschop van Regensburg zullen de vele personen, die sinds enkele jaren uit alle deelen des lands naar Thérèse Neumann, die naar men beweert in extatischen en visionairen toestand verkeert, in het Beiersche dorpje Konnersreuth gaan kijken, in het vervolg niet meer worden toegelaten, terwijl bedevaarttochten, die totnutoe naar het dorp waar de wonderlijke verschijnselen van „stigmatisatie" zich voordoen en zich, naar men zegt, elken Vrijdag herhalen, plaats hadden, door de Kerkelijke autoriteiten verboden zijn.

EEN NON-STOP-VLUCHT PARIJS—TOKIO.

Een prijs van 200.000 francs uitgeloofd.

HET TOURNOOI TE WIMBLEDON.

BUITENLAND

DE MASSAMOORDENAAR VAN DUSSELDORF.

Kuerten geguillotineerd.

Na de geslaagde vlucht om de wereld.

ENTHOUSIASTE ONTVANGST TE NEW YORK.

FRANKRIJK'S OORLOGSVLOOT

Een voorstel van den minister van marine

WARMTEGOLF BOVEN CANADA

Abb. 7: Titelseite in Medan/Sumatra (heute Indonesien) im Juli 1933: (Z-01-08)

DAS GEHEIMNIS VON KONNERSREUTH

Die r.k. Kirchenbehörden verbieten die Wallfahrten. Nach der Information, dass der Bischof von Regensburg Besuche bei Thérèse Neumann und Wallfahrten nach Konnersreuth verbietet, folgte die Geschichte der Resl, vom Unfall während der Löscharbeiten über ihre beiden plötzlichen Heilungen bis zu ihren Freitagsvisionen und der Überprüfung der Nahrungslosigkeit.

Lebenslauf
mit Krankheit und plötzlichen Heilungen

Wahrscheinlicher Geburtstag am 8. April 1898

Theres Neumann kam als ältestes von 11 Kindern des Schneidermeisters Ferdinand Neumann und seiner Frau Anna in Konnersreuth zur Welt. Bezüglich ihres Geburtsdatums gibt es unterschiedliche Angaben. In der Geburtsurkunde, im Geburtsregister des Standesamts und im Pfarrbuch ist der 9. April 1898, kurz nach Mitternacht, angegeben. Nach Aussage von Resls Mutter erblickte Resl am 8. April 1898 kurz **vor** Mitternacht das Licht der Welt: *„Als das Kind da war, hab ich auf die Uhr geschaut, da war es zwischen ¾ 12 und 12 Uhr.“* Dies bestätigte auch Resl, nachdem man sie in der Ekstase danach gefragt hatte. (StAAm1; LR, 68; JS, 279)

Wie beim Geburtsdatum gibt es auch beim Vornamen der Resl in der Literatur unterschiedliche Angaben. Meist wird sie als Therese bezeichnet. In der Geburtsurkunde steht als Vorname Theresia, ebenso in der Sterbeurkunde. Im Taufmatrikel der Pfarrei Konnersreuth aus dem Jahr 1898 ist sie als Theres (ohne „e“) eingetragen. Resl selbst hat auch immer als Theres „ohne e“ unterschrieben (siehe Abb. 10). Deshalb nutze ich in diesem Buch den Vornamen Theres und nicht Therese. (StAAm1; JS1, 279)

Abb. 8: Resl im Alter von drei Jahren. (Foto: Robert Spalzier, Eger)

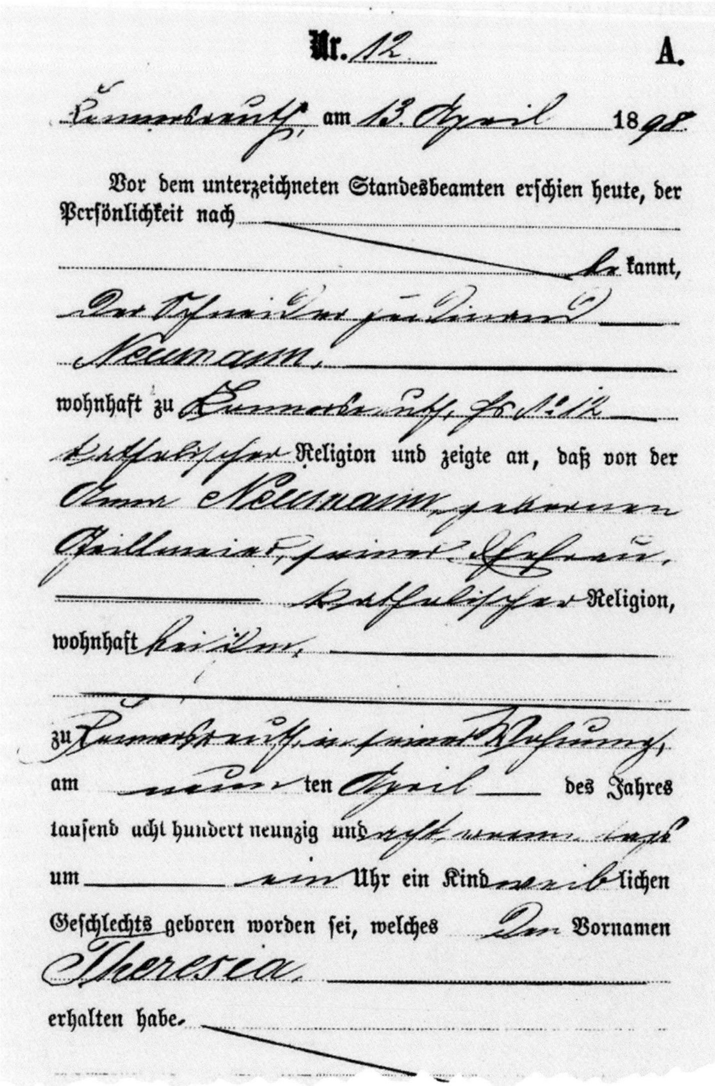

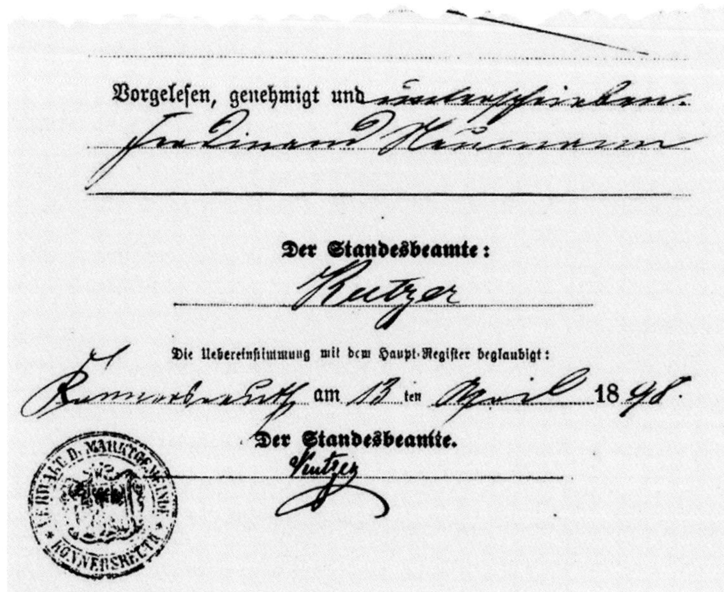

Abb. 9: Geburtsurkunde der Resl [StAAm1]:
Konnersreuth, am 13. April 1898.
Vor dem unterzeichneten Standesbeamten erschien heute, der Persönlichkeit nach bekannt, der Schneider Ferdinand Neumann, wohnhaft zu Konnersreuth, Hs No 12, katholischer Religion und zeigte an, daß von der Anna Neumann, geborene Grillmeier, seiner Ehefrau, katholischer Religion, wohnhaft bei ihm zu Konnersreuth in seiner Wohnung am neunten April des Jahres tausend acht hundert neunzig und acht, vormittags um ein Uhr ein Kind weiblichen Geschlechts geboren worden sei, welches den Vornamen Theresia erhalten habe.

Vorgelesen, genehmigt und unterschrieben.
Ferdinand Neumann.
Der Standesbeamte: Kutzer
Die Uebereinstimmung mit dem Haupt-Register beglaubigt:
Konnersreuth am 13ten April 1898.
Der Standesbeamte. Kutzer

Abb. 10: Unterschrift Theres Neumann – in Sütterlinschrift.

Resls zwölfköpfige Familie – ein Bruder der Resl war im Alter von drei Jahren verstorben – lebte in einfachen Verhältnissen. Wie viele Generationen seiner Vorfahren war Vater Neumann Schneidermeister und Landwirt. Es war damals in Konnersreuth üblich, dass man eine kleine Landwirtschaft betrieb und zusätzlich einen Beruf ausübte oder sein Geld in einer der Porzellan- oder Glasfabriken in den benachbarten Städten verdiente.

Die meisten Konnersreuther waren vor dem Zweiten Weltkrieg Selbstversorger. Damals standen in Konnersreuth 150 bis 160 Wohngebäude. In 80 Haushalten, also in jedem zweiten Haus, wurde zumindest eine Kuh gehalten. Familien, die keinen Platz oder kein Geld für eine Kuh hatten, fütterten Ziegen (Geißen), um den Eigenbedarf an Milch und Fleisch zu decken. Man nannte die Konnersreuther in den Nachbarortschaften deshalb „die Goaserer". (FG1, 1; I-02-01; StAAm5; EH)

Schulbesuch von 1904 bis 1914

Anfang des 20. Jahrhunderts war es üblich, dass die Kinder sieben Jahre lang die Werktagsschule besuchten. Wenn sie diese im Alter von etwa 13 Jahren abgeschlossen hatten, gingen sie weitere drei Jahre zur Feiertags- oder Sonntagsschule. Während der Woche mussten die Kinder dann arbeiten. Resl besuchte von Mai 1904 bis Mai 1911 die Werktagsschule, bis Mai 1914 die Sonntagsschule. Im Entlassungszeugnis bekam Resl die „*Fortgangsnote*" „*sehr gut*", es wurden ihr „*sehr großer Fleiß*" und „*sehr lobenswertes Betragen*" bescheinigt. (FG1, 11)

1910 bis 1918 arbeitete Resl in der Landwirtschaft

Schon als 12-Jährige leistete Resl ihren Beitrag, um bei der Ernährung der großen Familie mitzuhelfen. Nach der Werktagsschule arbeitete sie nachmittags in der Landwirtschaft des etwa eine viertel Stunde entfernten Guts Fockenfeld. Resl freute sich, wenn sie dem Vater 60 Pfennig geben konnte, die sie für einen halben Tag Arbeit bekam. (FG1, 13-14)

Mit 14 trat Resl in den Dienst auf dem nahegelegenen Hof von Max Neumann ein, der nicht mit Theres Neumann verwandt war. Für die damaligen Verhält-

Abb. 11: Bild von Mutter Neumann mit den Kindern. Erstellt 1916 für den Vater Neumann, der im 1. Weltkrieg war.
Hinten, von links: Theres (Resl), Marie, Anna (meine Großmutter), Ottilie, Englbert.
Vorne: Kreszenz, Agnes, Hans, Mutter Anna, Ferdinand, August. (Foto: Familie)

nisse hatte der „Kouhlenz“, wie man Max Neumann in Konnersreuth nannte, ein stattliches Anwesen mit *„16 bis 17 Stück Vieh“* (Ochsen und Kühe), 60 Tagwerk Grund und einer Gastwirtschaft. An Lichtmess 1917 wurde Resl zum „Ochsenknecht“ befördert. Resl musste jetzt die schwersten Männer-Arbeiten verrichten, da der Hofbesitzer und der Knecht im Ersten Weltkrieg kämpften. (FG1, 13-14)

Mit dem Geld, das sie verdiente, unterstützte Resl vor allem ihre Familie. Einen Teil sparte sie für eine Aussteuer. Diese war nicht für eine Hochzeit gedacht. Resl wollte Missionsschwester werden und hätte, um in einem Kloster aufgenommen zu werden, eine Aussteuer mitbringen müssen. (LR, 31- JS1, 16)

Beim „Kouhlenz“ arbeiteten später auch Resls Schwestern Maria, Anna und Ottilie und ihr Bruder Englbert. (FG1, 13-14)

Unfall am 10. März 1918; Beginn einer langen Krankheit

Beim „Neuen Schmied“, dem Nachbaranwesen von Resls Dienstherrn, brach am 10. März 1918 ein Feuer aus. Da viele Männer im Krieg waren, war Resl eine der Kräftigsten bei der Brandbekämpfung. Sie reichte stundenlang schwere Wassereimer nach oben und verletzte sich dabei an der Wirbelsäule. In der Folgezeit hatte sie dauernde Rückenschmerzen, kein *„rechtes Gefühl“* mehr im Unterleib sowie starke, andauernde Magenstörungen. (FG1, 17-23)

Trotzdem versuchte sie immer wieder zu arbeiten, um ihre Mutter und ihre Schwestern bei der Arbeit beim „Kouhlenz“ zu unterstützen. Anfang April wollte Resl Kartoffeln aus dem Keller holen, stürzte, fiel rücklings die Kellerstiege hinunter und schlug mit dem Hinterkopf auf eine Steinstufe. Die Folgen des Unfalls waren Kopfschmerzen und Übelkeit, die sich derart verschlechterten, dass Resl am 23. April 1918 in das Krankenhaus im nahegelegenen Waldsassen eingewiesen werden musste. Es ging ihr dort so schlecht, dass die Krankenschwestern dachten, *„jetzt geht es mit der Resl dahin“*. Am 10. Juni wurde Resl als ungeheilt aus dem Krankenhaus entlassen. (FG1, 25-29)

Bettlägerigkeit ab Oktober 1918; starke Sehschwäche

Resl war im Sommer und Herbst 1918 mehrmals gestürzt und dabei ohnmächtig geworden. Am 19. Oktober 1918 stürzte sie erneut schwer. Danach ging es ihr so schlecht, dass man der Überzeugung war, sie liege im Sterben. Resl bekam die Sterbesakramente. Resls Vater kämpfte zu dieser Zeit an der Front in Lüttich. Da man wollte, dass der Vater beim Sterben seiner Tochter anwesend ist, beantragte der Bürgermeister für ihn Heimaturlaub. Drei Tage später konnte sich Resl nicht mehr aus eigener Kraft im Bett umdrehen. Von diesem Tag an war sie ständig ans Bett gefesselt. In den folgenden Tagen verschlechterte sich ihr Sehvermögen so sehr, dass sie nur noch hell und dunkel unterscheiden konnte. (FG1, 39-43)

Absolute Blindheit ab Mitte März 1919

Resl war Anfang März zum Wechseln der Bettwäsche auf einen Stuhl gesetzt worden, stürzte vom Stuhl und schlug mit dem Hinterkopf auf den Steinboden. Danach war sie mehrere Tage „*fast völlig bewusstlos*“. Als Resl nach weiteren Tagen, in denen sie Krämpfe und Ohnmachtsanfälle hatte, das erste Mal wieder die Augen öffnete, war es finster um sie. Resl war vollständig erblindet. (FG1, 55-56)

Ab Weihnachten 1922 nahm Resl keine feste Nahrung mehr zu sich

Resl konnte Ende 1922 nicht mehr schlucken. Ihr Hausarzt, Dr. Seidl, erklärte als Ergebnis seiner Untersuchung, dass der Hals geschwollen und die Schluckmuskeln gelähmt seien. Resl bestritt eine Schwellung des Halses und erklärte, sie hätte nur nicht schlucken können. Ab Weihnachten 1922 nahm Resl nur noch flüssige Nahrung zu sich. (FG1, 72; JS1, 26)

Heilung von der Blindheit am 29. April 1923

Am Tag der Seligsprechung der Thérèse von Lisieux, die auch als kleine heilige Theresia bekannt ist, konnte Resl plötzlich wieder sehen. Wie unerwartet und plötzlich dies erfolgte, hat Resl selbst berichtet (siehe Abb. 12).

Es war zwar eine große Erleichterung, dass Resl wieder sehen konnte, die anderen Beschwerden blieben aber. Wie aus den folgenden Absätzen ersichtlich, kamen sogar neue Leiden dazu.

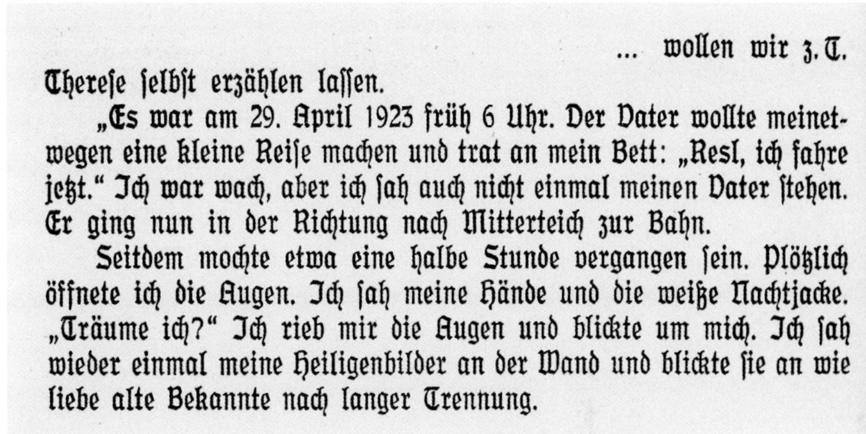

... wollen wir z. T. Therese selbst erzählen lassen.

„Es war am 29. April 1923 früh 6 Uhr. Der Vater wollte meinetwegen eine kleine Reise machen und trat an mein Bett: „Resl, ich fahre jetzt.“ Ich war wach, aber ich sah auch nicht einmal meinen Vater stehen. Er ging nun in der Richtung nach Mitterteich zur Bahn.

Seitdem mochte etwa eine halbe Stunde vergangen sein. Plötzlich öffnete ich die Augen. Ich sah meine Hände und die weiße Nachtjacke. „Träume ich?“ Ich rieb mir die Augen und blickte um mich. Ich sah wieder einmal meine Heiligenbilder an der Wand und blickte sie an wie liebe alte Bekannte nach langer Trennung.

Abb. 12: Theres erzählte von der Heilung ihrer Erblindung. (FRL1, 10)

Wundheilung durch Rosenblätter Anfang Mai 1925

Eine seit Ende 1924 eiternde Wunde am linken Fuß war so schlimm geworden, dass die Mutter befürchtete, eine Amputation wäre unvermeidbar. Von Pater Seraphin aus dem Karmelitenkloster in Reischach hatte Resl Rosenblätter geschickt bekommen, die am Grab der kleinen heiligen Theresia berührt und dort gesegnet worden waren. Diese Rosenblätter ließ sich Resl unter den Verband schieben. „*Nach einigen Minuten spürte sie ein starkes Jucken und der Schmerz war weg. Nach Abnahme des Verbandes am nächsten Morgen zeigte sich, daß die ganze Wunde bereits geschlossen und mit einer feinen, frischen Haut überzogen war. Kurze Zeit noch und die volle Heilung war beendet.*“ (LW1, 83)

Heilung der Lähmungen am 17. Mai 1925

Resls Rückgrat war jahrelang gelähmt gewesen. Der linke Fuß lag schon mindestens seit einem dreiviertel Jahr unverändert zusammengekrümmt unter dem rechten Oberschenkel, oberhalb des Knies. Nur ihr rechter Arm war frei beweglich, den linken konnte sie meist nicht bewegen. (LW1, 25)

Am 17. Mai 1925, dem Tag der Heiligsprechung der Thérèse von Lisieux, erschien Resl ein weißes Licht. Eine Stimme fragte sie, ob sie gesund werden will. Was bei dieser Lichtvision genau geschah, erzählte Resl Pfarrer Witt aus der Nachbarpfarrei Münchenreuth (siehe Abb. 13).

Nach 6 ½ Jahren Bettlägerigkeit war Resl von einem Moment auf den anderen in der Lage, selbstständig zu gehen. Ohne irgendwelche Muskelaufbaumaßnahmen war sie fähig, in der folgenden Nacht das Gehen noch mehrmals auszuprobieren.

Resl wusste nicht, wer bei ihrer Heilung aus dem Licht zu ihr gesprochen hatte. Ein Satz, der zur Resl aus dem Licht gesprochen worden war, brachte Pfarrer Naber darauf, dass es die kleine heilige Theresia gewesen sein muss. Die Stimme sagte zu Resl: „*Gerade durch Leiden werden mehr Seelen gerettet als durch die glänzendsten Predigten! Ich habe das ja schon früher geschrieben*!“ Pfarrer Naber fand diese Worte in der Selbstbiographie der kleinen heiligen Theresia. (Z-02-01)

Therese erzählt:

Nachmittags unter der Maiandacht betete ich eben meinen Rosenkranz.

... Plötzlich wird vor mir ein Licht. Ich bin anfänglich über dieses Licht recht erschrocken. Das Licht war vor meinen Augen über dem Bette. Es war ein weißes Licht. Meinen Augen hat es wohl getan. Ich tat in der ersten Ueberraschung einen Schrei, daß es meine Eltern bis hinunter hörten. Sie kamen herauf, der Vater voran. ... Aus diesem Lichte vernahm ich eine Stimme: „Resl, möchtest Du nicht gesund werden?“ Ich antwortete: „Mir ist alles recht, Leben und Sterben, gesund sein und krank sein, der liebe Gott versteht's am besten.“ Die Stimme fragte mich wieder: „Hättest Du eine Freude, wenn Du Dir selber wieder helfen könntest?“ Ich erwiderte: „Ich habe an allem eine Freude, was vom lieben Gott kommt.“ ... Die Stimme bestand jedoch darauf: „Du darfst eine kleine Freude erleben. Du kannst Dich aufsetzen, probier's einmal, ich helfe Dir.“ Bei diesen Worten nimmt mich etwas bei der rechten Hand. Die Mutter sagt, ich hätte in die Höhe gelangt und fügt hinzu, ich hätte während der ganzen Zeit nicht hergesehen wie alleweil. ...

Die Stimme fuhr fort: „Aber leiden darfst Du schon noch viel und lang, und kein Arzt kann dir helfen. ...

... Ich sah meine Angehörigen und die Krankenschwester weinen und sagte: „Was habt Ihr? Ich gehe jetzt“. Der H. H. Pfarrer meinte: „Probieren wir's!“ ... Mit dem Worte: „Probiere ich's halt in Gottes Namen“ stand ich allein auf und stellte mich vor das Bett. Der Vater und die Mutter waren so aufgeregt, daß sie nicht mehr zulangen konnten. Am ruhigsten war der H. H. Pfarrer. Man sorgte sich, ich könnte fallen. So griffen mir der Vater und die Klosterschwester unter die Arme und führten mich über die Stube.“

Der Vater schaltet hier ein: „Wir mußten nicht stark halten. Wir haben sie nur ein wenig geführt und sie ist gegangen.“

Abb. 13: Theres schilderte, wie sie von ihrer Lähmung geheilt wurde (gekürzt). (LW1, 86-89)

Erste Vision am 4. März 1926

Am Donnerstag, den 4. März 1926, dem ersten Donnerstag der Fastenzeit, lag Resl nachts ganz ruhig im Bett, ohne an etwas Besonderes zu denken. Auf einmal sah sie Jesus vor sich. Er kniete im Garten am Ölberg.

Abb. 14: Resl 1925 mit ihren Eltern Ferdinand Neumann und Anna Neumann, geborene Grillmeier, meinen Urgroßeltern. (Foto: Familie)

Drei Jünger waren bei ihm, nicht schlafend wie allgemein dargestellt, sondern sitzend an Steine gelehnt. Während Resl den Heiland sah, verspürte sie einen so starken Schmerz an der Seite, dass sie dachte, „*es gehe ans Sterben*". An dieser Stelle spürte sie ihr Blut „heiß herunterlaufen". Es handelte sich um die erste Vision der Resl, den Beginn der später beschriebenen Leidensvision. Dabei blutete das Herzstigma, Resls erstes Wundmal Christi, von denen sie noch viele bekommen sollte. (LW1, 180-181)

In den Folgewochen der Fastenzeit 1926 hatte sie weitere Visionen und neue Stigmen. Seit dieser Zeit erlebte Resl bis zu ihrem Lebensende Visionen, bei denen sie Szenen aus dem Leben Jesu und Ereignisse aus dem Leben vieler Heiliger sah. Im Kapitel „Die Visionen der Resl" ist dies ausführlich beschrieben.

Nahrungslosigkeit ab Weihnachten 1926; Überwachung vom 14. bis 28. Juli 1927

Seit Mitte August 1926 nahm Resl auf Drängen der Mutter täglich einen bis zwei Löffel flüssige Nahrung zu sich. Vier Monate später verweigerte sie endgültig jede Nahrungsaufnahme. Nur zum Schlucken der hl. Kommunion bekam sie ein paar Tropfen Wasser. (JS1, 26)

Im Rahmen der „*kirchlichen Untersuchung … der Vorfälle in Konnersreuth*" und um „*Lügenberichten*" entgegenzutreten, veranlasste das bischöfliche Domkapitel Regensburg eine zweiwöchige, lückenlose Überwachung der Resl. Wie im Kapitel „Überprüfung der Nahrungslosigkeit" beschrieben, wurde diese äußerst gewissenhaft von fachkundigen Ärzten und Schwestern durchgeführt. Als Ergebnis der Überwachung bestätigte das Bischöfliche Domkapitel Regensburg, dass nicht die geringste Nahrungsaufnahme stattfand und dass eine „*Beobachtung in einem Spitale oder in einer Klink auch keinen besseren Erfolg hätte bringen können*". (StAAm2)

Mystische Kommunion ganz ohne Wasser ab September 1927

Neun Monate nachdem Resl jede Nahrungsaufnahme verweigert hatte, waren auch die wenigen Tropfen Wasser zum Schlucken der hl. Kommunion nicht mehr erforderlich. Im Zustand der erhobenen Ruhe, der in einem der folgenden Kapitel beschrieben ist, legte ihr der Priester eine ganze Hostie auf die Zunge. Die Hostie verschwand, ohne dass Resl den Mund geschlossen oder gar geschluckt hätte. Viele Priester und Bischöfe beobachteten und bezeugten dieses Phänomen. In den Zustand der erhobenen Ruhe geriet Resl oft kurz vor dem Empfang der hl. Kommunion. War das nicht der Fall, reichten ihr die Geistlichen nur ein kleines Teilchen einer Hostie, das sie „*nur mit äußerster Beschwerde*" schlucken konnte. (FG1, 135, 167; HF, 87-88; WF, 59-60)

Im „Dritten Reich"

Resl machte aus ihrer Abneigung gegen die Nationalsozialisten keinen Hehl. Sie motivierte und unterstützte ihre Freunde beim Kampf gegen Hitler. Daran erinnerte auch die „Mittelbayerische Zeitung" in einem Artikel, der im September 2012 erschien. Man bezeichnete Resl darin als „*Inspiration für den NS-Widerstand*" und schrieb: „*… Vor dem heraufziehenden Nationalsozialismus versammelte die einfach gebildete Schneiderstochter Anfang der 1930er Jahre einen Kreis Intellektueller um sich, die sich dem Faschismus mutig entgegenstellten*." (Z-02-02)

In den Kapiteln über das Dritte Reich und den Konnersreuther Kreis wird über Resl und ihre Freunde während dieser dunklen Zeit berichtet.

Nach dem Zweiten Weltkrieg

Während der Zeit des Nationalsozialismus war es relativ ruhig um Theres geworden. Nach dem Zweiten Weltkrieg kamen dann umso mehr Besucher. Besonders an Freitagen fuhren Tausende, darunter viele Amerikaner, nach Konnersreuth, um Resl während ihrer Leidensvision zu sehen.

Für Resl waren in dieser Zeit zwei Vorhaben besonders wichtig, für deren Umsetzung sie alle Hebel in Bewegung setzte und die, wie im gleichnamigen Kapitel beschrieben, „Spuren der Resl in Konnersreuth" hinterlassen haben:

- Resl ließ all ihre Beziehungen spielen, damit die „Salesianer" (Oblaten des hl. Franz von Sales) im Jahr 1955 in den Gebäuden des Schlossguts Fockenfeld bei Konnersreuth eine Spätberufenenschule eröffnen konnten. Bis 2020 holten dort junge Männer das Abitur nach, um – so war das Hauptziel der Schule – danach Theologie zu studieren und Priester zu werden.
- Auf Wunsch von Rudolf Graber, des damaligen Bischofs von Regensburg, leitete Resl bis kurz vor ihrem Tod alles in die Wege, damit in Konnersreuth das Kloster „Theresianum" gebaut werden konnte, in dem für die Anliegen des Bischofs und der Diözese gebetet wird.

Am 18. Sept. 1962 starb Theres Neumann

Schon seit Weihnachten 1961 war Resls Gesundheit schwer angeschlagen. Sie hatte ernste Herzprobleme. In der Fastenzeit 1962 versagten ihr während der Leidensekstasen oft die Kräfte. Trotzdem war Resl noch

Abb. 15: Resl mit ihrer Schwester Anna und deren Mann Hans Härtl, meinen Großeltern, 1955. (Foto: Familie Härtl)

viel auf Reisen. Sie fuhr nach Württemberg und mehrmals nach Regensburg, um den Bau des Konnersreuther Klosters voranzutreiben. Im August und September 1962 war sie in Eichstätt, um dort die Hinterlassenschaft ihrer verstorbenen Schwester Ottilie zu regeln.

Die Reisen hatten sie sehr angestrengt. Vier Tage nach ihrer Rückkehr nach Konnersreuth, am 15. September 1962, hatte Resl einen schweren Herzinfarkt. Es ging ihr so schlecht, dass sie *„vor Schmerzen gar nicht mehr zum Heiland beten konnte"*. Alle ärztlichen Bemühungen waren vergebens. Am 18. September starb Resl an den Folgen des Herzinfarktes. (EB, 213-215; JS1, 103)

Die Visionen der Resl

Theres Neumann hatte zwei verschiedene Arten von Visionen: Lichtvisionen und geschichtliche Schauungen. Eine schöne Definition trifft auf beide Visionstypen der Resl zu: „*Visionen sind Offenbarungen Gottes. Damit sind besondere Wahrnehmungen gemeint, die Gott nur bestimmten Menschen schenkt und die er sie im Geist sehen lässt.*“ (I-03-01)

Lichtvisionen

Bei den Lichtvisionen erschien Resl ein Licht und sie hörte eine Stimme und/oder sah verklärte Gestalten. Wie bereits beim Lebenslauf der Resl erwähnt, hatte sie die erste derartige Vision am 17. Mai 1925. Damals erschien ihr ein weißes Licht und Thérèse von Lisieux fragte sie, ob sie gesund werden will. Thérèse von Lisieux, die auch als „Theresia vom Kinde Jesus“ und seit ihrer Heiligsprechung als „kleine heilige Theresia“ bezeichnet wird, sprach in den Folgejahren immer wieder aus dem Licht zu Resl. (FG1, 85, 174; LW1, 248, 261)

Bei diesen Lichtvisionen hörte Resl nur die Stimme der kleinen heiligen Theresia, die Heilige selbst sah sie nicht. Anders verhielt es sich bei Lichtvisionen von Jesus. Hier freute sich Resl, dass sie den Heiland in hellem Licht sehen durfte. Am Heiligen Abend 1926 und während der Mettenamt-Feiern der Folgejahre hörte sie wunderbares Singen und sah das Jesuskind auf einer Wolke stehen und ihr die Ärmchen entgegenstrecken (siehe Abb. 16). Auch an den Weihnachtsfeiertagen sah Resl beim Empfang der heiligen Kommunion den Heiland als Christkind. In der zweiten Woche des Jahres, in der die Kirche das „Dreikönigsfest“ feiert, sah sie Jesus als zweijähriges Kind [Anmerkung: Nach Resls Visionen erreichten die heiligen drei Könige Jesus, als dieser etwa 2 Jahre alt war.]. An anderen Tagen erschien ihr der Heiland beim Empfang der heiligen Kommunion in Erlösergestalt. (LW1, 168-169; FG1, 188-189; JN, 32, 79)

… Ich sah aber nun ein kleines Kind über mir auf einer weißen Wolke: Ach, war d a s schön! Und ich sah das Kind mitten im Lichte. Es hatte ganz feine rote Bäckchen, nicht arg rot, nur ein bißchen, und die schönen kleinen Füßerl. Schwarze Haare hat es nicht gehabt. Die feinen Haare waren blond, und umrahmten mit leichten Löckchen das leuchtende Gesichtchen. Mit glänzenden tiefblauen Augen blickte es milde auf mich. Das Kindlein hatte ein Hemderl an; die Aermchen hatte es ausgestreckt nach mir und hat mich angelächelt. Es war gerade, als ob das Kind auf mich hermöchte.“ … „Es ist auf der Wolke gestanden. …

Abb. 16: Resl beschrieb, wie sie das Jesuskind in der Lichtvision sah. (LW1, 269)

An verschiedenen Festtagen hatte Resl weitere Lichtvisionen. An Mariä Empfängnis, dem Fest der ohne Erbsünde empfangenen Jungfrau und Gottesmutter Maria, sah sie die Gottesmutter vor der Sonne am Himmel über einer nach oben geöffneten Mondsichel. Maria sprach dabei mit Resl und ermutigte sie, geduldig im Leiden auszuharren. Die während dieser Vision Anwesenden hörten, wie Resl darauf mit „*ja*" antwortete. An Allerheiligen durfte sie in den Himmel schauen und dort Jesus, Heilige und Engel betrachten. An Allerseelen sah sie die armen Seelen als Lichtgestalten im Fegefeuer. Darunter waren immer wieder Personen aus ihrem näheren Bekanntenkreis. (JN, 75-76, 78, 87)

Resl beschrieb das Licht, das sie bei diesen Visionen sah: „*Das elektrische Licht im Zimmer ist gegenüber diesem himmlischen Lichte Finsternis. Dieses Licht überstrahlte die Sonne, so daß deren Licht verblaßte. Es tut den Augen wohl trotz seiner Helligkeit. Es ist ein mildes Licht und macht mich froh und freudig.*" (FS, 49)

Geschichtliche Schauungen

Zehn Monate nach ihrer erster Lichtvision hatte Resl erstmals eine „geschichtliche Schauung". So werden die Visionen bezeichnet, in denen Resl Szenen aus dem Leben Jesu und verschiedener Heiliger gesehen hat. Am 4. März 1926 fiel sie vollkommen unerwartet in Ekstase und erblickte Jesus und seine Jünger am Ölberg. Diese Szene sah Resl noch sehr oft, da mit ihr meist die im Punkt „Die Leidensvision" beschriebene Freitagsvision begann.

Resl sah nicht nur das Leiden und Sterben Jesu. Sie durfte auch viele Szenen aus dem Leben Jesu, Marias und der Apostel beobachten. Das geschah immer dann, wenn diese Ereignisse Thema im jeweiligen Evangelium waren. Am Palmsonntag sah sie den feierlichen Einzug Jesu in Jerusalem, an Christi Himmelfahrt die Auffahrt Jesu zum Himmel, an Pfingsten schaute sie die Feuerzungen und hörte Petrus reden. Anders als in anderen Visionen verstand Resl in der Pfingstvision, was Petrus sagte, da sie ihn deutsch sprechen hörte. Das stimmt mit der Beschreibung in der Apostelgeschichte überein, nach der jeder Anwesende Petrus in seiner eigenen Sprache gehört hatte. (JN, 55, 60, 61)

Resl war bei den Visionen mit allen Sinnen dabei, wie sie es Pfarrer Witt aus Münchenreuth schilderte: „*Ich schaue aber nicht zu, wie etwa der Zuschauer im Theater bei dem zuschaut, was auf der Bühne geschieht. Auch nicht so, wie wenn das, was ich sehe, nur in der Ferne geschehen würde. Sondern ich schaue so zu wie eins, das selber mit dabei ist.*" Wie intensiv Resl mitten im Geschehen dabei war, beobachtete Erzbischof Teodorowicz: Als Jesus in der Leidensvision am Kreuz hing und dem Jünger, den er besonders gern hatte, zurief: „*Sieh da deine Mutter*", drehte Resl den Kopf von links nach rechts, um mit dem Blick dem Jünger zu folgen, der daraufhin zur Mutter Gottes ging. Sie muss also nah bei der Mutter Gottes und dem Jünger gestanden haben. (LW1, 192; JT, 456)

Resl fühlte die im Visionsgeschehen herrschenden Temperaturen. Dr. Johannes Steiner, ein Freund der

Abb. 17: Zeitgenössische „illegale" Visions-Postkarte. Fotomontage mit Resls Gesicht. [P-S]

Familie, über den später noch mehr zu erfahren ist, erzählte von einem derartigen Ereignis. Während einer Autofahrt im tiefsten Winter hatte Resl eine Vision der Taufe Jesu. Trotz grimmiger Kälte lockerte sie den Schal, um sich jedoch nach der Vision umso fester einzuwickeln. Dabei sagte sie: „*Huscherl, is's jetzt da kalt, und grad hat mir d'Sunn so warm auf'n Buckl brennt.*" Wenn Resl bei der Leidensvision die Szene schaute, als der Zug zum Kalvarienberg aus dem Schatten der Häuser Jerusalems heraustrat, klagte sie oft über die sengenden Sonnenstrahlen. (JS1, 53; FS, 31)

Wenn sie etwas Besonderes roch, schnupperte Resl mit der Nase. Sie nahm die unterschiedlichen Essenzen, mit denen Maria Magdalena den Heiland salbte, genau so wahr wie den Weihrauch und die wohriechenden Salben während der Dreikönigsvision. Resl spürte sogar persönlichen Kontakt. Bei einer Dreikönigsvision kam ihr einmal das Jesuskind mit ausgestreckten Armen entgegengelaufen. Sie durfte sein warmes, fleischiges Händchen nehmen. Vor Freude wurde Resl ohnmächtig. Bei der Grablegungsvision 1927 durfte Resl mit Erlaubnis des Apostels Johannes dabei helfen, einen Arm Christi mit Binden einzuwickeln. (HF, 21; JS2, 123; FG1, 125)

Meistens hatte Resl Visionen aus der Zeit, in der Jesus gelebt hatte. Sie sah aber auch Begebenheiten aus dem Leben von Heiligen, die sich Jahrhunderte später ereigneten. Als sie das erste Mal in einer Vision eine Szene aus dem Leben eines Heiligen aus einem späteren Jahrhundert sah, konnte sie das Gesehene zunächst nicht zuordnen. Erst Pfarrer Naber erklärte ihr, dass sie den Märtyrertod des heiligen Laurentius, des Pfarrpatrons von Konnersreuth, gesehen hatte. Die Auswahl der Heiligen, aus deren Leben sie Schauungen hatte, konnte Resl nicht beeinflussen. Sie hatte deshalb auch nie eine historische Vision aus dem Leben ihrer Lieblingsheiligen Thérèse von Lisieux, sah aber den Tod von Franz von Sales, den sie nicht kannte. (LW2, 39-40; JT, 442)

Von wenigen Ausnahmen abgesehen setzten Resls Visionen plötzlich und unerwartet ein, oft sogar mitten in einer Unterhaltung. Erzbischof Teodorowicz beschrieb in seinem Buch über die Resl solche Situationen: *„Sie verabschiedet sich z.B. von einer Gesellschaft, zieht ihre Handschuhe an, verfällt aber plötzlich in die Ekstase; oder sie schreibt einen Brief und wird auf einmal von der Ekstase ergriffen.“* Resl selbst beschrieb das, was in der Vision mit ihr geschah, mit den Worten: *„Der Heiland hat mich fortgepackt.“* Damit schilderte sie anschaulich, dass sie während der Vision abwesend, nicht ansprechbar und schmerzunempfindlich war. Diese Schmerzunempfindlichkeit verleitete einige Ärzte dazu, während der Visionen gesundheitsgefährdende Experimente mit Resl zu machen. (JT, 193; GS, 11; JT, 85-86)

Dass Resl eine Vision hatte, erkannte man meist daran, dass sie die Arme hob und mit ihren Augen und Bewegungen dem Ablauf des Gesehenen folgte. In manchen Situationen nahm ihr Körper dabei Stellungen ein, die im Normalzustand nicht möglich gewesen wären. Im Bett verharrte ihr Körper oft halb aufgerichtet in einem schiefen Winkel, den man normalerweise unmöglich einnehmen kann. Resl erzählte Pfarrer Witt: *„Ich hätte nicht die Kraft mich aus dem Bette zu erheben. Außer der Schauung könnte ich unbedingt die Arme nicht so ausstrecken, wie ich es unter der Schauung ohne Mühe kann.“* (KK, 35; LW1, 232-233, 192)

Abb. 18: Vision in Resls Zimmer; hinten sieht man Resls Vogelvoliere. (Foto: Ferdinand Neumann)

Wie im folgenden Kapitel beschrieben, konnte man Resl nach den Visionen über das Gesehene befragen. Mehrere Autoren waren bei Visionen und den anschließenden Befragungen anwesend. Dadurch ist der Nachwelt überliefert, was Resl in ihren Visionen geschaut hat und wie sie sich während der Visionen verhielt. Dr. Johannes Steiner dokumentierte in seinen Büchern „Visionen der Therese Neumann, Band 1 und 2“ viele Visionen der Resl.

Mit den Worten des Autors (Dr. Johannes Steiner):

Während die Erde erzittert, kommt der Heiland mit verklärtem Leibe aus der Felswand heraus; der Stein vor dem Grabe fällt, von einem „lichten Mann“((Engel) berührt, zur Seite hin um; ein zweiter lichter Mann schwebt in das Grab hinein, während der andere sich auf den Stein setzt.

Im Konnersreuther Dialekt (Dr. Fritz Gerlich):

Es hat alles gewackelt zum Fürchten. Weißt, wo s' an Heiland neing'legt (= hineingelegt) ham als an Toderer (= Toter). Auf einmal is er lebendig g'wen (= gewesen) und is aussa (= hinaus). Ein liechter Mo (= lichter Mann, Engel) hat den Stein furt. Einer is von oben einig'hupft (= hineingesprungen) und drin g'west (= gewesen).“

Wörtlich übersetzt (Dr. Günther Schwarz):

Auf einmal – ich kann gar nicht so schnell sagen, wie das war – da bebte die Erde, da wackelte alles, zum Fürchten!

Und da! – Da kam der Heiland mitten durch den Stein (durch den gewachsenen Felsen) heraus (aus seiner Grabkammer). Oben heraus, gerade in die Höhe.

Und da! – Da kamen ein lichter Mann und noch einer. Einer sprang von oben hinein (in die Grabkammer) und war drinnen. Und einer tat den Stein (den Rollstein) weg und setzte sich darauf.

Abb. 19: Verschiedene Vorgehensweisen, um zu dokumentieren, was Resls über ihre Visionen erzählte. [JS2, 259; GS, 165; FG1, 233-234]

Im Jahr 1932 beauftragte Bischof Buchberger Resls Bruder Ferdinand Neumann, Bild- und Tonaufnahmen von Resls Visionen zu erstellen, da man *„wichtige Vorgänge für die Zukunft dokumentieren muß“*. Diese Tonaufnahmen übersetzte Ferdinand Neumann für den evangelischen Pfarrer und Aramäisch-Spezialisten Dr. Günther Schwarz ins Hochdeutsche. Im Buch „Schauungen der Therese Neumann aus Konnersreuth“ veröffentlichte Dr. Schwarz die Visionsschilderungen der Resl „Wort für Wort“. (GS, 15)

In den meisten Büchern sind die Auskünfte der Resl in den Worten der Autoren zusammengefasst. Dr. Fritz Gerlich versuchte, obwohl er aus Westpommern stammte, die Aussagen der Resl zu ihren Visionen im Konnersreuther Dialekt aufzuschreiben. In Abb. 19 sind die verschiedenen Vorgehensweisen, die Aussagen der Resl zu dokumentieren, am Beispiel der Vision der Auferstehung Jesu aufgezeigt. Dabei ist zu beachten, dass Resl das Gesehene in jedem Jahr ein bisschen anders erzählte.

Die Leidensvision

Das eindrucksvollste Phänomen der Theres Neumann war ihre Freitagsvision, die auch Leidens- oder Passionsvision genannt wird. Diese Vision und die dabei auftretenden Stigmen (die auch Stigmata genannt werden) waren der Hauptgrund für Abertausende von Menschen, in den Jahren 1926 bis 1962 nach Konnersreuth zu fahren.

Die Leidensvision war nicht eine einzige durchgehende Vision, sondern bestand aus vielen Einzelvisionen. Die einzelnen Visionen dauerten fünf bis zehn Minuten, nur die Vision der Kreuzigung und des Sterbens Jesu dauerte eine Dreiviertelstunde.

Sehr viele Besucher beobachteten diese Visionen, mehrere davon haben darüber berichtet. Besonders anschaulich wurde die Leidensvision von Kardinal Karel Kašpar, der zum Zeitpunkt seines ersten Besuchs Bischof von Königgrätz war, in seinem Buch „Eindrücke von Konnersreuth" geschildert.

Die Leidensvision begann am Donnerstag, etwa eine Viertelstunde vor Mitternacht, mit der Vision von Jesus am Ölberg und endete am Freitagnachmittag gegen 13 Uhr mit dem Tod Jesu. Karel Kašpar hat an einem Freitag in der Fastenzeit 1929 insgesamt 37 Einzel-Visionen gezählt. In der Karwoche hatte Resl zusätzlich weitere Teilvisionen. Eine Stunde früher als an anderen Donnerstagen begann die Leidensvision dann damit, dass Resl die Vorbereitung des Abendmahles schaute. Nach dem Tod Jesu hatte Resl an Karfreitagen noch etwa eine Stunde lang weitere Teilvisionen, die mit der Grablegung Jesu endeten. Insgesamt bestand die Leidensvision in den Karwochen aus etwa 50 Einzel-Visionen. (JS1, 167-181; KK, 46-78)

Wie bei anderen Visionen war Resl auch bei den Freitagsvisionen mitten im Geschehen dabei. Es wurde bereits beschrieben, dass sie unter dem Kreuz so nah bei der Mutter Gottes und einem Jünger stand, dass sie ihren Kopf drehen musste, um den Jünger, der zur Mutter Gottes ging, zu beobachten. Es scheint sogar, dass der Heiland zu Resl gesprochen hat. Bei unterschiedlichen Teilvisionen sagte Resl: „*Heiland gern!*" oder „*Heiland gern! Heiland gern! Aber ich kann dir nicht helfen!*". Dabei schien sie dem Heiland geantwortet zu haben. (KK, 46-78)

Resl war bei den Freitagsvisionen nicht nur Zuschauerin, sie musste auch die Schmerzen miterleiden, die Jesus bei der Geißelung und Kreuzigung auszuhalten hatte und blutete aus den Wundmalen, die Jesus zugefügt worden waren. (KK, 46-78)

Es stellt sich die Frage, warum diese Phänomene gerade bei Theres und nicht bei irgendeiner anderen gläubigen Person aufgetreten sind. Die Grundlage für die späteren Ereignisse war bestimmt, dass Resl schon als Kind sehr gläubig war. Ihr Lebensziel war es, als Nonne in die Mission zu gehen. Man geht davon aus, dass Resls bedingungslose Hinwendung zu Gott und die Öffnung für Übersinnliches in der langen Zeit ihrer Krankheit ohne Hoffnung auf Genesung erfolgt ist. Bischof Dr. Karel Kašpar beschreibt das 1929 in seinem Buch wie folgt: „*Durch Leiden hatte sich Resl von allem Irdischen losgeschält, hatte sie ihre Seele gereinigt und sich ohne Rückhalt in die Arme ihres Herrn und Gottes geworfen.*" Ähnlich drückt das Dr. Josef Klosa 45 Jahre später aus: „*Ihr Glaube läuterte sich, ihre Seele wendete sich zu Gott.*" (KK, 24; JK, 53)

Wie bereits berichtet, bestand die Leidensvision nicht aus einer einzigen Vision, sondern aus vielen Einzelvisionen. Sie begann das erste Mal am ersten Donnerstag in der Fastenzeit 1926 mit einer einzigen kurzen Vision. Von Woche zu Woche sah Resl dann weitere Szenen aus der Leidensgeschichte Jesu: (FG1, 102-104; JS1, 31)

◆ **Donnerstag, den 4. März 1926**

Resl sah ganz unerwartet Christus mit seinen Jüngern am Ölberg. Dabei fühlte sie in der Herzgegend einen sehr starken Schmerz und blutete an dieser Stelle. Erst Freitagmittag hörte diese Blutung auf.

◆ **Donnerstag/Freitag, 11.–12. März 1926**

Resl sah in der Nacht von Donnerstag auf Freitag wieder Christus am Ölberg und am Freitagmorgen die Geißelung Jesu. Die Seitenwunde, also das Herzstigma, blutete wie in der Vorwoche.

◆ **Donnerstag/Freitag, 18.–19. März 1926**

Resl sah zusätzlich zu den bereits bekannten Visionen, wie Christus mit Dornen gekrönt wurde.

◆ **Donnerstag/Freitag, 25.–26. März 1926**

Zu den bereits an den Wochen vorher geschauten Szenen sah Resl Christus das Kreuz tragen und mit dem Kreuzholz stürzen. Wieder blutete die Seitenwunde. Gleichzeitig trat auf dem linken Handrücken eine offene Wunde auf.

Bisher konnte Resl die Schauungen vor ihren Eltern verschweigen, auch weil sie im Bett liegen blieb und sich nicht, wie bei späteren Visionen, aufrichtete. Ihre um acht Jahre jüngere Schwester Kreszenz wusch heimlich die blutige Wäsche und den Lappen, den sich Resl auf die Seitenwunde gelegt hatte. Am 26. März 1926 bemerkten die Eltern aber, was mit Resl vor sich gegangen war. Ihre Mutter sah die Wunde an Resls linker Hand und der Vater beobachtete, wie Resl einen Fleck Leinwand im Bett versteckte, suchte danach, fand den von der Seitenwunde blutgetränkten Fleck und zeigte ihn seiner Frau.

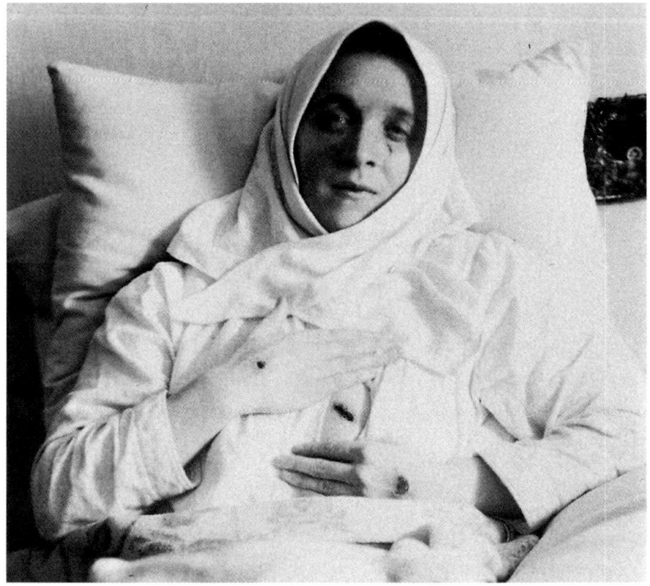

Abb. 20: Medizinische Aufnahme von Resls Herz- und Handstigmen 1926. (Foto: Anton Hölzl)

◆ **Donnerstag/Freitag, 1.–2. April 1926**

Am Gründonnerstag und Karfreitag 1926 sah Resl das erste Mal alle Teile der Leidensvision, vom Gang Jesu zum Ölberg bis zum Tod Jesu am Kreuz. Dabei verschlechterte sich ihr Gesundheitszustand bedenklich. Sie war am Karfreitag-Vormittag so sehr schwer leidend, dass Pfarrer Naber, als er am Nachmittag zu ihr kam, das Krankenöl für die letzte Ölung mitbrachte.

Die Stigmen

So wie Resl nicht alle Visionsteile der Freitagsvision von Anfang an sah, tauchten auch die Stigmen nicht alle zur gleichen Zeit auf. Das Erscheinen der unterschiedlichen Stigmen zog sich über mehrere Jahre. Die Kniewunden tauchten erst sieben Jahre nach dem ersten Stigma auf:

- **Herzstigma**

Die Herzwunde blutete schon bei der allerersten Teilvision am 4. März 1926.

- **Bluttränen, Hand- und Fußstigmen**

Als Resl am Karfreitag 1926 nachmittags wieder zu sich kam, spürte sie etwas Nasses an den Händen und den Füßen. Da ihr während der Vision Blut aus den Augen geflossen war und ihre Augen verklebt waren, konnte Resl ihre Wunden nicht sehen. Sie bat ihre Schwester Kreszenz nachzuschauen. Diese entdeckte die Hand- und Fußwunden und verband sie. (LW1, 184; FG1, 105)

Professor Spirago aus Prag hat später das Auftreten der Bluttränen genau beschrieben: „*Bald nach des Schauens kommen Bluttropfen aus beiden Augen hervor und rinnen in zwei Streifen über ihre Wangen. Freitag morgens sind gewöhnlich schon 6 bis 7 lange Blutstreifen im Gesicht. Freitag vormittags laufen bereits aus der ganzen Breite der Augen zwei breite Blutbäche über die Wangen langsam dem Halse zu, wo sie sich zu einem Blutmeer vereinigen.*“ Am Ende der Leidensvision waren Resls Augen vollständig mit Blut bedeckt und verklebt. (FS, 25)

Die Herzwunde und die Hand- und Fußstigmen blieben dauerhaft. Wie Resl erzählte, taten sie ihr immer weh: „*Die fünf Wunden schmerzen mich eigentlich ständig, doch bin ich den geringen Schmerz schon gewöhnt. In den Händen und Füßen ist es mir, als wenn etwas darinnen stecken würde. Die Seitenwunde scheint mir wohl auch eine Herzwunde zu sein. Jedes Wort, das ich plaudere, spüre ich. Wenn ich bei angestrengtem Sprechen oder bei raschem Gehen tiefer Atem hole, empfinde ich es im Herzen wie einen stechenden Schmerz.*“ Resl ging wegen dieser Schmerzen auf den Fersen und konnte nicht schmerzlos zupacken. Wenn es vorkam, dass ihr Fuß umkippte und sie auf die Wundmale trat, konnte sich Theres vor Schmerzen nicht mehr aufrecht halten und sank zu Boden. (LW1, 185; FS, 28: JS3, 214, 287)

- **Stigmen der Dornenkrönung**

Am 19. November 1926 beobachteten die Anwesenden, dass während der Schauung der Dornenkrönung an drei Stellen Blut durch das Kopftuch drang. Es waren die ersten drei Wundmale der Dornenkrönung. Bei späteren Visionen hatte Resl acht Kopfwunden. Auch diese Wunden waren dauerhaft. Die in den nächsten Punkten beschriebenen Stigmen an Resls Schulter, an ihrem Oberkörper und an den Knien verschwanden einige Tage nach der Leidensekstase. (FG1, 118; JS3; 287)

- **Durchgehende Hand- und Fußstigmen**

Bisher waren die Hand- und Fußstigmen nur auf der Oberseite der Hände und Füße zu sehen. Am Karfreitag 1927 drangen sie durch die Hände und Füße hindurch und hatten auf dem Handteller beziehungsweise an den Fußsohlen die Größe einer Erbse.

Bisher waren die Wunden an Händen und Füßen rund, (siehe Abb. 20), ab Karfreitag 1927 bekamen sie eine viereckige Form. (FS, 28; JS3; 286)

- **Schulterwunde**

Bei den bisherigen Leidensvisionen war Resls Schulter schmerzhaft geschwollen. Am Freitag, den 8. März

Abb. 21: Mein Vater zeigt mir eine Kompresse, die seine Tante Resl auf die Herzwunde gelegt hatte. (Foto: Eva-Maria Härtl)

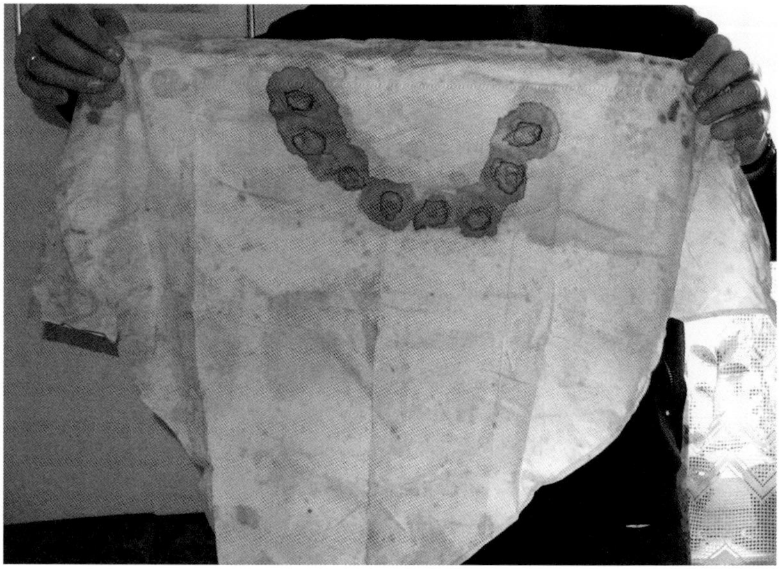

Abb. 22: Kopftuch der Resl mit acht Blutflecken der Stigmen der Dornenkrönung. (Foto: Eva-Maria Härtl)

Abb. 23: Handstigmen. Im ersten Jahr waren sie noch rund, seit Karfreitag 1927 waren sie eckig. (Foto: Ferdinand Neumann)

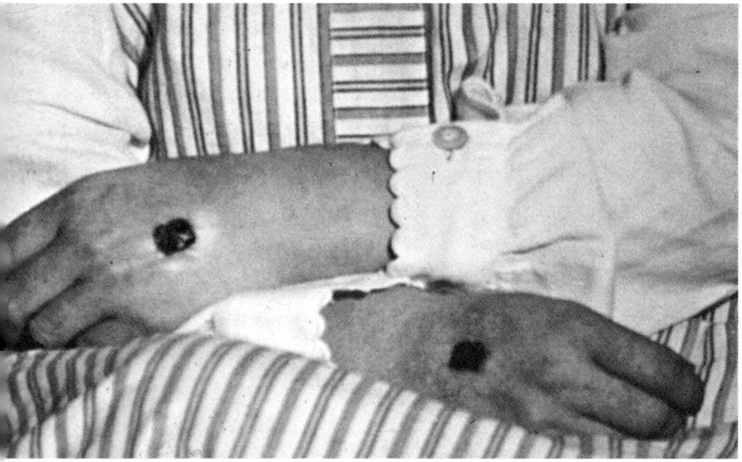

Abb. 24: Durchgehende Fußstigmen. Das Bild gelang Resls Bruder, als sie sich die nassen Füße an einer Heizsonne trocknete. (Foto: Ferdinand Neumann)

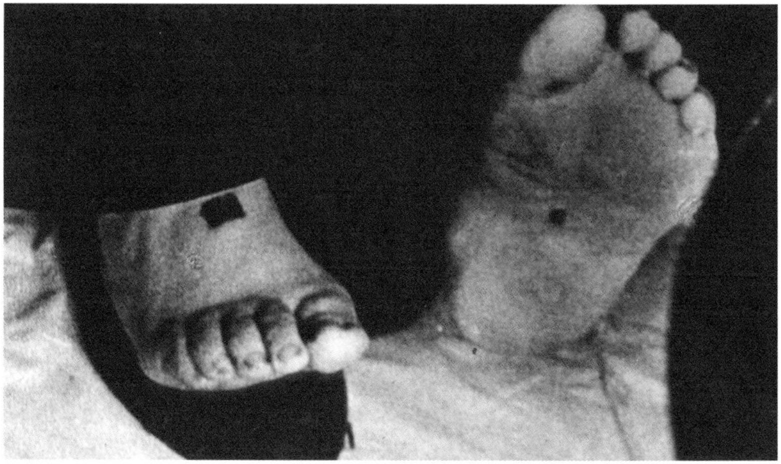

1929, sickerte erstmals Blut aus der Schulter durch die Nachtjacke. Eine offene Wunde entwickelte sich allerdings nicht. Resls Schulter blutete dabei an der Stelle, auf der Jesus die Kreuzbalken getragen hatte. (FG1, 297)

- **Geißelwunden**

Am Karfreitag, den 29. März 1929, traten während der Vision der Geißelung Christi an Resls Oberkörper Geißelwunden auf. Wie Mutter Neumann berichtete, handelte es sich dabei um offene blutende Wunden, die bis zu Christi Himmelfahrt blieben, in dieser Zeit aber geschlossen waren und nicht mehr bluteten. (FG1, 297)

- **Kniewunden**

In der Fastenzeit 1933 tauchten an Resls Knien Wundmale auf. Nach Resls Angaben hatte sich der Heiland die Knie verletzt, als er von den Soldaten über die Stiege des Gerichtshauses hinaufgezerrt wurde. (FRL4. 113)

Verschiedenen Quellen kann man entnehmen, dass Resl die Leidensvision etwa 700-mal durchlebt haben soll. Da Resl von 1926 bis 1962, also 36 Jahre lang, das Leiden und Sterben Jesu in ihren Visionen miterlebte, erschien mir das zunächst unplausibel. Schlüssig wird diese Zahl, wenn man berücksichtigt, dass Resl an Tagen, die in der Kirche „Tage der Freude“ sind, keine Freitagsekstasen hatte. Nicht leiden musste Resl deshalb in der Weihnachtszeit bis zum Beginn der Fastenzeit, in der Osterzeit bis zum Freitag nach dem Dreifaltigkeitsfreitag und an Freitagen, die in Festtagsoktaven lagen. Eine Festoktav ist ein Zeitraum von acht Tagen nach bestimmten kirchlichen Festtagen. Resl musste auch nicht leiden, wenn die Festtage der regionalen Heiligen, wie des Konnersreuther Pfarrpatrons Laurentius oder des Diözesanpatrons Wolfgang, auf einen Freitag fielen. Das galt aber nur, wenn sich Resl im dem Gebiet aufhielt, in dem diese Heiligen verehrt wurden. Da Resl dies anfangs nicht wusste, wurde sie zweimal auswärts vom Leiden überrascht. Einmal auf Schloss Zeil im Allgäu, das andere Mal am Wolfgangstag 1941 in Eichstätt. Der heilige Wolfgang ist der Diözesanpatron von Resls Heimatdiözese Regensburg, aber nicht in der Diözese Rottenburg-Stuttgart, in der Schloss Zeil liegt, und auch nicht in der Diözese Eichstätt. In Eichstätt fand Resls Bruder Ferdinand sie am Freitag, nachts um halb zwei Uhr in der Hauskapelle von Professor Wutz, als sie leidend mit blutverklebten Augen am Boden kauerte. (JS1, 85, 197, 193; FS, 42)

Die Echtheit der Stigmen wurde oft bestätigt

Gegner der Resl behaupteten, Resl hätte sich die Stigmen selbst beigebracht. In linken Zeitungen war man der Ansicht, „*... man könne nur von bewußtem Betrug reden und es bleibe keine andre Schlußfolgerung übrig als die, daß der heiligen Resel heimlich Nahrungsmittel beigebracht werden und daß wohl auch die Stigmata duch Nadelstiche oder durch andere mechanische Reizungen hervorgerufen werden.*“ (Z-03-01, -02)

Der Konnersreuth-Gegner Josef Hanauer deutete in einem seiner Bücher an, dass es sich bei den Stigmen um Hühnerblut gehandelt hätte, als er im Zusammenhang mit Resls Blutwäsche schrieb, man „*müßte an*

Äußerungen denken, wie sie in Konnersreuth laut wurden: ‚Bei uns müssen viele Hühner sterben‘.“ (JH1)

Dass dem nicht so war, ist immer wieder nachgewiesen worden. Selbst große Zweifler und Kritiker bestätigten die Echtheit der Stigmen.

Der sehr kritische Professor Dr. Ewald (sein Motto: „*Die Wissenschaft kennt keine Wunder*“) stufte die Stigmen als „*mit größter Wahrscheinlichkeit echt*“ ein. Dr. Ewald war bei der Überwachung der Nahrungslosigkeit, der in diesem Buch ein umfangreiches Kapitel gewidmet ist, eingebunden und veröffentlichte darüber einen Bericht. Seine Aussagen zur Echtheit der Stigmata stützte Dr. Ewald auf mehrere Argumente: (GE, 29, 37)

- „*Beim Beginn der Blutungen in der Donnerstag-Freitagnacht* [während der Überwachung der Nahrungslosigkeit] *wurden sowohl von dem aus den Augen wie aus der Herzwunde austretenden Blute Blutausstriche auf Objektträger gemacht.*“ Die Zusammensetzung des Blutes wurde bestimmt. (GE, 37)
- Wie in Abb. 26 nachzulesen, hatte Dr. Ewald die Augen der Resl untersucht, und sowohl Sanitätsrat Dr. Seidl als auch Professor Dr. Hans Molitoris hatten das Auftreten der Bluttränen beobachtet. Dr. Molitoris war Professor für gerichtliche Medizin an der Universität Erlangen und Präsident der Deutschen Gesellschaft für Gerichtliche Medizin.
- Dr. Seidl hatte das Auftreten des Herzstigmas genau beobachtet: „*Mit dem Vergrößerungsglas sah man, wie schweißtröpfchenähnlich eine wäßrige Flüssigkeit sich entleerte, die sich beim Abfließen blutig färbte.*“ Das Blut wurde untersucht. (GE, 23)
- Dr. Ewald schloss aus, dass die Blutungen auf künstliche Verletzungen zurückzuführen sein könnten. (GE, 25)

Die Zeitschrift „Durchbruch – Kampfblatt für deutschen Glauben, Rasse und Volkstum“ stellte in der Ausgabe Nr. 46 vom 18.11.1937 fest: „*Es ist Unsinn, diese Stigmata [der Theres Neumann] als Betrug bezeichnen zu wollen.*“ Bemerkenswert ist, dass diese Ausssage von einer Zeitschrift gemacht wurde, die ein Organ der „Deutschen Glaubensbewegung“ war. Diese Bewegung lehnte das Christentum ab und wollte es durch einen „arisch-nordischen“ Glauben ersetzen. (FRL2, 4)

DNA-Analysen ergaben, dass es sich bei dem Stigmenblut um Blut von Theres handelte. Darüber berichtete die „Ärztezeitung“ vom 17.02.2004: „*Die Kirche übergab dem Institut für Rechtsmedizin der LMU München die Kompressen, dazu Briefe mit Briefmarken, die Speichelanhaftungen von Therese tragen sollten. Als Vergleichsmaterial hatten die Forensiker DNA-Proben von lebenden Verwandten. Rolf* [Privatdozent Burkhard Rolf] *und seine Kollegen analysierten die Erbsubstanz in den Mitochondrien (mt-DNA), eine Methode, die oft bei stark abgebauter DNA noch funktioniert. Das Ergebnis war eindeutig: Sowohl die Kompressen als auch die Briefe stammten von Therese.*“ (I-03-03)

Einige Wissenschaftler begründeten das Auftreten der Stigmen mit Autosuggestion. Im SZ-Magazin, Heft 13/2012, berichtete ein Wissenschaftler, dass es relativ viele Menschen gab, die am Karfreitag die Wundmale Jesu bekamen und wie er sich das Auftreten dieser Wundmale erklärte: „*Diese Menschen versenken sich*

Abb. 25: Resl während der Karfreitagsvision 1953. (Foto: Ferdinand Neumann)

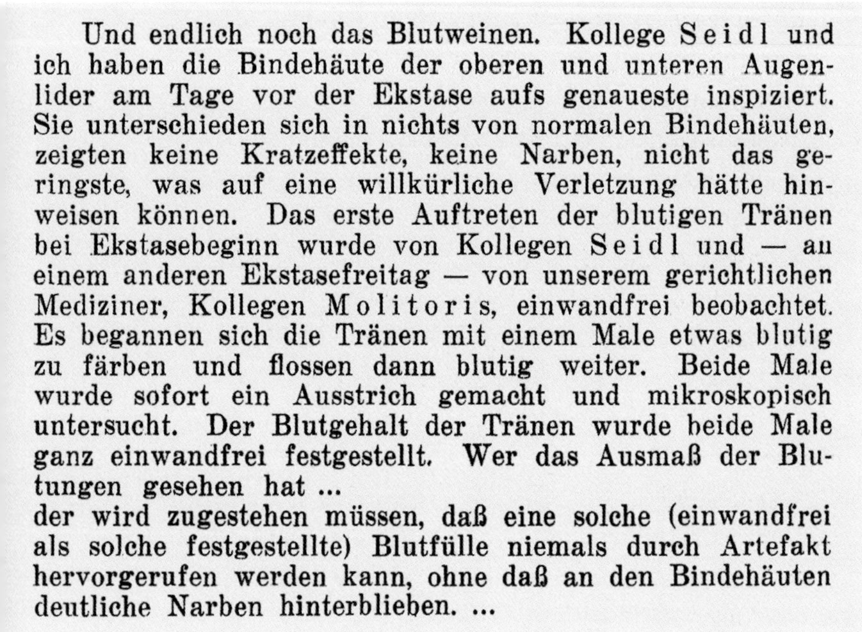

Und endlich noch das Blutweinen. Kollege Seidl und ich haben die Bindehäute der oberen und unteren Augenlider am Tage vor der Ekstase aufs genaueste inspiziert. Sie unterschieden sich in nichts von normalen Bindehäuten, zeigten keine Kratzeffekte, keine Narben, nicht das geringste, was auf eine willkürliche Verletzung hätte hinweisen können. Das erste Auftreten der blutigen Tränen bei Ekstasebeginn wurde von Kollegen Seidl und — an einem anderen Ekstasefreitag — von unserem gerichtlichen Mediziner, Kollegen Molitoris, einwandfrei beobachtet. Es begannen sich die Tränen mit einem Male etwas blutig zu färben und flossen dann blutig weiter. Beide Male wurde sofort ein Ausstrich gemacht und mikroskopisch untersucht. Der Blutgehalt der Tränen wurde beide Male ganz einwandfrei festgestellt. Wer das Ausmaß der Blutungen gesehen hat ...
der wird zugestehen müssen, daß eine solche (einwandfrei als solche festgestellte) Blutfülle niemals durch Artefakt hervorgerufen werden kann, ohne daß an den Bindehäuten deutliche Narben hinterblieben. ...

Abb. 26: Dr. Ewald bestätigte die Echtheit der Bluttränen. [GE, 24-25]

aktiv in eine religiöse Ekstase, die der Tiefenmeditation vergleichbar ist. Die Fixation auf das Kreuz ist wie eine Hypnose, die sie in Trance versetzt." (Z-03-03)

Gegen diese Hypothese spricht die Beschaffenheit von Resls Wundmalen, die von mehreren Ärzten identisch beschrieben wurde. Einer dieser Ärzte, Dr. Hermann Lemke aus Berlin, war im Oktober 1927 zwei Mal in Konnersreuth, um die Wundmale der Resl zu untersuchen. Er kam zu dem Ergebnis: „*Es ist nun eigentlich vollkommen falsch von einer Wunde zu sprechen; denn die Stelle, an der die Wundmale zu sehen sind, ist eigentlich gar keine Wunde im rein anatomischen Sinn, denn zu einer Wunde gehören Wundränder, Wundschorfe und das sogenannte Granulationsgewebe ... Diese Wunde zeigt keine Neigung zu heilen. Es findet keine Gegenwirkung des gesunden Gewebes statt.*" (HL1, 6-8)

Das gleichbleibende Aussehen von Resls Wundmalen, die sich auch nicht veränderten, wenn sie mehrere Wochen keine Freitagsekstase hatte – wie in der Weihnachts- und in der Osterzeit – läßt sich naturwissenschaftlich nicht erklären.

Die Kreuzigung – Übereinstimmungen mit Katharina Emmerich

Vor Resl gab es mehrere Männer und Frauen, die ähnlich wie sie das Leiden Jesu in ihren Visionen miterlebten. Gut dokumentiert sind Schauungen der westfälischen Nonne Katharina Emmerich (oder Emmerick), die 2004 von Papst Johannes Paul II. seliggesprochen wurde. Auch bei ihr erschienen in den Jahren 1811 bis 1824 während der Passionsvisionen die Wundmale Jesu.

Der Schriftsteller Clemens Brentano zog extra nach Dülmen, dem Wohnort der Katharina Emmerich, um sechs Jahre lang aufzuzeichnen, was sie ihm von ihren Visionen erzählte. Was Resl in den Visionen sah, stimmte oft bis ins kleinste Detail mit dem überein, was Katharina Emmerich berichtete. Wie mehrere Zeitzeugen bestätigten, hatte Resl nie etwas über Katharina Emmerich gelesen. Lange Zeit kannte sie nicht einmal ihren Namen. (FRL1, 70)

Die Beschreibung des Kreuzes ist ein gutes Beispiel, um die Übereinstimmungen zwischen den Visionen von Theres Neumann und Katharina Emmerich aufzuzeigen:

◆ Jesus trug drei einzelne Hölzer

Resl berichtete, dass Jesus kein fertiges Kreuz getragen hat, sondern drei einzelne Hölzer, *„ein langes und zwei kürzere Trümmer"*, die man zusammengebunden und ihm auf die Schulter geworfen hatte. (JS2, 210)

Katharina Emmerich sagte, dass man Jesus zusammengebundene Einzelteile vor die Füße geworfen hat. *„Die beiden dünneren, einzuzapfenden Arme waren auf den breiten, schweren Stamm mit Stricken aufgebunden."* (CB, 223)

◆ Unterschiedliche Beschaffenheit der Hölzer

Das Hauptholz der Kreuzhölzer war nach Resl ein unbehauener Stamm, der auf der Oberseite von oben an bis zu dem für die Fersen markierten Punkt entrindet und geglättet war. Dazu kamen zwei kürzere behauene Seitenbalken, die schon etwas verwittert waren. Am Ende der Seitenbalken waren Zapfen, die in entsprechende Stemmlöcher des langen unbehauenen Holzes getrieben und mit Holzkeilen und Holzstiften fixiert wurden. (JS1, 176, 173, 175)

Katharina Emmerich beschrieb auch unterschiedliche Hölzer für Kreuzstamm und Armhölzer und die Zapfen an den Armhölzern: *„Das Kreuz war hinten etwas rundlich, vorn flach und an den betreffenden Stellen ausgetieft; es war der Kreuzstamm ungefähr ebenso breit als dick. Die einzelnen Stücke des Kreuzes waren von verschiedenem Holz: Es waren die Stücke teils braun, teils gelblich, und der Stamm war dunkler, wie Holz, das lange im Wasser gelegen ist. … Sie zapften die beiden Armhölzer links und rechts ein."* (CB, 249, 270)

◆ Vorbereitung des Kreuzstammes

Nach den Aussagen der Resl waren im Kreuzstamm drei Mulden eingehauen, eine für die Dornenkrone, eine für die Leibesmitte und eine für die Fersen. Anschließend an den Einschnitt für die Fersen war aus anderem Holz ein Keil zur Abstützung der Füße angenagelt. (JS2, 214)

Auch Katharina Emmerich beschrieb diese Mulden und den Fußkeil: *„Die Schergen … machten hie und da Aushöhlungen in den Mittelstamm, Raum für die Dornenkrone und am Rücken … Es war auch eine Stelle für die Fersen ausgehöhlt … Es war aber am Kreuze ein hervorragender Klotz durch einen sehr großen Nagel befestigt, um die Füße Jesu darauf zu nageln, so daß er mehr stehe als hänge."* (CB, 249, 260, 258)

◆ Das Kreuz hatte die Form eines Y

Ganz anders als die bekannten Kruzifixe beschrieb Resl die Form des Kreuzes, mit nach oben schräg eingesetzten Kreuzarmen: *„Als der Heiland am Kreuze hing, sah man zwischen seinen Armen und den Kreuzbalken etwas hindurch, aber nicht so, wie man bei uns mit dem waagrechten Kreuzbalken durchsieht, dass die Balken oben und die Arme unten sind, sondern umgekehrt. Der eine Kreuzesarm war etwas tiefer eingesetzt als der andere."* (JS2, 221)

Katharina Emmerich konnte bei ihren Visionen genauso wie Resl unter den Armen Jesu durchsehen: *„Die Arme Jesu waren in gerader Linie so ausgespannt, daß sie nicht mehr die schräg aufsteigenden Kreuzarme deckten; man sah zwischen den Kreuzarmen und seinen Achselhöhlen durch."* (CB, 258)

- **Am Kreuz waren Ringe zum Hochziehen**

Auf beiden Seiten, neben der geglätteten Fläche des Stammes, *„etwas zurück und ziemlich weit oben“* sah Resl zwei Ringe zum Aufziehen des Kreuzes. (JS1, 178)

In den Visionen der Katharina Emmerich wurde das Kreuz genauso aufgerichtet: *„Nach der Annagelung unseres Herrn zogen sie ihn mit Stricken, die an Ringen hinten am Kreuze befestigt wurden … das Kreuz in die Höhe …“* (CB, 262)

- **Die Inschrift-Tafel war oben am Kreuz**

Die braune Tafel, auf die nach Auskunft Resls Pilatus drei unleserliche Zeilen geschrieben hatte, wurde nicht vorne angenagelt, sondern oben am Stamm in einen Einschnitt gesteckt.“ (JS2, 176)

Auch Katharina Emmerich sah das Schild am oberen Kreuzende: *„Beim Anfange der Annagelung hatte der Führer der römischen Wachen den Titel, den Pilatus geschrieben, schon auf seinem Pflocke auf dem Kopf des Kreuzes aufheften lassen.“* (CB, 261)

Auch die Kreuzigung Jesu haben beiden stigmatisierte Frauen meist bis ins kleinste Detail gleich beschrieben:

- **Die Dornenkrone war nicht kranzförmig**

Resl beschrieb die Dornenkrone nicht wie bei uns üblich als einen Kranz, sondern als eine Art umgedrehten, oben geschlossenen Korb mit vielen spitzigen, langen Dornen. (JS2, 208)

Nach Katharina Emmerich war die Dornenkrone *„ein paar Hand hoch, dicht und künstlich geflochten … sie bildete einen Kronenhut“*. (CB, 204)

- **Jesus musste sich zum Einzeichnen seiner Maße aufs Kreuz legen**

Resl erzählte, dass Jesus auf das Kreuz gestoßen wurde und man die Lage des Kopfes, der Hände, der Fersen und der Leibesmitte markierte. Danach wurde er hochgezogen und in ein altes, teilweise verfallenes Grab zurückgebracht, in dem er schon zuvor gewartet hatte. (JS2, 213)

Bei Katharina Emmerich klang das ähnlich: *„Sie rissen ihn nieder unter Hohnreden … Da streckten sie ihn auf dem Kreuze aus und machten sich die Zeichen seiner Länge an Händen und Füßen … Sie rissen ihn aber wieder auf und führten ihn gebunden … den Kalvarienberg hinab zu einer in die Felsen gehauenen Grube.“* [Anmerkung: Das von Resl beschriebene verfallene Felsengrab dürfte genauso ausgesehen haben wie eine in den Felsen gehauene Grube.] (CB, 248-249)

- **Jesus wurde am Kreuz festgebunden**

Resl beobachtete, dass Jesus während der Kreuzigung an mehreren Stellen festgebunden wurde. Erst um die Hüften, dann am rechten Arm, danach am linken Arm, und zuletzt wurden die Knie niedergebunden. (JS1, 177)

Katharina Emmerich erzählte ebenso, dass Jesus ans Kreuz gebunden wurde: *„Sie rissen seinen rechten Arm mit der Hand auf das rechte Nagelloch des rechten Kreuzarmes und schnürten den Arm fest, … seine linke Hand, die auch auf dem Kreuzarm festgebunden war, … seine Knie hatten sich aufgerichtet. Nun aber fielen die Schergen über diese her und banden sie, mit Strichschlingen ziehend, nieder.“* (CB, 257, 258, 260)

◆ An einem Fuß wurde das Nagelloch vorgebohrt

Beim Annageln der Füße wurde nach Aussage von Resl erst der rechte Fuß mit einem normalen Nagel „vorgebohrt", damit er beim Annageln nicht abrutscht. Dann wurden die Füße übereinandergelegt und mit einem langen Nagel durch das Loch im rechten Fuß auch der linke Fuß am Kreuzstamm festgenagelt. (JS1, 177-178)

Auch Katharina Emmerich sah, dass ein Fuß vorgebohrt und über dem anderen Fuß festgenagelt wurde: *„Sie knebelten nun den linken Fuß ebenso gewaltig mit Stricken über den rechten Fuß nieder und durchbohrten ihn oben am Riste, weil er zum Annageln nicht fest genug über dem rechten Fuße ruhte, mit einem feineren plattköpfigen Stift, als die Nägel der Hände waren, es war wie ein Vorbohrer mit einem Pfriem. Nun aber ergriffen sie den schrecklichsten, viel längeren Nagel und trieben ihn mit großer Anstrengung durch den verwundeten Rist des linken und durch den des unten ruhenden rechten Fußes krachend hindurch, in das Loch des Standklotzes und durch diesen in den Kreuzesstamm hinein".* (CB 260)

◆ Jesus wurde die linke Schulter ausgekugelt

Resl beschrieb, dass die Löcher für die Nägel, mit denen Jesus ans Kreuz genagelt werden sollte, vorgebohrt waren. Nach dem Festnageln der rechten Hand sahen die Schergen, dass das linke Loch zu weit außen war. Damit die Hand auf das vorgebohrte Loch passte, banden sie Jesus einen Strick um das linke Handgelenk und

Abb. 27: Jesus ans Kreuz genagelt und gebunden – nach den Angaben von Theres Neumann und Katharina Emmerich. (Nachbau und Foto: Johann Härtl)

zogen so stark, dass sie ihm dabei den Arm aus dem Schultergelenk rissen. (JS1, 178)

Auch Katharina Emmerich sah, dass der Arm aus dem Gelenk gerissen wurde: „*Nach der Annagelung der rechten Hand unsers Herrn fanden die Kreuziger, daß seine linke Hand, die auch auf dem Kreuzarm festgebunden war, nicht bis zu der Stelle des Nagellochs reichte, das sie wohl zwei Zoll vor den Fingerspitzen gebohrt hatten; sie banden daher die Stricke an seinen linken Arm allein und zogen, sich mit den Füßen gegen das Kreuz stemmend, so heftig an diesem Arme, bis die Hand die Nagelstelle erreichte … sie rissen ihm die Arme ganz aus den Gelenken*“. (CB, 258)

Zu diesem Detail aus den Visionen von Theres Neumann und Katharina Emmerich passt eine aktuelle Erkenntnis zum Turiner Grabtuch. Das Turiner Grabtuch ist ein Leinentuch, auf dem die Vorder- und Rückseite eines Menschen zu sehen ist. Nach Ansicht vieler Gläubiger und Wissenschaftler handelt es sich dabei um das Tuch, in dem Jesus nach der Kreuzigung ins Grab gelegt worden war. Im Jahr 2018 erstellte ein italienisches Forscherteam der Universität Padua eine 3D-Statue des Körpers, der den Abdruck auf diesem Tuch hinterlassen hat. Der leitende Professor Guilio Fanti vermutete aufgrund dieser Rekonstruktion, dass die Schulter des auf dem Tuch dargestellten Mannes ausgekugelt wurde. (I-03-02)

Dass dem Mann, der auf dem Grabtuch abgebildet ist, genauso wie Theres und Katharina Emmerich es bei der Kreuzigungsvision gesehen haben, eine Schulter ausgekugelt worden war, könnte ein Indiz für die von verschiedenen Wissenschaftlern angezweifelte Authentizität des Turiner Grabtuches sein oder umgekehrt für die Richtigkeit der Visionen der beiden Frauen sprechen. Allerdings war Jesus, als er im Grab lag, nach den Visionen der Resl nicht in ein Tuch eingehüllt, sondern nach jüdischer Sitte in schmale Binden gewickelt. Wie bereits erwähnt, durfte Resl beim Wickeln mithelfen. Das Turiner Grabtuch könnte ein großes Leintuch sein, das man um den Leib Jesu gelegt hatte, als man ihn vom Kreuz abnahm und auf den Schoß Marias legte. Ohne das Tuch wären Maria und die Helfer vom Blut Jesu verunreinigt worden, was dem jüdischen Gesetz widersprochen hätte. (FA2, 105, 106)

◆ Das Kreuz war relativ niedrig

Jesus hing am Kreuz nicht so hoch, wie allgemein dargestellt. Resl beschrieb, dass seine Mutter und Johannes neben dem Kreuz standen und dem Heiland ungefähr bis zur Brust gereicht haben. (JS1, 182)

Die in etwa gleiche Höhe des Kreuzes gibt Katharina Emmerich durch die Lage des Fußkeils an: „*Der Stehpflock des Kreuzes war etwas über zwei Schuh hoch über dem Erdboden* [das damalige Längenmaß „Schuh“ entspricht knapp 30 cm].“ (CB, 263)

Nur durch das Anbinden der Arme und des Körpers ist anatomisch erklärbar, dass die Handflächen Jesu nicht ausgerissen sind. Das konnte Resl nicht wissen. Sie hätte deshalb keinen Grund gehabt, die Kreuzigung anders zu sehen, als sie allgemein dargestellt wird.

Weitere Ekstasezustände

Die kindliche Eingenommenheit

Direkt nach den Visionen und in Pausen zwischen Visionsteilen sank Theres Neumann erschöpft zurück. Den darauffolgenden Zustand nannte man die „kindliche Eingenommenheit". Resl war dabei von dem, was sie in der vorhergehenden Vision gesehen hatte, ganz „eingenommen". Das drückte Resl im Dialekt auch selbst so aus: „*I bin noch ganz benumma*", oder ein anderes Mal, nach einer Vision mit freudigem Inhalt: „*I bin noch ganz besuffa.*" (HF, 48-49)

„Kindlich" nennt man diesen Zustand, weil Resl dabei Bewegungen machte wie ein Kind, das aus dem Schlaf erwacht oder aufgeweckt worden ist. Vor allem steht das „kindlich" dafür, dass Resl die Ausdrucksfähigkeit eines fünfjährigen Kindes hatte. Dabei sprach sie in unverfälschtem Konnersreuther Dialekt und redete jeden mit „du" an. Ihr Verstand und ihre Denkfähigkeit waren allerdings die eines geistig geweckten Erwachsenen. (HF, 48, 49; FG1, 175; KK, 37)

Wenn sie im Zustand der kindlichen Eingenommenheit war, hörte Resl was gesprochen wurde, sprach aber nur, wenn man sie ausdrücklich anredete. Dabei antwortete sie nur auf Fragen, die ihr ihre nächsten Bekannten stellten. Dazu zählten ihre Mutter, Pfarrer Naber und Professor Wutz, der einer ihrer engsten Freunde war. Resl erzählte, dass sie auch ihre Mutter nicht immer gleich erkannte und meist erst fragen musste: „*Wer?*". (HF, 48; JR, 13, 14; LW1, 191)

Resl konnte sich zwar auch im gewöhnlichen Zustand daran erinnern, was sie in den Visionen gesehen hatte, sprach dann aber nicht gern darüber. In der kindlichen Eingenommenheit erzählte sie dagegen gern vom Heiland. Wenn man ihr andere Fragen zu den Visionen stellte, konnte sie äußerst unwirsch reagieren. Ein solches Gespräch beschrieb Dr. Fritz Gerlich in seinem ersten Buch über die Resl: „*Professor Wutz versuchte, sie zu Schilderungen von Äußerlichkeiten des Weges Christi, wie Häusern usw. zu bewegen. Sie gab zunächst widerwillig Auskunft, schloß aber mit der Bemerkung: ‚Frag mich doch nicht so laars (leeres) Zeug!' Wutz ließ sich nicht irre machen und fragte weiter, worauf er die Antwort bekam: ‚Geh, frag mich doch nicht so ‚olber' (albern); störst mich bloß im Denken an den Heiland!' Da er mit seiner Fragestellung fortfuhr, wandte sie unwillig den Kopf von ihm ab und sagte: ‚Na, wennst scho mit mir redn willst, na redst vom Heiland!' Und als er auch daraufhin mit seinen Fragen nicht aufhörte, kam die Antwort: ‚Also wennst net vom Heiland redn willst, na haltst s'Mäul, damit i allein an den lieben Heiland denken kann!'*"' (JS3, 288-289; FG1, 149)

Ein besonderes Kuriosum während der kindlichen Eingenommenheit war, dass Resl dabei niemals eine mathematische Zahl ausgedrückt hat (außer „eins"). Erzbischof Dr. Teodorowicz nannte dies *„das sprichwörtliche ‚sie kann nicht bis drei zählen'"*. Der Erzbischof war Zeuge, als Resl die Frage nach der Zahl der Jünger, die sie bei einer Vision gesehen hatte, mit „einer – einer – einer" beantwortete. Auch wenn man ihr eine Zahl nannte, erkannte sie diese nicht. Auf die Frage von Pfarrer Naber, aus wie vielen Teilen das Kreuz bei der Kreuzauffindung bestanden hatte, antwortete sie „eins und eins und eins und eins". Als er sagte: *„Also vier?"* antwortete Resl: *„Vier? Woiß net. Es waren eins und eins und eins und eins* [Anmerkung: man hatte den Längsbalken des Kreuzes in zwei Teile geteilt]." Auch größere Zahlen, wenn sie zum Beispiel acht Apostel im Garten gesehen hatte, drückte sie durch Aufzählen der „Einsen" aus. (*JT, S. 227;* FRL1, 60; KK, 48)

Personen, die sie in den Visionen gesehenen hatte, umschrieb Resl mit kindlichen Worten. Nur Jesus war, wie im normalen Zustand, der *„liebe Heiland"*. Petrus war der *„Ohrwatschl-Abschneider"*, Johannes *„der gumme (junge) Mo"*, der Apostel Thomas war der *„nicht glauben Wollende"* und Herodes *„der rote Mo"*. Andere Personen beschrieb sie weitschweifiger: Pilatus mit *„hat koane Haar am Kopf und ums Mäul"*, Kaiphas war der *„spöttische Moa mit dem weißen gewachsenen Bart"*. Auch Menschen, die sie nicht in der Vision gesehen hatte, umschrieb Resl. Der Papst war der *„höchste Pfarrer"* oder der *„der wo nach dem is, der's Ohrwatschl abg'haun hat"*. (JR, 14; JT, 228; FRL1, 60)

Im Zustand der kindlichen Eingenommenheit wusste Resl nicht, was sie in früheren Visionen gesehen hatte, und nicht, was in den Evangelien steht. Deshalb war ihr die wahre Rolle von Judas nicht klar. Sie nannte ihn den *„Mo, der den lieben Heiland gerngehabt hat"*, weil er Jesus im Garten Gethsemane geküsst hatte. Wenn Pfarrer Naber oder Professor Wutz in den Pausen der Leidensvision andeuteten, dass Jesus gekreuzigt werden könnte, widersprach ihnen Resl trotzig (siehe Abb. 28). Sie war der Meinung, man hätte Jesus Bauholz tragen lassen [Jesus trug kein fertiges Kreuz, sondern drei lose Balken]. (FG1, 148; JR, 14)

Daran, was sie in der kindlichen Eingenommenheit gesagt hatte, konnte sich Resl anschließend nicht mehr erinnern. (JS3, 288)

Über Resls Fähigkeit, in diesem Zustand Worte und Sätze der in den Visionen gehörten Sprachen *„mechanisch nach dem Klang wiederzugeben"*, wird im Zusammenhang mit Professor Wutz im Kapitel über den „Konnersreuther Kreis" berichtet. (FG1, 176-177)

Sowohl in der kindlichen Eingenommenheit als auch im erhobenen Ruhezustand erkannte Resl Reliquien. In der kindlichen Eingenommenheit bereitete ihr die Nähe von Kreuzreliquien Schmerzen. Das erlebte Kardinal Karel Kašpar während seines ersten Besuchs, als er noch Bischof von Königgrätz war: *„Nun halte ich ihr mein Pektorale* [Bischofskreuz mit einem eingelegten Partikel des Kreuzes Christi] *an ihre Hand. Augenblicklich verspürte sie einen furchtbaren Schmerz, klagt und hebt die Hand empor, so daß ich bedauerte, sie dieser Probe unterzogen zu haben."* (KK, 66; HF, 51-52)

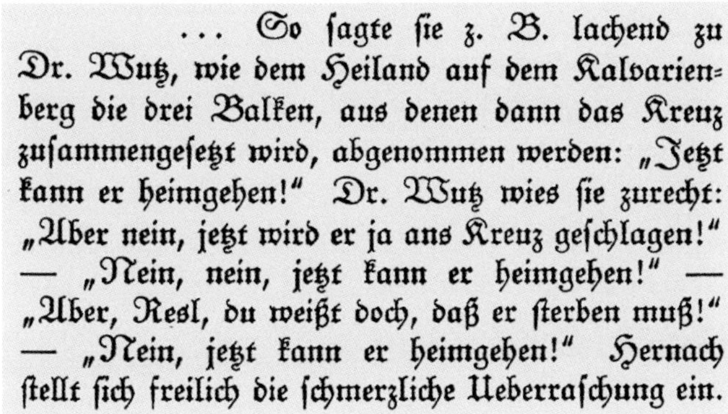

… So sagte sie z. B. lachend zu Dr. Wutz, wie dem Heiland auf dem Kalvarienberg die drei Balken, aus denen dann das Kreuz zusammengesetzt wird, abgenommen werden: „Jetzt kann er heimgehen!“ Dr. Wutz wies sie zurecht: „Aber nein, jetzt wird er ja ans Kreuz geschlagen!“ — „Nein, nein, jetzt kann er heimgehen!“ — „Aber, Resl, du weißt doch, daß er sterben muß!“ — „Nein, jetzt kann er heimgehen!“ Hernach stellt sich freilich die schmerzliche Ueberraschung ein.

Abb. 28: Resl diskutierte mit Professor Wutz, wie die Leidensvision weitergeht. (KK, 36)

Der erhobene Ruhezustand – besondere Fähigkeiten

Nach dem Zustand der kindlichen Eingenommenheit geriet Resl in den Zustand der gehobenen Ruhe, in dem sich ihr Körper neu stärkte. Die Bezeichnung „erhobener Ruhezustand“ soll Resl selbst geprägt haben. (EB, 115)

Resl beschrieb, was sie dabei empfand: *„In diesem Zustand habe ich das Glücksgefühl der Vereinigung mit dem Heiland; das weiß ich sicher daraus, daß nach Aufhören dieses Zustandes dieses Glücksgefühl noch lange in mir nachwirkt.“* Sie musste sich deshalb auf die Nachwirkung des Glücksgefühls berufen, weil sie sich – genauso wie nach der kindlichen Eingenommenheit – im normalen Zustand nicht erinnern konnte, wie sie sich im erhobenen Ruhezustand gefühlt, wen sie getroffen oder was sie gesagt hatte. (JS3, 288)

Besucher, mit denen Resl in diesem Zustand sprach, hatten den Eindruck, *„wie wenn jemand anderer aus ihr reden würde“*. Das lag auch daran, dass sie hochdeutsch sprach. Da Resl in ihrer Kindheit und Jugend nur Dialekt gehört und gesprochen hatte, war sie im normalen Zustand des Hochdeutschen nicht mächtig. Obwohl sie sich auch im gewöhnlichen Zustand *„durch einen klaren geistigen Blick und einen hellen Verstand“* auszeichnete, beeindruckte Erzbischof Dr. Teodorowicz Resls geschliffene Ausdrucksweise während des erhobenen Ruhezustands. Deshalb gab er in seinem Buch den Schluss eines längeren, komplizierten Satzes der Resl wieder: *„… weder in sittlicher, noch in wirtschaftlicher Hinsicht darf weder das noch das unberücksichtigt bleiben.“* Wie im Zustand der kindlichen Eingenommenheit duzte Resl auch im erhobenen Ruhezustand jeden, selbst die höchsten Geistlichen. (SW, 14; JT, 66, 234; EB, 115)

Resl geriet nicht nur nach den Visionen in den erhobenen Ruhezustand. Dieser stellte sich auch beim Empfang der hl. Kommunion und manchmal auch ganz unvermittelt ein. (KK, 38; FG1, 310)

Meist geriet sie schon kurz vor dem Empfang der hl. Kommunion, sozusagen aus „Vorfreude“, in diesen Zustand, der auch lange anhalten konnte. Als ihr Bischof Karel Kašpar Resl in Begleitung von Pfarrer Naber die hl. Kommunion spenden wollte, bat ihn der Pfarrer, eine kleine Weile mit der geweihten Hostie vor Resl stehen zu bleiben. Er wollte, dass sie in den erhobenen Ruhezustand geraten und sich den auferstandenen Christus, der ihr dabei in einer Lichtvision erschien, eine Weile ansehen konnte. Nachdem sie die Kommunion vor Bischof Kašpar empfangen hatte, fragte Pfarrer Naber Resl, wie lange sie im erhobenen Ruhezustand bleiben würde. Sie antwortete: „*Vormittags*“. (KK, 86-87)

Bischof Kašpar berichtete von vielen Fragen über seine Person und seine Diözese, die er Resl nach der geschilderten Reichung der hl. Kommunion stellte. Denn das war das Außergewöhnlichste am erhobenen Ruhezustand der Resl: Sie hatte dabei das Wissen „*um die Seele von anderen Menschen und auch um die Zukunft und Vergangenheit, das sie auf normalem Wege nicht erwerben konnte*“. (KK87; FG1, 173)

Resl erklärte Dr. Fritz Gerlich, über den später noch ausführlich berichtet wird, woher sie ihr Wissen im erhobenen Ruhezustand hatte: „*Ich bin es nicht, der Heiland läßt mich das wissen*“. Es gab auch Fragen, deren Antwort der Heiland der Resl nicht wissen ließ. Andere Fragen beantwortete sie nicht, weil ihr diese zu banal waren. Sie sagte dann: „*Das ist nicht wichtig*“ oder „*Das brauchst du nicht zu wissen*“. (FS, 56; FG1, 177)

Viele Menschen wussten um das außergewöhnliche Wissen der Resl und baten sie während des erhobenen Ruhezustands um Ratschläge und Auskünfte. Dr. Fritz Gerlich stellte ihr oft Fragen. Einige Antworten der Resl schienen ihm nicht richtig, weshalb er sie nicht befolgte. Gerlich erkannte später, dass es klüger gewesen wäre, er hätte sich nach Resls Rat gerichtet. (FG1, 303)

Die meisten Gespräche, die Resl im erhobenen Ruhezustand führte, betrafen die innersten Geheimnisse der Menschen, weshalb sie unter vier Augen blieben. Es gibt deshalb relativ wenige Berichte über derartige Gespräche. Bischof Dr. Gföllner von Linz sprach im Sommer 1930 eine Stunde lang mit Theres über Dinge, die, „*wie der Bischof später tiefgerührt versicherte, ‚nur Gott selbst und mir bekannt sein konnten*‘“. Im Dezember 1927 war es Bischof Joseph Schrems von Cleveland in den USA ähnlich ergangen. Er berichtete nach einer Unterredung mit der Resl: „*Sie enthüllte die tiefsten Geheimnisse meiner Seele, die nur Gott und ich wußten. Diese Offenbarung überwältigte mich und löste mich in Tränen auf.*“ (Z-04-01; Z-04-02)

Im Zustand der erhobenen Ruhe konnte Resl Reliquien erkennen und zuordnen. Deshalb brachten Besucher oft Reliquien mit, damit Resl deren Echtheit bestätigen konnte. Resl unterschied nicht nur echte von falschen Reliquien, sie entdeckte auch Reliquien, von denen die Besitzer nichts wussten und beschrieb, was im Verlauf der Jahrhunderte mit ihnen geschehen war. Pater Odo Staudinger berichtete darüber, dass auch er einige Reliquien mitgebracht hatte, über die ihm Resl Auskunft gab (siehe Abb. 29). (FG1, 150, 316, 317; FRL3, 164, 168)

Bei der Beschreibung des Zustandes der kindlichen Eingenommenheit wurde geschildert, dass Resl Schmerz empfand, wenn eine Kreuzreliquie in ihre Nähe gebracht wurde. Im erhobenen Ruhezustand war das nicht der Fall. Wie auch bei anderen Reliquien erkannte Resl die Echtheit von Kreuzreliquien. Sie konnte sogar sagen, aus welchem Teil des Kreuzes diese stammten.

Resls Fähigkeiten im erhobenen Ruhezustand wurden auch als „Hellsehen“ bezeichnet. Immer wieder erschienen Zeitungsartikel, in denen berichtet wurde, sie hätte Katastrophen oder politische Veränderungen prophezeit. Nach verschiedenen Andeutungen der Resl ist davon auszugehen, dass sie derartige Ereignisse hätte voraussagen können, Resl legte aber größten Wert darauf, dass sie derartige Voraussagen nicht gemacht hat.

Mitte 1934 waren in der Stadt Weiden Gerüchte aufgetaucht, Resl hätte einen bevorstehenden Kriegsausbruch prophezeit. Sie wurde dazu vernommen und gab am 15. Juli 1934 folgende schriftliche Erklärung ab: *„Ich erkläre mich einverstanden, wenn in einer Weidener Zeitung bekannt gegeben wird, daß die dort kursierenden Gerüchte, welche angeblich von mir ausgehen sollten, voll und ganz der Unwahrheit entsprechen. Ich kann jederzeit beeiden, daß ich in politischer Beziehung nie irgendwelche Äußerungen gemacht habe.“* (StAAm1, 129)

Über andere bevorstehende Ereignisse informierte Resl aber immer wieder. Wie in den Kapiteln über das Dritte Reich und den Konnersreuther Kreis beschrieben, warnte sie ihre Freunde mehrmals vor der Geheimen Staatspolizei. Sie sagte auch verschiedenste Ereignisse, wie zum Beispiel nicht erwartete Besucher oder Autounfälle, voraus. (FG1, 305-306; Z-04-03)

Im Jahr 1929 fragte man bei Resl nach, wo das Grab von Adelindis, der Äbtissin von Buchau, zu finden ist. Adelindis wurde im Jahr 926 in der Stiftskirche des von ihr gegründeten Klosters in Buchau begraben. Bei einem Brand 1032 war das Grab verloren gegangen. Nach Auskunft der Resl lag das Grab *„rechts vom Altar, tief unten im Metallsarg“*. Bei Grabungen im September 1929 fand man tatsächlich rechts vom Hochaltar in 4 ½

> … In diesem Zustand hat sie auch die Hierognosie, die Gabe, zwischen echten und unechten Reliquien zu unterscheiden. Wir gaben ihr mehrere in die Hand. Von der einen sagte sie, die ist echt, von einer anderen, das ist kein Gebein, das hat sie nur angehabt (Stoff), von einer dritten, die ist nur berührt an einer echten. Ich gab ihr eine Reliquie von meinem Ordenspatron, dem hl. Odo von Cluny, die sie als echt erklärte. Von einer Kreuzpartikel, die man ihr zugesandt, sagte sie, sie sei echt, etwas über der Ferse des Heilandes gewesen, und erzählte auch die Geschichte von der Wanderschaft dieses Teilchens des hl. Kreuzes. Hernach stattgefundene Nachforschungen in Archiven bestätigten die Richtigkeit ihrer Angaben. Viele Partikel, sagt sie, die mit Unrecht als echt verehrt werden, sind nur berührt worden an echten. …

Abb. 29: Pater Odo Staudinger beschrieb, wie Resl Reliquien erkannt hat. (OS, 35-36)

Metern Tiefe *„eine Mauer, die wohl zu einer Gruft führt“*. Im darauffolgenden Jahr, also Monate nachdem Resl befragt worden war, wurde dort ein Sammelgrab gefunden. Bei der Sargöffnung fand man die Gebeine von Adelindis zusammen mit denen ihrer drei Brüder. Diese waren erschlagen worden, als sie versuchten, ihre Schwester aus dem Kloster zu entführen. (Z-04-04; I-04-01)

Im erhobenen Ruhezustand gab Resl auch Auskünfte zu profanen, weltlichen Themen. Die Oberin und ein Priester einer bayerischen Taubstummenanstalt waren sich nicht sicher, ob sie Resl eine Frage zum Umbau der Anstaltsgebäude stellen sollten. Sie trafen Resl im erhobenen Ruhezustand an. Ohne eine

Frage abzuwarten, sagte sie ihnen, dass gebaut werden müsse und dass es Probleme bei den vorgesetzten Stellen und technische Probleme beim Bau geben würde. Beides war dann auch der Fall. [FG1, 311-312]

Als Professor Wutz, Resl und ihre Schwester Kreszentia bei Einbrechen der Dunkelheit von einem Besuch bei einer Sterbenden nach Hause fuhren, setzte das Fahrlicht immer wieder aus und verlosch dann vollständig. Nachdem das Licht drei Mal wieder kurz eingesetzt hatte, brannte es wieder länger. Resl kam plötzlich in den erhobenen Ruhezustand und erklärte, dass das Licht jetzt nicht mehr ausgehen würde. Sie teilte Professor Wutz mit, dass er am nächsten Tag eine lockere Schraube am Ende des Steuerschafts anziehen muss. Am darauffolgenden Tag stellte sich heraus, dass die Lichtschaltung im Auto von Professor Wutz durch den Steuerschaft lief und dort tatsächlich eine Schraube locker war. [FG1, 309-310]

Resl im alltäglichen Leben

Man liest viel über die Phänomene der Resl, ihre Visionen und ihre Nahrungslosigkeit. Dieses Kapitel befasst sich mit dem ganz normalen Leben der Resl, wie ihr Alltag aussah und wie ihr Umfeld sie wahrgenommen hat.

Resls Aussehen und Wesen

Prälat Josef Meßmer, der 1927 ein kleines Buch über seine „persönlichen Eindrücke von Konnersreuth" veröffentlichte, beschrieb, wie Resl ausgesehen hat: *„Ihre Erscheinung ist über mittelgroß, schlank, von schleppendem Gang, weil sie infolge der Wundmale an den Füßen nur mit den Fersen auftreten kann. ‚Resl', wie man sie überall nennt, ist immer schwarz gekleidet; über dem Haupte trägt sie stets ein weißes Kopftuch, das lose vorn über die Schultern herabhängt nach altbayerischer Manier. Beide Hände sind bedeckt mit fingerlosen Handschuhen, um die Wundmale zu verbergen. Das Antlitz ist blass, etwas mager, die Augen groß und überaus seelenvoll."* Beschreibungen anderer Autoren decken sich weitgehend mit der von Prälat Meßmer, wobei „schlank" in späteren Jahren seltener genutzt wurde. (JM, 5)

Die *„großen und seelenvollen"* Augen sind nicht nur Prälat Meßmer aufgefallen. Ein Besucher schrieb auf einer Postkarte an seinen Freund von Resls *„wunderschönen blauen Kinderaugen"* (siehe Abb. 31). Pater Odo Staudinger berichtete, wie Resls *„seelenvolle Augen leuchteten"*, als sie sich über etwas freute, und Friedrich Ritter von Lama bemerkte: *„Aus ihren großen dunklen Augen spricht die Ruhe ihrer Seele."* (OS, 24; FRL1, 68)

Auch die Schriftstellerin Luise Rinser, die Resl im Jahr 1953 kennenlernte, war von ihren Augen beeindruckt: *„Nichts sonst an Therese deutet auf ihre Besonderheit, wenn man ihr zum ersten Mal gegenübersitzt – es*

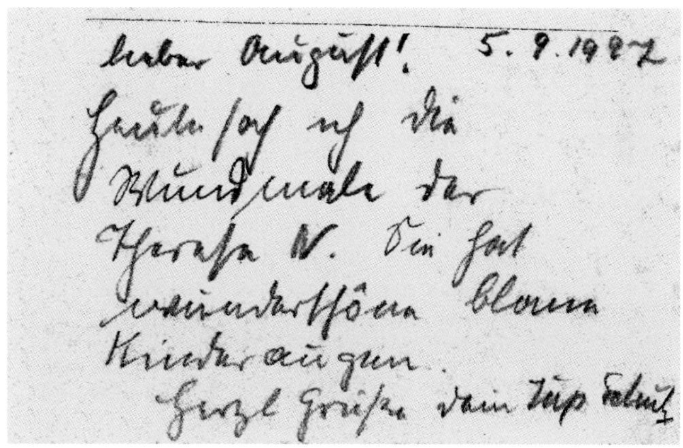

Abb. 30: Postkartentext: Lieber August! 5.9.1927
Heute sah ich die Wundmale der
Therese N. Sie hat
wunderschöne blaue
Kinderaugen.
Herzl. Grüße Dein Jup Schütz

seien denn allenfalls die Augen, die voll von einer zwingenden, jedoch ganz ruhigen Kraft und Klarheit sind und denen man nichts vormachen kann. In diesen Augen liegt die natürliche, trockene, leicht skeptische Klugheit einer Bäuerin, durchleuchtet von jener mehr als natürlichen Klugheit, die sie befähigt, in fremden Herzen zu lesen, unbekannte Schicksale zu wissen, Zukünftiges vorauszusehen und bindende Ratschläge in lebenswichtigen Fragen zu erteilen." (LR, 14)

Resl war für ein Mädchen mit einfachem Schulabschluss sehr gebildet. Sie konnte mit den gelehrtesten Besuchern debattieren. Erzbischof Teodorowicz beschrieb Resls Auffassungsgabe: „*Sie zeichnet sich durch einen klaren geistigen Blick aus, sie besitzt einen hellen Verstand; weder wortkarg noch gesprächig, noch nach Weiberart weitschweifig und umständlich, erfaßt sie jede, auch die schwierigste geistige Frage und prägt sie dann in einen kurzen, kernigen bestimmten Satz.*" (JT, 66)

Resl legte Wert darauf, dass sie nicht fehlerlos war. Bei einer vom Bischof von Eichstätt veranlassten Einvernahme im Jahr 1953 nannte sie ungefragt ihren größten Fehler: „*…Ich möchte auch nicht, daß man aus meinen Angaben die Meinung gewinnt, als hätte ich keine Fehler; ich hab viel mehr von Kind an als Älteste der Geschwister bei gemeinsamen Arbeiten und Plänen der Familie das Bestreben, die Sache voranzutreiben und dabei das von mir als richtig erkannte mit einer gewissen*

Abb. 31: Theres Neumann 1928. (Foto: Pater Ingbert Naab)

Schonungslosigkeit gegen mich und meine Mitarbeiter durchzusetzen. Auch bin ich sehr temperamentvoll und überschreite dabei hie und da das rechte Maß und verletzte dabei sicher mitunter den Nächsten. Freilich kämpfe ich dagegen an." (JS3, 290)

Bei aufdringlichen Fremden konnte Resl auch heftig werden. Deshalb wurde sie manchmal als abweisend, unwillig oder sogar lieblos bezeichnet. Dass sie ab und zu schroff zu Besuchern war, verwundert nicht, wenn man bedenkt, dass Resl von vielen Menschen bedrängt wurde. Neben Besuchern mit echten Anliegen kamen Tausende von Schaulustigen, um sie zu sehen. Manche davon waren so aufdringlich und verfolgten Resl ins Haus, in den Garten oder in die Kirche, um sie fotografieren zu können. (JS1, 42-43)

Obwohl sie keiner beruflichen Tätigkeit nachging, war Resls Tag ausgefüllt. Nach einer eher vorsichtigen Schätzung von Dr. Johannes Steiner hat sie im Lauf ihres Lebens mindestens 50.000 Besuchern in Einzelgesprächen Rat und Trost gespendet. (JS1, 84)

Sie erhielt „*täglich einen hohen Poststoß*". Ein Nazi-Lehrer, der Resl beobachtete, schrieb Ende 1937 an den zuständigen Gauleiter: „*Die Postzustellung, die das Haus Neumann täglich bekommt, ist riesen-groß.*" Resl las die unzähligen Briefe überwiegend in den Nachtstunden. Davon berichtete auch Pfarrer Naber in einem Tagebucheintrag vom 30. Januar 1931: „*Theres hat die vergangene Nacht hindurch bis ½ 6 Uhr früh Briefe gelesen, dazwischenhinein hatte sie der Heiland durch den erhobenen Ruhezustand gestärkt.*" (JS1, 84; JS3, 234; JN, 99)

Nachts war auch die Zeit, in der Resl oft stundenlang betete, da sie am Tag kaum Gelegenheit dazu hatte. Schlaf brauchte Resl nicht viel. (AS1, 62; AP, 81)

Resl konnte Menschen in die Seele sehen

Nicht nur in ekstatischen Zuständen, auch im normalen Zustand hatte Resl eine Gabe, die als Herzenskenntnis bezeichnet wurde. Damit ist gemeint, dass sie Besuchern ins Herz sehen konnte und die Seelenzustände ihrer Besucher erkannte.

Die Nähe von unangenehmen Personen konnte Resl nicht ertragen. Johannes Steiner berichtete: „*Es kommt sogar vor, daß sie im natürlichen Zustand eine Schwäche des Körpers erleidet, wenn Menschen in ihrer Nähe sind, die sich in der seelischen Verfassung eines absoluten Stolzes oder eines nicht verzeihenden Hasses befinden. Sie versucht dann, die Distanz von diesen Personen zu vergrößern. Über solch auffallendes Benehmen einmal befragt, gab sie zur Antwort: ‚An die kann der Heiland net heran.*'" (JS1, 199)

Luise Rinser beschrieb in ihrem Buch „Die Wahrheit über Konnersreuth", wie sie Resl in Begleitung von zwei anderen Personen kennenlernte und Resl, die im normalen Zustand war, von ihrem größten Problem wusste: „*Sie* [Resl] *unterhielt sich mit den beiden anderen, ich schwieg befangen … Plötzlich wandte sie sich zu mir und sagte: ‚Gell, es ist schwer so zu schreiben, daß alle es verstehen, die ganz Anspruchsvollen und die Einfachen!' Dieser Satz und die Wendung zu mir scheinen nicht viel zu bedeuten, wenn man nicht weiß, daß dies eines der Grundprobleme meiner Arbeit ist, und daß ich gerade in diesem Augenblick heftig daran gedacht hatte, ob ich Therese wohl danach fragen sollte.*“ (LR, 148-149)

Resl erkannte im gewöhnlichen Zustand, ob Besucher das Sakrament der Priesterweihe empfangen hatten. Den Aramäisch-Spezialisten Professor Johannes Bauer von der Universität Halle sprach sie deshalb mit Hochwürden an. Die Begleiter von Professor Bauer waren sprachlos. Sie wussten nicht, dass der Professor früher einmal Priester gewesen war. So manchen anderen ehemaligen Geistlichen brachte Resl mit Aussagen wie *„Diese Hände sind geweiht und haben den Heiland getragen*“ in größte Verlegenheit. (AS1, 48; FA1, 114-115)

Umgekehrt erkannte sie auch „falsche Geistliche“. Sie stellte sich einmal vor einem „Bischof“ auf und fuhr ihn, die Hände in die Hüften gestützt an: *„Da haben's aber der Kirche a Schand' gemacht.*“ Der Besucher hatte sich als Bischof verkleidet, um Geld zu sammeln. Er wurde später als Hochstapler verhaftet. (HF, 53)

Resl spürte die Anwesenheit geweihter Hostien

Wenn Resl mit Pfarrer Naber und Professor Wutz in fremden Gegenden an Kirchen vorbeifuhr, erkannte sie, ob es sich um katholische Kirchen handelte. Sie spürte das Allerheiligste in der Kirche. Als „Allerheiligstes“ bezeichnet man geweihte Hostien, die im Tabernakel aufbewahrt werden. Pfarrer Naber und Professor Wutz stiegen oft aus und stellten fest, dass Resl immer Recht hatte. (JS1. 206)

Mit dieser Fähigkeit hat Resl auch Dr. Johannes Steier überrascht, als dieser mit Resl und seiner Frau die Kappl-Kirche in der Nähe von Konnersreuth besuchte. Der Hochaltar der Kirche wurde gerade renoviert. Da Dr. Steiner beim Betreten der Kirche kein ewiges Licht sah, *„neigte er nur das Haupt zum Gruß*“. Resl machte eine tiefe Kniebeuge und sagte zu Dr. Steiner: *„Da ist fei das Allerheiligste herinnen.*“ Später kam der Pfarrer der Pfarrei Münchenreuth, der für die Kappl-Kirche zuständig war, hinzu und erzählte, er hätte am Morgen des Tages das Allerheiligste wieder in den fertiggestellten Tabernakel eingesetzt. Das ewige Licht konnte er dabei nicht anzünden, da er das dafür notwendige Öl vergessen hatte. [Anmerkung: In katholischen Kirchen brennt das ewige Licht zum Zeichen, dass das Allerheiligste im Tabernakel ist; die Gläubigen machen Kniebeugen, wenn sie davorstehen oder daran vorbeigehen.] (JS1. 206)

Pfarrer Naber und Resls Bruder Ferdinand berichteten von einem Vorkommnis, das sich im Pfarrhof von Konnersreuth abgespielt hatte: Ferdinand und Resls Schwester Marie, die Pfarrhaushälterin bei Pfarrer Naber war, saßen in der Küche, als Resl mit Pfarrer Naber hereinkam. Resl war sofort erregt und sagte: *„Da ist ja der Heiland herinnen.*“ Als der Pfarrer widersprach, ging Resl zu einem Stapel ungeöffneter Briefe, zog gezielt einen Brief heraus und gab ihn Pfarrer Naber. Im Brief waren nur ein leeres Stück Papier und eine Hostie. Es stellte sich heraus, dass ein Porzellanmaler aus Waldsassen, der daran zweifelte, dass es sich bei der Hostie um mehr als Brot handelt, die Hostie nach Empfang der Kommunion aus dem Mund genommen und an Resl geschickt hatte. (JS1, 207)

Resl konnte von Visionen erzählen

Resl konnte sich im gewöhnlichen Zustand genau daran erinnern, was sie in den Visionen gesehen hatte. Den Inhalt der Schauungen bezeichnete Resl als Gegenstand ihres *„Betens, Betrachtens und Denkens"*. Während Resl im Zustand der Eingenommenheit in der Regel gerne Auskünfte darüber gab, was sie in den Visionen gesehen hatte, sprach sie im Normalzustand nur selten darüber. (JS3, 288)

Auch die in den Visionen gehörten Sprachen konnte Resl im Normalzustand wiedergeben. Je öfter sie die Worte in den Visionen, speziell in den Passionsszenen, gehört hatte, um sehr mehr blieben sie ihr im Gedächtnis. *„Ich kann bereits ohne Mühe alles wiederholen, was ich von der aramäischen Sprache höre, eben weil ich es so oft gehört habe"*, sagte Resl zu Erzbischof Teodorowicz. (JT, 199)

Resl konnte sich so genau an die Einzelheiten des in den Visionen Gesehenen erinnern, dass sie Prälat Meßmer aus der Schweiz verbesserte, als dieser von seiner Wallfahrt an die heiligen Stätten berichtete. Der Prälat erzählte, dass er auf Golgota eine Felsspalte gesehen hatte, die sich zwischen dem linken Schächer und dem Heiland hingezogen hätte. Resl berichtigte ihn und erklärte, dass in ihren Visionen der große Felsriss auf Golgota nicht zwischen Heiland und dem linken Schächer verlief und dass es noch einen zweiten, kürzeren Spalt auf Golgota gegeben hatte. (JM, 6)

Resl hatte gern Kinder um sich

In den Jahren, in denen sie im Krankenzimmer lag, hatte Resl es gerne, wenn ihre jüngeren Geschwister in ihrem Zimmer spielten. Später hatte sie Spaß daran,

Abb. 32: Ringelreihen mit den Kindern ihrer Schwester Anna im Pfarrgarten. In der Mitte mein Vater Englbert (Bild aus einem Film von Ferdinand Neumann).

Abb. 33: Resl freut sich, als ihr Professor Wutz (links) einen Vogel schenkt. Hinter Professor Wutz Resls Schwestern Agnes (links) und Ottilie. (Foto: Ferdinand Neumann)

von ihren Neffen und Nichten umlagert zu sein. Neffen und Nichten hatte sie aufgrund ihrer großen Familie viele. Alleine ihre Schwester Anna Härtl, meine Großmutter, hatte neun Kinder. (MR, 28; EH)

An Weihnachten war die Bescherung bei Resl ein großes Fest, für die sie schon lange vorher kleine Geschenke für die Kinder sammelte. Das wussten auch viele Besucher und schenkten ihr deshalb oft Süßigkeiten und Schokolade für „ihre Kinder", mit denen Resl dann den Christbaum schmückte. (AS1, 71; EH)

Ihre Nichten und Neffen nannten die Resl meist nur „Pate" (Patin). Resl hatte fast alle von ihnen zur Taufe getragen. Als zweite Taufpaten waren dann meist andere Verwandte dabei. Die Nichten und Neffen bekamen deshalb als zusätzlichen Vornamen den Namen der „Pate". Auch meinen Vater trug Resl in die Kirche. Sein Taufpate war Resls Bruder Englbert. Mein Vater wurde deshalb auf die Vornamen „Englbert Theresia" getauft. (EH)

Resl liebte Tiere und Blumen

Als Resl noch als Magd und später als Ochsenknecht in Dienst stand, hatte sie Freude daran, die aus dem Wald heraustretenden Rehe zu beobachten. Rebhühner und Hasen kamen sogar zutraulich heran, wenn sie sie fütterte. (FG1, 15)

Als sie aufgrund ihrer gesundheitlichen Beschwerden viel Zeit in ihrem Zimmer verbrachte, holte sie sich die Natur ins Zimmer. Eine bischöfliche Kommission, die im Juni 1927 zur Vorbereitung der ärztlichen Überwachung in Konnersreuth war, berichtete von zwei kleinen Aquarien mit Goldfischen und einem Käfig aus Holz mit einer Turteltaube. Im März 1929 beschrieb Bischof Karel Kašpar Resls Zimmer: *„Die Fenster standen voll Blumen, in dem Aquarium, einem Geschenk von Dr. Hynek, tummelten sich Fischlein, in zwei Vogelbauern saßen ein Kanarienvogel und ein anderer zwitschernder Sänger, zwei Kästchen enthielten bunte Schmetterlinge. Resl ist eine große Naturfreundin."* (JS3, 213; KK, 40)

Anstatt der Vogelbauern wurde später in Resls Zimmer, in die Wand gegenüber des Bettes, eine große Voliere eingebaut. Darin hielt sie kleine Singvögel in verschiedenen Farben. Im Innenhof des Anwesens war über dem Holzschuppen eine aus Holz gezimmerte Voliere, in der Resl Türkentauben züchtete. (EH)

Ihre Vögel müssen eine besondere Beziehung zu Resl gehabt haben. Resls Freundin Anni Spiegl beobachtete, dass nach Resls Tod das fröhliche Gezwitscher der Singvögel in ihrem Zimmer verstummte. (AS1, 72)

„*Blumen waren Resls größte Freude*", schrieb Anni Spiegl. Zunächst zog Resl ihre Blumen in Töpfen in zwei oder drei Reihen hintereinander auf den Fensterbrettern des Elternhauses und des Pfarrhofs. Dann wurde ein kleines Treibhaus im Garten hinter dem Haus gebaut und die Marktverwaltung Konnersreuth überließ ihr einen Streifen Grund für ein Gärtchen direkt am Haus. Darauf baute Resl so viele Blumen an, dass ihre Mutter darum kämpfen musste, um dort auch Salat und Küchengrün pflanzen zu können. (AS1, 72: FG1, 292)

In den 50er Jahren legte Resl einen großen Blumengarten an, der etwa fünf Minuten vom Wohnhaus entfernt war. Von diesem Garten ist im Kapitel „Spuren der Resl in Konnersreuth" noch die Rede.

Die schönsten Blumen und Rosen aus ihrem Treibhaus und ihrem Garten kamen jede Woche in die Kirche. Resl schmückte damit stundenlang die Altäre. Personen, die dabei in ihre Nähe kamen, beschäftigte sie gern mit Hilfsleistungen. An den Vorabenden von hohen Festen dauerte das Schmücken der Altäre oft bis nach Mitternacht. Der Kirchenschmuck, den sie oft in den Farben des jeweiligen Kirchenfestes hielt, war dann eine ganz besondere Pracht und wurde von vielen Fremden fotografiert. (AS1, 68: FG1, 291; Z-05-01)

Abb. 34: Resl 1940 im Pfarrgarten mit Blumen für die Kirche. Sie war nach einem Schlaganfall halbseitig gelähmt und wurde deshalb im Wägelchen gezogen.
Von links: Theres Härtl, Resl, Pfarrer Naber, Englbert Härtl, Otto Schneider; hinten: Resls Schwestern Maria (halb verdeckt) und Ottilie. (Foto: Ferdinand Neumann)

Resl war gesellig und hatte Humor

Dr. Fritz Gerlich schrieb über Resl, „*daß sie harmloser Heiterkeit und ebensolchen Scherzen nie abhold war. … Sie liebt die heitere Unterhaltung schon deshalb, weil sie sie über die häufig vorhandenen Schmerzen hinwegführt.*" (FG1, 292)

Gerlich beschrieb Resls Reaktion, als er und Professor Wutz während einer Autofahrt „*scherzhaft anzweifelnde Bahn- und Wirtshausgespräche über Therese Neumann*" nachahmten: „*‚Herr Pfarrer, Herr Pfarrer,‘* hörte *ich sie sagen, ‚ja so hörn S' doch, Herr Pfarrer! Ja, is dös*

Abb. 35: 1957 auf der Hochzeitsfeier meiner Eltern Englbert und Theresia Härtl.
Hinten: August Härtl, Resl, Agnes Neumann (Ferdinands Frau), Kurat Söllner, Anna Härtl (meine Großmutter), Ferdinand Neumann.
Vorne: Franziska Lindner (meine andere Großmutter). (Foto: Familie Härtl)

lustig! Ja, i glaub wirkli, die Leut redn so.‘ Dann drängte sie uns, das Gespräch fortzusetzen. Noch nach Tagen forderte sie uns auf, doch wieder so zu reden ‚wie die Leut‘. Sie habe schon lange nicht mehr so gelacht.“ (FG1, 322)

Resl war gern auf Familienfeiern zu Gast und fuhr, wenn sich die Gelegenheit bot, gerne mit ins Kino oder ins Theater. Anni Spiegl berichtete, wie sie mit Resl bei den Festspielen auf der Luisenburg das Stück „*Das große Welttheater*“ besuchte und dass das Stück Resl gut gefallen hat. (AS1, 63)

Bei einem Kinobesuch wurde sie einmal von Professor Wutz und ihren Brüdern hereingelegt. Als sie Resl fragten, ob sie mit in den Film „Der Vogelhändler“ gehen würde, fragte sie „*Gibt's da Vogerl?*“ und bekam die Antwort „*Freili Madl, da wirst staunen!*“. Während des Films fragte sie, wann denn die Vogerl kommen. Als sie merkte, dass nur der Vogelhändler mit einem einzigen Kanarienvogel hereinkam und man sie hereingelegt hatte, lachte sie herzlich. (AS1, 63)

Resls pflegte Kranke

Pfarrer Josef Schuhmann, dem kurz nach dem zweiten Weltkrieg die Benefiziatenstelle in Konnersreuth über-

Abb. 36: Resl mit ihrem Wägelchen und dem Pferd Lotte im Jahr 1949. Am Zügel: Mein Onkel Konrad Härtl. Resl duckte sich weg, weil sie nicht fotografiert werden wollte. (Foto: unbekannter amerikanischer Fotograf)

tragen worden war und der 1960 die Pfarrerstelle von Pfarrer Naber übernommen hatte, würdigte in seiner Grabrede für die Resl ihren Einsatz für die Kranken: *„Theres Neumann hat sich nach ihrer Heilung mit viel Liebe den Kranken gewidmet. Bis zum Jahre 1947 war in Konnersreuth kein Arzt ansässig und keine Krankenschwester. Deswegen hat sie jahrzehntelang die Kranken besucht und gepflegt. Sie hatte ein großes Einfühlungsvermögen, weil sie ja selber jahrelang krank war, und sie hatte das große Geschick, Kranke zu behandeln. Deshalb kamen auch viele zu ihr ins Haus, wo sie Wunden verband und Arzneien verschenkte.*" Dass Resl schon vor dem Krieg und noch mehr nach dem Dritten Reich Verbandszeug und Arzneimittel aus Amerika zugeschickt bekam, war dabei sehr hilfreich. (Z-05-01; AS1, 68)

Resl legte sich ein, wie sie es nannte, „*kleines Pony* [genannt Lotte] *mit einem ganz einfachen Gummiwägelchen*" zu. Damit fuhr sie viele Jahre lang zur Krankenpflege, auch dann noch, als schon ein Arzt in Konnersreuth ansässig war. (JH2, 504; JS1, 89)

Resls hat gerne gearbeitet

Schon in ihrer Jugend arbeitete Resl gerne in der Landwirtschaft. Dabei machte ihr Männerarbeit viel mehr Freude als Frauenarbeit. Sie war so kräftig, dass sie als Großknecht bei ihrem Dienstherrn die schwersten Männerarbeiten im Stall und auf dem Feld verrichtete. Einen Getreidesack von 1 ½ Zentner Gewicht [das sind 75 kg] trug sie, ohne ihn abzusetzen, über fünf Stiegen auf den Getreideboden. (FG1, 14)

Nachdem Resls Phänomene aufgetreten waren, konnte sie aufgrund der schmerzenden Stigmen und der häufigen Krankheiten nicht mehr so fest zupacken. Im Rahmen ihrer Möglichkeiten arbeitete sie aber gerne mit. Dass Resl gerne arbeitete, erzählte auch Pfarrer Naber: „ … *Therese wollte nicht nur beten, sie wollte auch arbeiten. Arbeiten galt ihr sehr viel. Gebet und Arbeit gehörten für sie zusammen.*" (AP, 81)

Resl ist gerne verreist – das missfiel Kirche und Staat

Jahrelang war Resl nicht aus Konnersreuth herausgekommen. Als sich später die Gelegenheiten boten, ist sie gerne verreist. Dadurch konnte sie für einige Zeit dem Trubel daheim entkommen. Manchmal wollte Resl deswegen gar nicht mehr heim. Bei einem Besuch in Eichstätt sagte sie zu ihrer Freundin Anni Spiegl: „*Weißt Anni, so froh waren wir schon lange nicht mehr. Daheim lachen wir wenig. Hier haben wir den Himmel. Aber mir wird Angst vor daheim. Die vielen Leute, die mich bedrängen mit ihren Sorgen!*" (AS1, 13, 62-63)

Resl war oft in Eichstätt bei Professor Wutz, bei dem ihre Schwester Ottilie seit 1929 Pfarrhaushälterin war. Sie freute sich, wenn Professor Wutz sie auf seinen Reisen in seinem Auto mitnahm. Nachdem der Professor im Frühling 1938 verstarb, wurde Resl von ihren Brüdern Hans und Ferdinand mit dem Auto des Professors abgeholt und wieder zurückgebracht. Auch Dr. Josef Mittendorfer hat Resl oft gefahren. Er bezeichnete sich deshalb gern als „*Resls Chauffeur*". (StAAm1, 171; HW, 196)

Abb. 37: Beim Anbau eines halbrunden Erkeranbaus ans Hans der Familie Neumann hat Resl mit angepackt. (Foto: Ferdinand Neumann)

Die Medien hatten lebhaftes Interesse an den Reisen der Resl:

- In Wien wurde im September 1927 berichtet: *„Die als ‚Wunder' von Konnersreuth bekannte Therese unternahm vor einer Woche eine Autofahrt durch mehrere Orte und besuchte dabei auch die Wallfahrtskirche in Vierzehnheiligen …"* (Z-05-02)
- Unter der Überschrift *„Therese Neumann steht einer Sterbenden bei"* erfuhr man im Mai 1929, dass *„in den letzten drei Wochen in der Umgebung des ‚Schneiderhäuschens' eine schon lange nicht mehr beobachtete Ruhe geherrscht hat. Ursache: Therese Neumann war drei Wochen über verreist."* Resl hatte in dieser Zeit in Eichstätt die Mutter von Professor Wutz beim Sterben begleitet. (Z-05-03)
- Über eine Reise in die Schweiz wurde in besonders vielen Zeitungen berichtet. Resl besuchte 1931 ihre Schwester, die sich dort von einer Krankheit erholte. Als der Bischof der Diözese Chur, Georg Schmid von Grüneck, von ihrem Aufenthalt erfuhr, lud er sie zu sich ein (siehe Abb. 39).
- Im Herbst 1931 nahm Resl in Speyer an der Taufe der Cousine des mit Resl befreundeten Priesterkonvertiten Bruno Rothschild teil. Die Zeitungen berichteten:

Abb. 38: Beim Richtfest des Bauernhofs von Resls Bruder August (Zweiter von rechts, Mund verdeckt) war auch Resls Schwager Hans Härtl sen. (mein Großvater – rechts stehend) mit vier Söhnen dabei: Englbert (mein Vater, links hinter Resl), Konrad (vorne Mitte), Hans (zündet sich eine Zigarette an) und Josef (rechts vorne). Nicht mit Resl verwandt waren Josef Neumann (Kopf vor Resls Brust) und Eduard Härtl (rechts vor ihm stehend, mit dunkler Schildmütze). (Foto: Ferdinand Neumann)

„… *Therese unternahm die Reise in Begleitung ihres Seelenführers Pfarrer Naber im Auto des Professors Wutz. Sie blieb in Speyer gewissermaßen als Gast des Bischofs eine ganze Woche …*“ (Z-05-05)

- „*Therese von Konnersreuth bei Kardinal Kašpar*“ lautete am 3. September 1937 ein Artikel in der „Tschechei“, wie die Tschechische Republik damals genannt wurde. Resl sprach zwei Stunden mit dem Kardinal während seines Kuraufenthalts in Karlsbad, was „*ungewöhnliches Interesse hervorgerufen hat*“. (Z-05-06)
- Im Februar 1949 war schon die Tatsache, dass Resl vom Schweizer Konsulat ein Visum für eine Reise in die Schweiz erhalten hatte, der Wiener „Weltpresse“ eine Meldung wert. (Z-05-07)

Ihre Reisen, bei denen sie in fremder Umgebung und oft unter fremden Menschen war, sind auch ein Indiz dafür, dass Resl ohne Nahrung lebte. Wie hätte sie es dabei anstellen sollen, heimlich zu essen oder heimlich auf die Toilette zu gehen?

Frau Mina Schilcher war bis Juni 1929 Pfarrhaushälterin bei Professor Wutz in Eichstätt. Sie bezeugte schriftlich unter Eid, dass sie bei Therese Neumann während ihres dreimaligen Aufenthalts in Eichstätt (erstmals 4 Tage, einmal 8 Tage und dann drei Wochen bei der schwerkranken Mutter von Professor Wutz) „*niemals eine Flüssigkeit, noch eine Nahrung sowie keine Süßigkeit zu sich genommen hat*“. Sie „*fand auch niemals eine Süßigkeit, noch Medizin, noch Papier*“, wenn sie Resls Schlafzimmer in Ordnung brachte. Resl war immer im ersten Stock bei Dr. Wutz und dessen Mutter

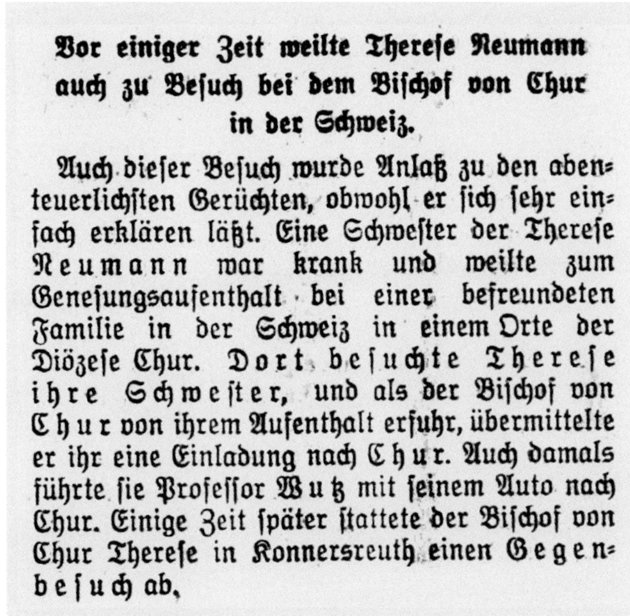

Vor einiger Zeit weilte Therese Neumann auch zu Besuch bei dem Bischof von Chur in der Schweiz.

Auch dieser Besuch wurde Anlaß zu den abenteuerlichsten Gerüchten, obwohl er sich sehr einfach erklären läßt. Eine Schwester der Therese Neumann war krank und weilte zum Genesungsaufenthalt bei einer befreundeten Familie in der Schweiz in einem Orte der Diözese Chur. Dort besuchte Therese ihre Schwester, und als der Bischof von Chur von ihrem Aufenthalt erfuhr, übermittelte er ihr eine Einladung nach Chur. Auch damals führte sie Professor Wutz mit seinem Auto nach Chur. Einige Zeit später stattete der Bischof von Chur Therese in Konnersreuth einen Gegenbesuch ab.

Abb. 39: Artikel über Resls Reise in die Schweiz im Herbst 1931. (Z-05-04)

untergebracht. Dort wurden keine Lebensmittel aufbewahrt. Zu den Lebensmitteln hätte Resl durch die Küche gehen müssen, in der Frau Schilcher die meiste Zeit tätig war. Frau Schilcher bemerkte auch nie, „*daß je etwas fehlte*“. (JS3, 277)

Bischof Dr. Sebastian von Speyer, bei dem Resl mehrmals zu Gast war, beobachtete genau, ob Resl etwas aß oder trank. Er bezeichnete die Nahrungslosigkeit von Theres als „*das Wunder von Konnersreuth*“. (Z-05-08)

Es gibt Berichte, der Bischof von Regensburg hätte von Resl verlangt, dass sie sich Reisen von ihm genehmigen

Abb. 40: Resl 1931 mit ihrer Schwester Ottilie und Professor Wutz in der Schweiz. (Bild: Ferdinand Neumann)

lässt oder ihn von ihren Reisen informiert. Dafür sprechen auch Briefe der Resl aus dem bischöflichen Archiv in Regensburg. Darin bittet sie den Bischof um Zustimmung zu bevorstehenden Reisen oder informiert ihn über geplante Reisen. (JH2, 453, 460)

Anfang September 1931 unterstellte man Theres in mehreren Zeitungen aufgrund ihrer „ungenehmigten" Reisen, ungehorsam gegen die Kirche gewesen zu sein und ging deshalb von einer „*Wendung im Fall Konnersreuth*" aus: „*... In den Monaten vor dem 1. Juli (1931) ... ist Therese, obwohl vom bischöflichen Ordinariat legitime Besuche angekündigt waren, mehrfach verreist, und zwar unter anderem nach Eichstätt und sogar in die Schweiz (Chur). ... Besucher beschwerten sich in Regensburg, dass man sie vergeblich dorthin habe reisen lassen, und erst durch diese Beschwerden erfuhr das bischöfliche Ordinariat von der Aufenthaltsveränderung der Therese Neumann. Eine wider das Wissen und den Willen der geistlichen Aufsichtsbehörde unternommene Reise der Therese Neumann würde aber gegen die von der Kirche grundsätzlich verlangte Gehorsamspflicht verstoßen haben.*" [Anmerkung: Die „*Oberhirtliche Erlaubnis zu einem einmaligen Besuche in Konnersreuth*" enthielt keine Angabe, in welchem Zeitraum der Besuch erfolgen soll. Resl hätte also immer daheimbleiben müssen, da jederzeit Besucher mit bischöflicher Besuchserlaubnis hätten kommen können.] (Z-05-09; JS3, 191)

Andere Zeitungen stellten dagegen klar, dass es kein Abhängigkeitsverhältnis der Resl zur Kirche und keine „Gehorsamspflicht" gegenüber den kirchlichen Behörden gab: „*In der Tatsache, daß diese Reisen ohne Wissen der kirchlichen Behörden unternommen werden, ist nichts Besonderes zu erblicken, da ja Therese nicht interniert ist und wie jeder andere Mensch das Recht der Freizügigkeit genießt. Sie hat daher auch keine Verpflichtung, die kirchlichen Behörden von ihren Reisen zu verständigen.*" (Z-05-10)

Den Nationalsozialisten waren Resls Reisen suspekt. Die „Regierung von Niederbayern und der Oberpfalz" wollte am 20. Februar 1937 vom Bezirksamt Tirschenreuth einen Bericht über die Reisen der Resl: „*Therese Neumann hat sich im Herbst vergangenen Jahres einen Reisepaß ausstellen lassen und soll damit auch das*

Reichsgebiet nach der Schweiz zu für einige Zeit verlassen haben. Ich ersuche, den Paß vorübergehend einzuziehen, um sämtliche Eintragungen (Grenzübertritte) in doppelter Abschrift und unter Berichterstattung, was in der Angelegenheit bekannt ist, vorzulegen.“ Nach mehreren Schriftwechseln zwischen dem Bezirksamt Tirschenreuth, der Gendarmerie Konnersreuth und der Ortspolizei Eichstätt wurde Resls Pass in Eichstätt bei Professor Wutz eingezogen und einige Tage später in Konnersreuth wieder ausgehändigt. (StAAm1, 147-153)

Sogar der Geheimen Staatspolizei (Gestapo) waren die Reisen der Resl suspekt. Es gab mehrere Anfragen zu angeblichen Reisen der Resl. Im Dezember 1938 wollte die Gestapo wissen, ob und zu welchem Zweck Resl nach Hamburg gefahren war (siehe Abb. 41). Der Bezirksvorstand leitete die Anfrage an die Gendarmeriestation in Konnersreuth weiter, die zurückmeldete, dass Theres nach ihren eigenen Angaben vom 28.11. bis 11.12.38 nach Altötting und dann nach Eichstätt gefahren war. Von den von der Gestapo vermuteten Reisezielen war nichts bekannt. (StAAm1, 170-171)

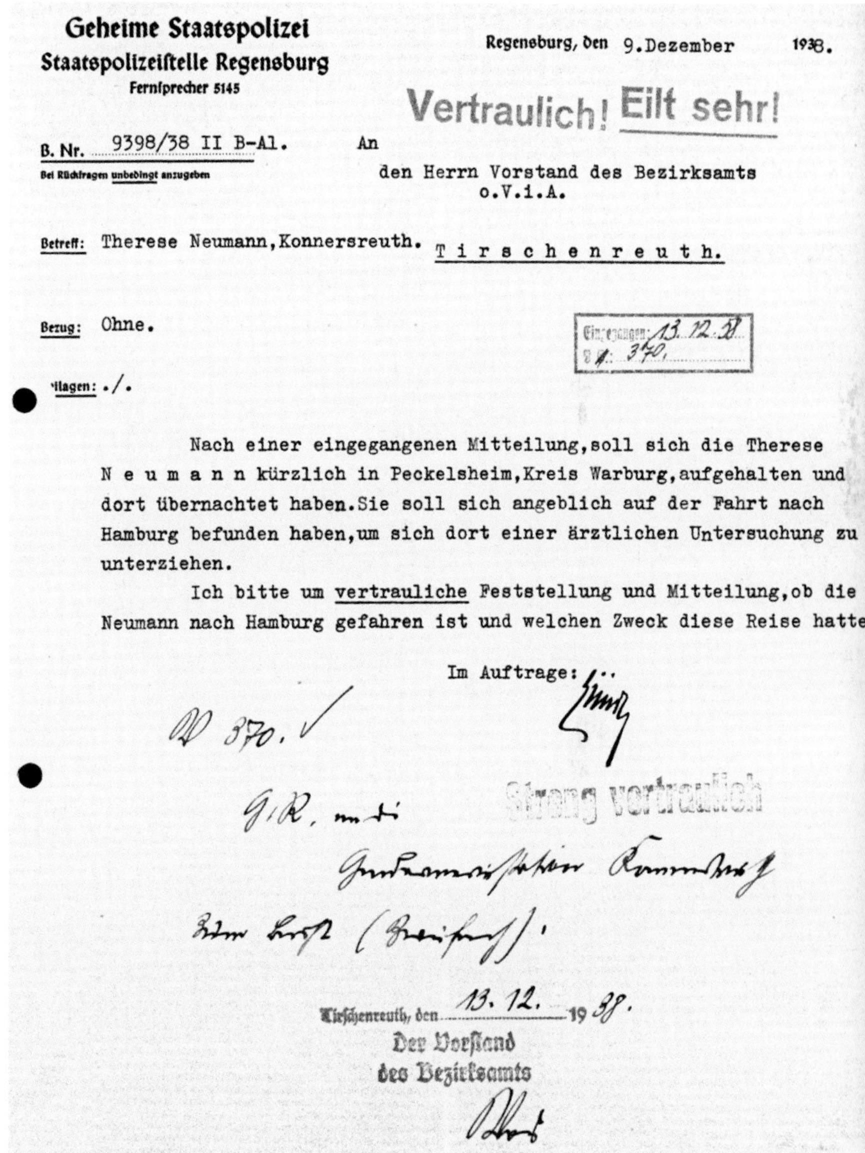

Geheime Staatspolizei
Staatspolizeistelle Regensburg
Fernsprecher 5145

Regensburg, den 9.Dezember 1938.

Vertraulich! Eilt sehr!

B. Nr. 9398/38 II B-Al.
Bei Rückfragen unbedingt anzugeben

An
den Herrn Vorstand des Bezirksamts
o.V.i.A.

Betreff: Therese Neumann, Konnersreuth. Tirschenreuth.

Bezug: Ohne.

Eingegangen: 13.12.38
Nr. 370.

Anlagen: ./.

Nach einer eingegangenen Mitteilung, soll sich die Therese Neumann kürzlich in Peckelsheim, Kreis Warburg, aufgehalten und dort übernachtet haben. Sie soll sich angeblich auf der Fahrt nach Hamburg befunden haben, um sich dort einer ärztlichen Untersuchung zu unterziehen.

Ich bitte um vertrauliche Feststellung und Mitteilung, ob die Neumann nach Hamburg gefahren ist und welchen Zweck diese Reise hatte

Im Auftrage:

Nr 370.

Streng vertraulich

Tirschenreuth, den 13. 12. 1938.
Der Vorstand
des Bezirksamts

Abb. 41: Die Gestapo wollte Auskünfte zu einer angeblichen Reise der Resl. [StAAm1, 170]

Viele wollten Resl sehen

Schon die plötzliche Heilung der Resl im Mai 1925 hatte viel Beachtung gefunden. Als Resl in der Fastenzeit 1926 erstmalig in Visionen das Leiden Jesu miterlebte und ihre Stigmen bluteten, sprach sich das schnell herum. Eine Woche nachdem sie das erste Mal die gesamte Leidensvision erlebt hatte, strömten „*täglich oft bis 200 Leute*" nach Konnersreuth, um Resl zu sehen. Das geht aus dem ersten diesbezüglichen Bericht des Leiters der Konnersreuther Gendarmeriestation hervor (siehe Abb. 42).

Die Zahl der Besucher nahm stark zu. Am Sonntag, den 18. April 1926, waren 1.000 Fremde in Konnersreuth. Ein Redakteur des „Prager Tagblattes" beschrieb die erfolglosen Versuche, die Menschen nicht ins Haus der Neumanns zu lassen: „*... am vorletzten Sonntag waren tausend Personen, also eine wirkliche Prozession, in Konnersreuth zusammengekommen. Der Dorfpfarrer verbot den Zutritt. Die Leute drangen von der Hofseite ins Haus ein. Als man auch hier absperrte, weinten und flehten sie so lange, bis man sie doch noch des Anblicks teilhaftig werden ließ.*" (Z-06-01)

Der Konnersreuther Pfarrer Joseph Naber konnte sich nicht erklären, warum so viele Fremde aus allen Schichten der Gesellschaft nach Konnersreuth gekommen waren. Am 26. April 1926 notierte er: „*Wie kam das? Wir haben doch nicht Reklame gemacht. Meine Pfarrkinder beklagen sich, daß der Pfarrer sie so wenig über die Vorgänge bei Neumann aufkläre. In der Pfarrei ist's ganz ruhig und aus der Umgebung, von nah und fern, kommen Besucher nach Hunderten ...*" (JN, 125)

Versuche, die Besucherzahl zu reduzieren

In der Folgezeit wurden mehrmals Aktionen gestartet, um die Menschen davon abzuhalten, nach Konnersreuth zu fahren:

- **Pfarrer Naber bat im April 1926, von Besuchen abzusehen**

In der Waldsassener „Grenz-Zeitung" erschien am 21. April 1926 ein Bericht von Pfarrer Naber über die Vorkommnisse in Konnersreuth. Pfarrer Naber wollte damit „*Gerüchte, die der Wahrheit nicht ganz entsprechen*" richtigstellen und die Menschen abhalten, nach Konnersreuth zu kommen. Er schilderte Resls Unfall, die lange Krankheit, ihre Heilungen und die Freitagsvision. Abschließend appellierte Pfarrer Naber an die Leser: „*Schließlich möchte ich noch dringend bitten, von Besuchen der Kranken, besonders längeren, absehen zu wollen, da diese ... sehr geschwächt und deshalb der Ruhe sehr bedürftig und überhaupt am liebsten allein ist.*" (FG1, 110-115)

N 228 1 Konnersreuth, den 14. April 1926.

Gendarmeriestation Konnersreuth.

An

das Bezirksamt in Tirschenreuth.

Bezirksamt Tirschenreuth
Eing.: 15 APR 1926
Nr. 2829 Beil.

Betreff:

Angebliche Wunderheilung durch die kl. heilige Theresia v. Kinde Jesu an der led. Gütler und Schneidermeisterstochter Ther. Neumann von Konnersreuth.

Die am 23. Oktober 1898 geborene led. Gütler und Schneidermeisterstochter Theresia Neumann von Konnersreuth, war im Jahre 1918 bei dem led. Bierwirt und Oekonomen Martin Neumann in Konnersreuth als Magd bedienstet. P

Während der jetzt. Fastenzeit klagte sie über heftige Kopfschmerzen und sie hatte deshalb Stunden wo ihr das helle Blut aus den Augen floss. Bei der letzten Krankheit bekamm dann die Neumann plötzlich an der linken Brust um das Herz eine länglich klaffende Wunde aus der anfangs nur an den Freitagen Blut heraussträufelte. Am Schmerzenfreitag den 26. März und dann am Mittwoch vor Ostern den 31. März bekamm dann die Neumann an beiden Füssen und Händen je eine offene Wunde in der Grösse eines Zehnpfennigstückens, aus welchen Stellen zeitweise ebenfalls Blut fliesst. Seit der Zeit sagt nun die Volksmenge, dass die Neumann die fünf Wunden unsers Herrn Jesu Christi trägt. Seit ungefähr 8 Tagen strömen deshalb aus allen Gegenden von Nah und Fern Leute herbei die die Neumann sehen wollen. Es kommen täglich oft bis 200 Leute, aus bessern Ständen und Arbeiterkreisen, die die Neumann besichtigen. Es kommen nicht nur Katholiken, besonders auch Protestanten. Leute von München Regensburg, Würzburg sogar bis von Berlin. Besonders aus der Tschechei zeigen die Leute sehr viel Jnteresse an der Neumann. Wie nun die Sache steht, darüber lässt sich ein sicheres Urteil nicht abgeben, es steht nur das eine fest, dass die Neumann eine sehr cristliche Person ist und dass sie von ihrem Leiden zeitweise auf wunderbare Weise geheilt worden ist.

Herr S. R. Dr. Seidl in Waldsassen, der von jeher der behandelnte Arzt der Neumann war, könnte deshalb ein Gutachten abgeben.

Schlamminger.
Stationskommandant.

Abb. 42: Auszug aus dem ersten Bericht der Konnersreuther Gendarmeriestation über Therese Neumann, zwei Wochen nach dem Karwochenende, an dem Resls erste vollständige Leidensvision war. (StAAm1, 1)

Die Aufforderung des Pfarrers hatte keinen großen Erfolg. Die Besucherzahl war weiterhin sehr hoch. Der Kommandant der Konnersreuther Gendarmeriestation meldete für Christi Himmelfahrt, den 13. Mai 1926, etwa 1.000 Personen und für die darauffolgenden Sonntage 1.500 bis 2.000 Personen. Zu dieser Zeit kamen die größten Besuchermassen an Sonn- und Feiertagen. Das änderte sich Mitte 1926, als die Menschen vor allem an Freitagen kamen, da sie Resl in ihrer Leidensekstase sehen wollten. (StAAm1, 5, 13)

◆ Neuer Appell Pfarrer Nabers im Juli 1926

Der damalige Regensburger Bischof Antonius von Henle hatte gegenüber Pfarrer Naber den Wunsch geäußert, „*daß der Zuzug der Fremden nach Konnersreuth zur Neumann möglichst eingeschränkt wird*". Am 20. Juli 1926 gab Pfarrer Naber diesen Wunsch an die Presse weiter und ergänzte: „*Infolgedessen wird Neumann in Zukunft aus sich selbst fremde Besuche überhaupt nicht mehr annehmen. Man erspare sich also müßige Gänge oder Fahrten.*" (StAAm1, 22; Z-06-02)

◆ Der Bischof wollte Resl verstecken

Am 7. August 1926 schlug Bischof von Henle vor, Resl an einem verschwiegenen Plätzchen unterzubringen. Wie ihm Pfarrer Naber antwortete, wäre Resl dazu bereit gewesen, „*aber ihre Eltern … sträuben sich dagegen. Sie wollen nicht begreifen, daß sie ihre Tochter, die sie seit 1918 in schwersten Krankheiten treu gepflegt, jetzt, da diese sich doch etwas helfen kann … aus den Händen geben sollen. Die Last der Besuche nehmen sie um dessentwillen, daß dabei doch manches Gute herauskommt, opferbereit auf sich.*" (JN, 24, 25)

◆ Wegen Krankheit der Resl kamen zur Jahreswende 1926/1927 weniger Besucher

Da Resl Anfang November 1926 „*in einem sehr schwachen Zustande*" war, wurden „*Besuche so gut wie gar nicht vorgelassen*". Da sich das herumsprach, war auch in der Folgezeit „*der Fremdenzustrom eher mittelmäßig*". Bis Ende März 1927 stieg die Zahl der Besucher wieder stetig an. (StAAm1, 31-33, 40, 41)

◆ Kurzer Besucherrückgang nach Zeitungsmeldung im Frühjahr 1927

Im April 1927 war die Besucherzahl in Konnersreuth gering, da wieder kommuniziert worden war, dass keine Fremden vorgelassen werden. Auch diesmal hielt das nicht lange an. Im Mai nahm die Zahl der Besucher wieder zu. (StAAm1, 42-45)

In den Folgemonaten war „*der Besuch von Fremden alle Tage sehr zahlreich*". Besonders viele wollten Resl in der Leidensvision sehen. Die Gendarmeriestation meldete Ende Juli 1927: „*Der Fremdenzustrom ist jetzt sehr stark. Seit einigen Freitagen ist ein so großer Zustrom und es entstand vor der Haustüre der Neumann ein gewaltiges Gedränge.*" Für die Freitage im September und Oktober 1927 wurden 1.500 bis 4.000 Personen gemeldet. (StAAm1, 48, 50, 51, 56- 63)

◆ Ermahnung durch die Bayerische Bischofskonferenz im Oktober 1927

Die Bayerische Bischofskonferenz in Freising forderte dazu auf, Besuche in Konnersreuth zu unterlassen: „*… Die Bischöfe Bayerns auf der Konferenz in Freising sprechen hiermit die eindringlichste Mahnung aus, über die Vorgänge in Konnersreuth nicht abschließend zu urteilen,*

Abb. 43: Massenbesuch vor dem Haus der Familie Neumann; Sicht von Norden. Links das Haus der Familie Neumann. (P-K)

Abb. 44: Massenbesuch vor dem Haus der Familie Neumann; Sicht von Süden. Rechts das Haus der Familie Neumann. (P-H)

Abb. 45: Massenbesuch 1927 vor dem Pfarrhaus; Sicht von Osten. In der Mitte das Pfarrhaus, links die Ecke des Schulhauses. (P-JS)

Abb. 46: Massenbesuch 1927 vor dem Pfarrhaus; Sicht von Westen. Rechts die Mauer des Schulhauses. (P-JH)

bis die kirchliche Autorität selbst entschieden hat und alle Besuche dort zu unterlassen, wie der zuständige Bischof von Anfang an davor gewarnt hat. Die Presse wird um Abdruck dieser Kundgebung ersucht."

Diese Mahnung wurde gemeinsam mit der Information über die Überprüfung der Nahrungslosigkeit im „Oberhirtlichen Verordnungsblatt für die Diözese Regensburg" Nr. 10 vom 4. Oktober 1927 (und dann noch einmal in Nr. 12 vom 21. Oktober 1927) veröffentlicht. Sie wurde ausgesprochen, weil die „*philosophisch-theologische Prüfung des Phänomens*" auf Grundlage der Überwachungsergebnisse erst begonnen hatte. Mit der Unterbindung der Besuche sollte verhindert werden, dass eine „*Art Wallfahrt*" entsteht, „*noch mehr aber um mit voller Sicherheit Böswillige fernzuhalten, welche unter Berufung darauf, daß sie selbst in Konnersreuth gewesen seien, Lügenberichte veröffentlichten*". (StAAm2)

◆ Die Zahl der Besucher ging zurück

Die Aufforderung, Besuche in Konnersreuth zu unterlassen, zeigte Wirkung. Waren vor der erstmaligen Kommunikation des Inhaltes des Oberhirtlichen Verordnungsblattes noch etwa 1.500 Besucher gekommen, meldete die Konnersreuther Gendarmeriestation in den zwei Freitagen danach nur noch 500 bis 700 Personen. Dabei handelte es sich überwiegend um „*Besucher aus Norddeutschland, Rheinland und aus der Tschechoslowakei*", da dort der Wunsch der bayerischen Bischofskonferenz weniger bekannt war. (StAAm1, 62, 63, 66)

Bischöfliches Besuchsverbot/ Bischöfliche Besuchserlaubnis

Am 26. Oktober 1927 leitete der Apostolische Nuntius in Berlin, Eugenio Pacelli, der spätere Papst Pius XII., einen Brief des damaligen Reichsarbeitsministers Dr. Heinrich Brauns an das Bistum Regensburg weiter. Brauns war Priester und gehörte der katholisch geprägten Deutschen Zentrumspartei an. In seinem Brief an den Nuntius äußerte er die Sorge, dass „*die öffentliche ‚Schaustellung' des Frl. Therese Neumann, wenn sie auch noch so gut gemeint sein mag*", eine „*gegenteilige, dem Guten abträgliche Wirkung erzeugen*" könnte. Mehr zu diesem Brief erfährt man im Kapitel „Gegner der Resl". (I-06-01)

Da der Bischof von Regensburg, Antonius von Henle, kurz vorher verstorben war, antwortete dessen Vertreter, Kapitularvikar und Weihbischof Johannes Baptist Hierl, am 28. Oktober 1927. Er teilte Eugenio Pacelli mit, er „*habe bereits dafür gesorgt, dass sich der Rummel lege, nämlich der Familie der ‚Resl' und dem Ortspfarrer nahegelegt, alle Empfänge einzustellen*". Weihbischof Hierl sprach damit eine Pressemitteilung an, die er gerade herausgegeben hatte. Ob das aufgrund des Briefs von Eugenio Pacelli oder zufällig genau zu dieser Zeit erfolgte, ist nicht bekannt. (I-06-01)

Auch die „Regierung der Oberpfalz und von Regensburg" wurde informiert und gab den Inhalt der Pressemitteilung am 27. Oktober 1927, einen Tag bevor Weihbischof Hierl dem Nuntius geantwortet hatte, an das Bezirksamt Tirschenreuth weiter: „*... In weiterer Durch-*

führung der Kundgebung der Freisinger Bischofskonferenz hat der Kapitularvikar und Weihbischof der Diözese Regensburg der Therese Neumann in Konnersreuth, deren Eltern und dem Ortspfarrer den dringenden Wunsch ausgesprochen, daß im allgemeinen kirchlichen Interesse und in Rücksicht auf die Gesundheit der ‚Therese' alle Empfänge eingestellt werden sollen. Diese kirchliche Maßnahme entspricht, wie wir wissen, ganz den persönlichen Wünschen der Beteiligten. Alle Besuche in Konnersreuth bei Therese Neumann werden demnach erfolglos sein." Das Bezirksamt wurde angewiesen, „*die notwendigen Vorkehrungen zu treffen, daß … die Therese Neumann durch zudringliche Besuche entgegen ihren Willen nicht belästigt wird und daß nicht etwa infolge Abweisung derartiger Besucher Ordnungswidrigkeiten und Ruhestörungen entstehen.*" (StAAm1, 69)

Die „Regierung der Oberpfalz und von Regensburg" schien mit Problemen bei der Umsetzung des Besuchsverbots zu rechnen und bot eine „*vielleicht vorübergehend notwendig erscheinende Verstärkung der Gendarmerie*" an, „*… sollte die im Bezirke vorhandene Gendarmerie nicht für ausreichend erachtet werden*". (StAAm1, 69)

Das ausgesprochene Besuchsverbot zeigte Wirkung

Am 28. Oktober 1927, bevor das Besuchsverbot der Bevölkerung bekanntgegeben wurde, kamen wieder etwa 1.000 Personen nach Konnersreuth, da in „*der Tschechoslowakei an diesem Tag Nationalfeiertag war*". (StAAm1, 68)

Nach der Veröffentlichung der bischöflichen Verlautbarung setzte man in Konnersreuth – nach einer kurzen Übergangsfrist – das Bischöfliche Besuchsverbot konsequent um:

- Am Freitag, dem 4. November, wollten nur noch 150 bis 200 Besucher Resl sehen. Personen, die aus der Diözese Regensburg oder aus Nachbardiözesen angereist waren, wurden nicht mehr eingelassen. Nur Fremde, die von weit her angereist waren und denen Pfarrer Naber dies schriftlich bestätigt hatte, durften zur Resl. (StAAm1, 73)
- Am 11. November 1927 kamen nur noch 50 Personen. Davon wurden am Vormittag noch einige eingelassen, am Nachmittag niemand mehr. Im Bericht der Gendarmeriestation über diesen Tag wird über das weitere Vorgehen in Konnersreuth informiert: „*Nunmehr soll überhaupt niemand mehr der Zutritt gestattet werden, außerdem nur solchen Personen, welche die bischöfliche Erlaubnis besitzen.*" Es war also schon bekannt, dass trotz prinzipiellem Besuchsverbots das bischöfliche Ordinariat Erlaubnisscheine ausstellen kann. (StAAm1, 68, 73, 75)
- Von den 20 Besuchern, die am 19. November 1927 angereist waren, wurden nur vier eingelassen, da diese im Besitz einer „bischöfl. Erlaubnis vom Ordinariat Regensburg" waren. Ab diesem Tag ließen die Familie Neumann und Pfarrer Naber zehn Jahre lang Fremde nur noch dann zur Resl, wenn diese eine Besuchserlaubnis des bischöflichen Ordinariats vorlegen konnten. (StAAm1, 77, 81)

Mit bischöflicher Genehmigung waren Besuche möglich

Dass es trotz des bischöflichen Verbots die Möglichkeit gab, sich vom Ordinariat einen Besuch genehmigen zu lassen, wurde sehr schnell bekannt.

Schon am 18. November 1927 bat ein Dr. Hermann Lemke aus Berlin um Beantwortung seines „*Schreibens um Erlaubnis für Konnersreuth*“. Sein ursprünglicher Antrag muss also schon einige Zeit vor diesem Erinnerungsschreiben gestellt worden sein. Wie in Abb. 47 zu sehen, bekam Dr. Lemke keine Besuchserlaubnis.

In den Jahren nach der Verhängung des Besuchsverbos stellte das bischöfliche Ordinariat manchmal mehr, manchmal weniger und zeitweise überhaupt keine Erlaubnisscheine aus. Der Familie Neumann erschloss sich nicht, nach welchen Kriterien oder zu welchen Zeiträumen sich die jeweilige Verfahrensweise des Ordinariats änderte, was Vater Neumann ärgerte. Mit der Zeit wurde es für ihn „*unerträglich, daß man sein Haus je nach den wechselnden Berichterstattungen wie einen Taubenschlag auf- und zusperrt*“. (JH2, 474)

Da der Leiter der örtlichen Gendarmeriestation bis Februar 1930 regelmäßig über die Zahl der Fremden in Konnersreuth berichtete, ist für diesen Zeitraum die Entwicklung der Besucherzahlen in den Akten des Staatsarchivs Amberg dokumentiert: (StAAm1, 81-120)

- **Bis Mitte Juni 1928 wurden nur einzelne Besuchsgenehmigungen ausgestellt**

Das bischöfliche Ordinariat genehmigte in den ersten sieben Monaten nach Verhängung des Besuchsverbots nur wenige Besuchsanträge. Von den vielen Fremden, die nach Konnersreuth kamen, hatten nur einer bis zwei pro Woche eine Erlaubnis. Nur diese wurden von den Neumanns vorgelassen. Die Kriterien für eine Genehmigung teilte das Bischöfliche Domkapitel Regensburg den Oberpfälzer Behörden Anfang 1928 mit: „*Wir gestatten einen Besuch nur äußerst wenigen Personen in ausserordentlichen Fällen und wo ein Beitrag zur Klärung der Konnersreuther Vorgänge erwartet werden kann.*“ (StAAm2)

- **Mitte 1928 bis Mitte 1929 wurden deutlich mehr Genehmigungen ausgestellt**

Mit der Zeit wurden immer mehr Erlaubnisscheine ausgestellt. Ab Juli 1928 kamen etwa 100 Personen pro Woche mit bischöflichen Genehmigungen nach Konnersreuth, in der Fastenzeit 1929 waren es 200 bis 250. Der Wunsch, die Resl sehen zu wollen, war ungebrochen. In Regensburg gingen so viele Gesuche aus aller Welt ein, dass das Ordinariat diese nicht mehr beantworten konnte. Im Januar 1928 war bekanntgegeben worden, dass Gesuche um Besuchsgenehmigungen als abgelehnt zu betrachten sind, wenn nicht innerhalb von acht Tagen eine Antwort erfolgte. Auch eine persönliche Vorstellung im Ordinariat war zwecklos. (Z-06-03; StAAm2)

- **Faktischer Besuchsstopp im 2. Halbjahr 1929**

Ab 15. Juli 1929 wurden keine Besuchsscheine mehr ausgestellt. Da die Scheine keine zeitliche Angabe für den Besuch enthielten, wurden noch einige Wochen lang Besucher vorgelassen, die ältere Genehmigungen vorweisen konnten. Im zweiten Halbjahr 1929 war es deshalb bei der Resl sehr ruhig. (StAAm1, 112 ff)

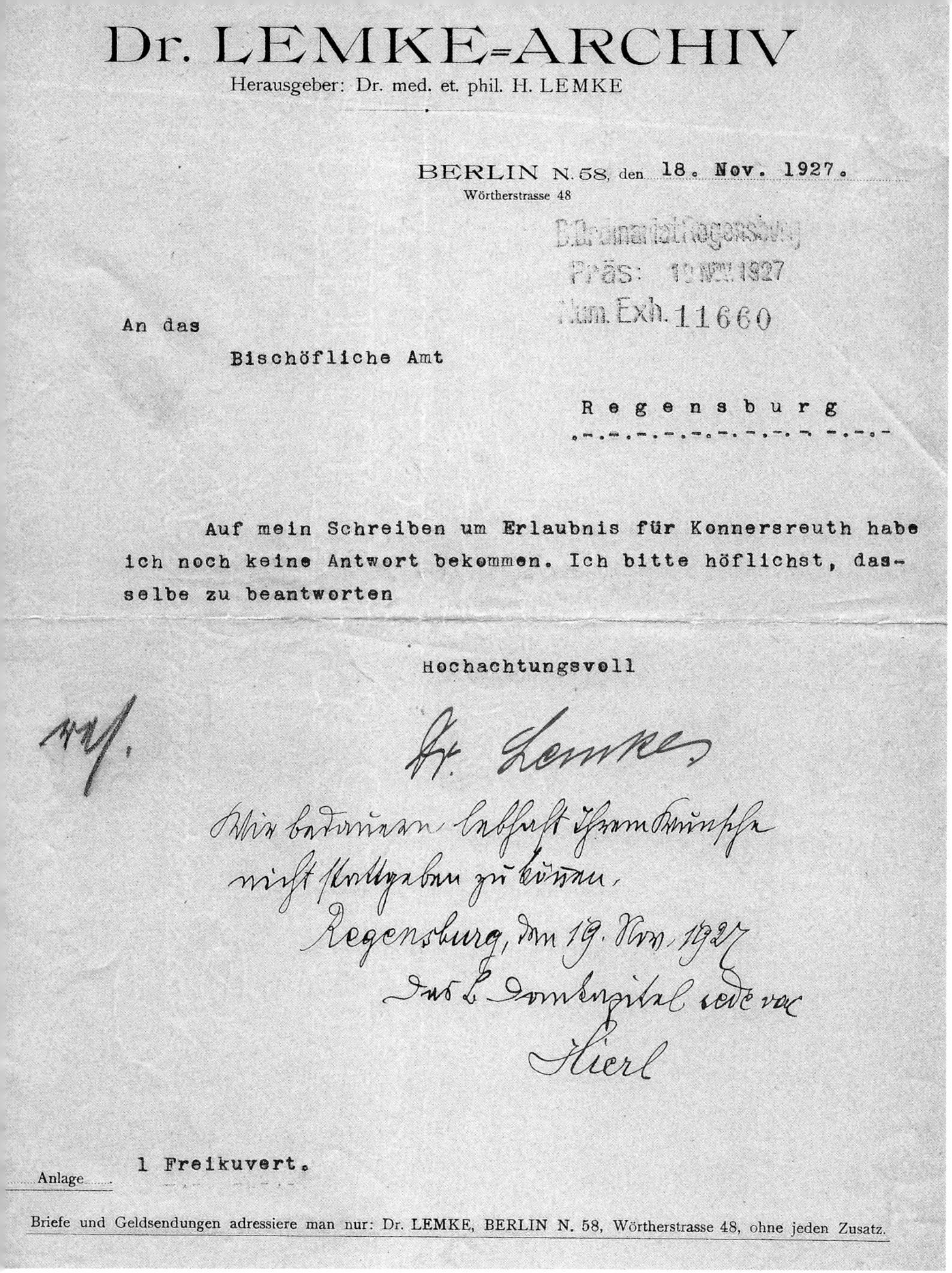

Dr. LEMKE-ARCHIV

Herausgeber: Dr. med. et. phil. H. LEMKE

BERLIN N. 58, den 18. Nov. 1927.
Wörtherstrasse 48

B. Ordinariat Regensburg
Präs: 19 Nov. 1927
Num. Exh. 11660

An das

Bischöfliche Amt

Regensburg

Auf mein Schreiben um Erlaubnis für Konnersreuth habe ich noch keine Antwort bekommen. Ich bitte höflichst, dasselbe zu beantworten

Hochachtungsvoll

Dr. Lemke

Wir bedauern lebhaft Ihrem Wunsche nicht stattgeben zu können.
Regensburg, den 19. Nov. 1927
Das B. Domkapitel sede vac
Hierl

Anlage: 1 Freikuvert.

Briefe und Geldsendungen adressiere man nur: Dr. LEMKE, BERLIN N. 58, Wörtherstrasse 48, ohne jeden Zusatz.

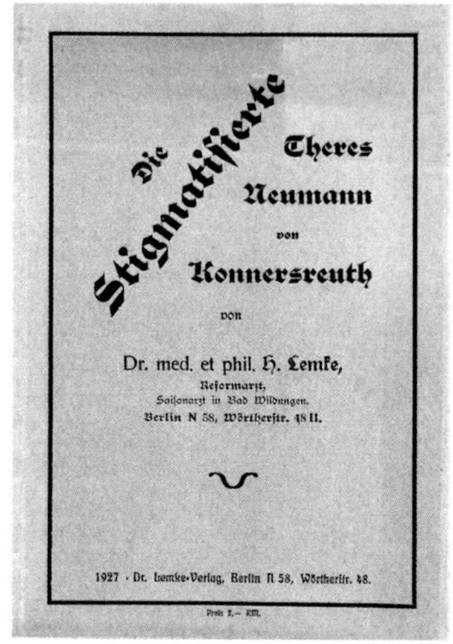

Abb. 48: Buch von Dr. Lemke mit Berichten über zwei Besuche im Oktober 1927.

Abb. 49: In einem Buch von 1928 deckte Dr. Lemke Lücken und Ungenauigkeiten im Untersuchungsbericht von Professor Ewald auf.

Abb. 47: : Abgelehnter Besuchsantrag des Dr. Lemke. (Quelle: Johann Härtl)
„Wir bedauern lebhaft Ihrem Wunsche nicht stattgeben zu können. Regensburg, den 19. Nov. 1927 – Das B. Domkapitel sede vac. - Hierl" *(sede vacante bedeutet, dass der Bischofsstuhl unbesetzt war; Bischof von Henle verstarb im Okt. 1927; die Amtsgeschäfte führte Kapitularvikar Weihbischof Johann Baptist Hierl)*

- **Ab Anfang 1930 wurden wieder Genehmigungen ausgestellt**

In den ersten Wochen 1930 tauchten *„nach langer Sperre“* einige Besucher in Konnersreuth auf, *„die im Besitze von Erlaubnisscheinen zum Besuch der Neumann waren“*. Das geht aus einer Meldung der Gendarmeriestation hervor, in der vor allem von der schlechten wirtschaftlichen Lage berichtet wurde. (StAAm1, 120)

Nachdem das Bezirksamt fast vier Jahre lang regelmäßig über die Vorkommnisse um Theres Neumann informiert worden war, ging am 26. Februar 1930 die letzte derartige Meldung aus Konnersreuth ein. (StAAm1, 122)

Etwas mehr als drei Jahre später begann eine neue Berichtsserie des inzwischen neuen Leiters der Konnersreuther Gendarmeriestation. Nach der Machtergreifung der Nationalsozialisten informierte er das Bezirksamt Tirschenreuth regelmäßig über Theres Neumann und die *„politischen Vorkommnisse in Konnersreuth“*. Die Inhalte und Folgen dieser Berichte sind Thema in den Kapiteln über das Dritte Reich und den Konnersreuther Kreis. (StAAm1, 126 ff)

Aus Besuchsberichten, die in Büchern und Zeitungen veröffentlicht wurden, geht hervor, dass das bischöfliche Ordinariat in den Folgejahren meist 200 bis 300 Besuchsscheine pro Woche ausstellte. Zeitweise war diese Zahl auch geringer, manchmal gab es für einige Wochen oder Monate keine Genehmigungen. (FRL5, 35, 71; Z-06-04)

In der Zeit des Dritten Reiches wurde die Berichterstattung über die Resl extrem reduziert. Das Interesse, Resl sehen zu wollen, ging zurück. Die Zahl der Besucher blieb auch dann noch überschaubar, als ab 1938 für einen Besuch keine Genehmigung vom Bischof mehr erforderlich war. Warum es nach zehn Jahren keine Genehmigungen mehr gab, ist im Kapitel „Überprüfung der Nahrungslosigkeit“ geschildert.

Besucher nach dem Krieg

Nach dem Zweiten Weltkrieg war Konnersreuth wieder Anziehungspunkt für Massen von Neugierigen und Gläubigen. In den ersten Nachkriegsjahren bestand fast die Hälfte der Besucher aus Amerikanern. Schon an „normalen“ Leidensfreitagen kamen Tausende. An Karfreitagen wurde Konnersreuth regelrecht überrollt. 1949 berichteten amerikanische Zeitungen von fünftausend Personen, *„die sich an den Polizeiabsperrungen drängten“*. (Z-06-05)

Die „Passauer Neue Presse“ meldete, dass am Karfreitag 1950 etwa 13.000 Besucher *„Zeugen des Passionswunders“* wurden. Etwa 6.000 davon waren Amerikaner, die beim Warten laut den Rosenkranz beteten. Damit trotz der extrem vielen Besucher möglichst viele die Resl sehen konnten, wurden die Menschen in langen Kolonnen durch ihr Zimmer geführt. Der Aufenthalt einer Person im Zimmer dauerte höchstens eine Minute. Trotzdem konnten die letzten 2.000 Besucher an diesem Tag nicht mehr vorgelassen werden, weil Resl zu erschöpft war. (Z-06-06; -07)

Der untere Marktplatz, auf dem die Besuchermassen vor dem Krieg auf Einlass ins Haus der Neumanns ge-

Abb. 50: Auf der Konnersreuther Hauptstraße stellten sich am Karfreitag 1952 Amerikaner an. Vom rechten Bildrand aus sind es noch 25 Meter zum unteren Marktplatz, auf dem Besucher anderer Nationalitäten warteten. (Foto: Georg Fruhstorfer; Bayerische Staatsbibliothek München/Bildarchiv)

wartet hatten, reichte für die vielen Besucher nicht mehr aus. Dort versammelten sich nun überwiegend deutsche Besucher. Die vielen Amerikaner stellten sich auf der Hauptstraße in Richtung Waldsassen an (siehe Abb. 50). (AP, 18)

Die Zustände während der Wartezeit schilderte ein Besucher auf einer Postkarte, nachdem er Resl am 5. Juli 1958, einem „normalen Freitag“, gesehen hatte: *„Liebwerte Freundin. … unter dem tiefen Eindruck der Vorgänge in K. – Polizei machtlos! 5 Stunden hin- u. herwogend angestellt …“.* (P-JH)

Warum kamen die Besucher?

Die Motivation der Besucher nach Konnersreuth zu fahren, kann man in drei Kategorien einteilen. Es gab Menschen, die ein Gespräch mit Resl suchten, solche, die sie an den Leidensfreitagen betrachten wollten, und es gab auch Besucher, die sie an normalen Wochentagen einfach nur sehen oder in ihrer Nähe sein wollten.

Die letztgenannten Schaulustigen, die wie bereits erwähnt teilweise aufdringlich waren und sie sogar verfolgten, um ein Foto von ihr zu machen, mochte Resl überhaupt nicht. Sie wollte nicht „besichtigt" werden. Darüber berichtete Resls Freundin Anni Spiegl: *„Schlimm war für Resl die Urlaubszeit: ‚Da glauben die Leute, ich sei ein Schaustück.' Omnibusse mit Reisegesellschaften wurden von ihr grundsätzlich nicht angenommen: ‚Jetzt haben wir die weite Fahrt gemacht und so viel Geld ausgegeben', wurde ihr vorgehalten. Da konnte Resl trocken erwidern: ‚Ich habe euch doch nicht geschrieben, dass ihr kommen sollt.'"* (AS1, 70)

An normalen Wochentagen empfing Resl nur Besucher, die ein echtes Anliegen hatten. Die Menschen fuhren fünfunddreißig Jahre lang mit ihren Anliegen und Nöten nach Konnersreuth. In Einzelgesprächen hat Resl ihnen Rat und Trost gespendet und Aufmunterung zu neuer Hoffnung und tieferem Glauben gegeben. (JS1, 84)

An Freitagen, an denen Resl das Leiden und Sterben des Heilands miterlebte, kamen Zigtausende nach Konnersreuth, um sie während ihrer Leidensekstase zu sehen. Es gab Besucher, die die leidende Resl aufgrund religiöser Motive oder aufrichtiger seelischer Bedürfnisse sehen wollten. Andere waren einfach nur neugierig. Bei einem großen Teil der Fremden dürften beide Motive eine Rolle für die Fahrt nach Konnersreuth gespielt haben. Postkartengrüße einer Besucherin beziehungsweise eines Besuchers mit absolut unterschiedlichen Motivationen zeigen Abb. 51 und 52.

Fremde, die ohne innere Überzeugung nur aus Neugierde kamen, waren von Resls Anblick genauso beeindruckt wie fromme Besucher. Diese Wirkung stellte ein Reporter des liberal-demokratischen „Prager Tagblatts" schon in den ersten Wochen nach Bekanntwerden der Konnersreuther Ereignisse fest. Er berichtete vom Eindruck, den Resl an einem Sonntag auf die Besucher gemacht hat. Resl war an diesem Tag bettlägerig, hatte aber keine Leidensvision: *„Es gibt freilich viele Spötter und Ungläubige, die alles für Altweibertratsch, Aberglaube und Humbug halten. Das hindert aber die wenigsten, hinzufahren in das Dörfchen bei Waldsassen … und – ich habe es erlebt – dort staunend, spottvergessen stehenzubleiben am Fuße des Bettes, wortlos hinzustarren, um schließlich aus dem Labyrinth, in das sie die fromme stille Einfalt der Schneiderstochter versetzt, ein wenig irritiert zu flüchten."* (Z-06-01)

Noch viel stärker waren die Menschen beeindruckt, die Resl während ihrer Leidensekstase gesehen haben. Richard Dewachter aus Flandern beobachtete im Jahr 1932 Personen, die gruppenweise aus dem Haus der Neumanns kamen, nachdem sie einige Minuten Resl in

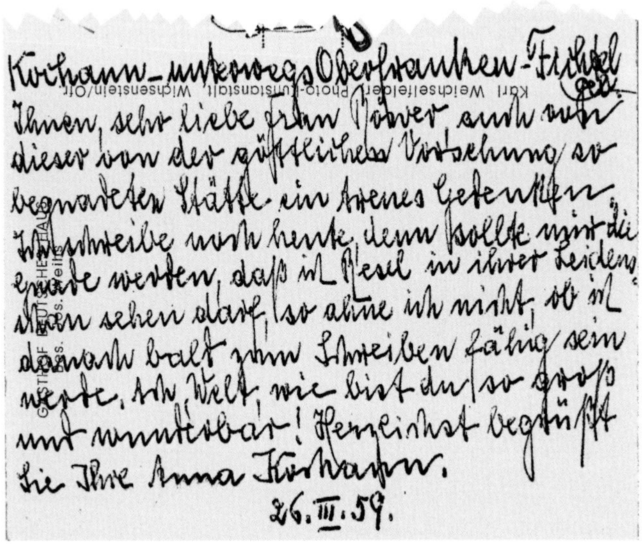

Ihnen, sehr liebe Frau Röwer, auch von dieser von der göttlichen Vorsehung so begnadeten Stätte ein treues Gedenken. Ich schreibe noch heute, denn sollte mir die Gnade werden, daß ich Resl in ihrer Leidensschau sehen darf, so ahne ich nicht, ob ich danach bald zum Schreiben fähig sein werde. Ach Welt, wie bist du so groß und wunderbar! Herzlichst begrüßt Sie Ihre Anna [illegible].
26.III.59.

Abb. 51: Postkarte einer frommen Besucherin:
„… Ihnen, sehr liebe Frau Röwer, auch von dieser von der göttlichen Vorsehung so begnadeten Stätte ein treues Gedenken. Ich schreibe noch heute, denn sollte mir die Gnade werden, daß ich Resl in ihrer Leidensschau sehen darf, so ahne ich nicht, ob ich danach bald zum Schreiben fähig sein werde. Ach Welt, wie bist du so groß und wunderbar! Herzlichst begrüßt Sie Ihre Anna …" (P-JH)

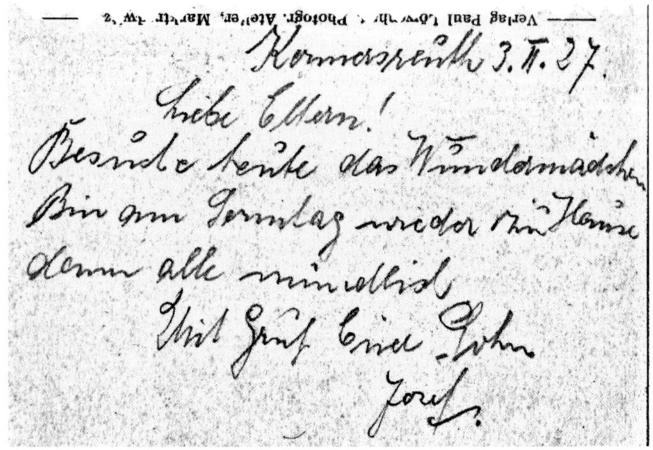

Konnersreuth 3.II.27.
Liebe Eltern!
Besuche heute das Wundermädchen
Bin am Sonntag wieder zu Hause
dann alles mündlich
Mit Gruß Euer Sohn
Josef.

Abb. 52: Postkarte eines neugierigen Besuchers:
„Liebe Eltern!
Besuche heute das Wundermädchen. Bin am Sonntag wieder zu Hause dann alles mündlich.
Mit Gruß Euer Sohn Josef" (P-JH)

ihrem Leiden betrachtet hatten. Sie gingen schweigend, „*im ganzen Wesen durch das Geschaute in Anspruch genommen*", einige schluchzend, ziellos über den Marktplatz, in die naheliegende Kirche oder zur Hauptstraße. Nachdem Dewachter und sein Freund selbst Resl gesehen hatten, waren auch sie zunächst sprachlos und konnten ihr Glück nicht fassen, weil sie „*ein Stück vom Himmel gesehen hatten*" (siehe Abb. 53). (FRL5, 35, 36, 43)

Nicht nur profane Besucher, auch Kirchenfürsten waren von Resl beeindruckt. Bischof McNally von Hamilton in Kanada begleitete im Juni 1932 seinen Freund Erzbischof Sinnott von Winnipeg auf seiner Reise nach Konnersreuth. Wie Bischof McNally berichtete, fuhr er „*ohne Begeisterung*" mit, nur um seinem Freund einen Gefallen zu tun. Beide lernten Resl kennen und waren bei einer Leidensekstase dabei. Bischof McNally hat dadurch seine Einstellung zur Resl geändert. Er war überzeugt, dass „*Theresa Neumann eine Botin von Ihm, unserem liebevollen Retter*" war, um die Menschen daran zu erinnern, was Gott für die Menschheit getan hat. (Z-06-08)

Die Besuche waren eine große Belastung

Für die Eltern der Resl war es eine extreme Herausforderung, Tausende von fremden Menschen in ihrem Haus zu haben. Sie mochten es auch nicht, dass ihre Tochter von den vielen Besuchern angestarrt wurde. Kardinal Kašpar erzählte, dass ihm Resls Mutter nach einem seiner Besuche in Konnersreuth mit *„tränenerstickter Stimme sagte: ‚Es schneidet mir ins Herz, wenn ich sehe, wie das Blut und das Leid meines Kindes für diese Leute ein Schauspiel sind‘“.* (MR, 15)

Resl selbst ließ sich auch nicht gern anschauen und wollte nicht, dass Bilder von ihr verbreitet werden. Pfarrer Naber notierte am 26. April 1926, drei Wochen nach Beginn des Besucherzulaufes: *„Die Kranke klagt: ‚Lieber die ärgsten Schmerzen als dieses sich anschauen lassen! Könnte ich nur aus!‘ Von Prag und Waldsassen aus werden Photographien von Theres gewünscht. Sie frägt mich, was man denn damit wolle. ‚Ja, Dein Bild in die ganze Welt hinausschicken‘, antworte ich. Da weint sie und bittet herzlich, dies zu verhindern.“* (JN, 125)

Als Resls Eltern nach dem bischöflichen Besuchsverbot Ende 1927 davon ausgehen konnten, dass keine Besucher mehr kommen würden, *„rief die Mutter überaus glücklich: ‚Gott sei Dank! Jetzt gehört das Haus und die Tochter wieder uns‘ (so erzählte Sanitätsrat Dr. Seidl aus Waldsassen, der Hausarzt der Familie Neumann, beim Amtsgericht in München am 15. April 1929)“.* (FS, 20)

Da das bischöfliche Ordinariat dann zeitweise relativ viele Erlaubnisscheine ausstellte, kamen weiterhin viele Fremde ins Haus. Dadurch waren Resls Eltern freitags meist damit beschäftigt, den Besucherzustrom zu regeln. Für die Arbeit auf dem Feld und in der Schneiderwerkstatt blieb kaum noch Zeit. Richard Dewachter beschrieb das in einem Bericht über seinen Besuch in Konnersreuth im März 1932 (siehe Abb. 54).

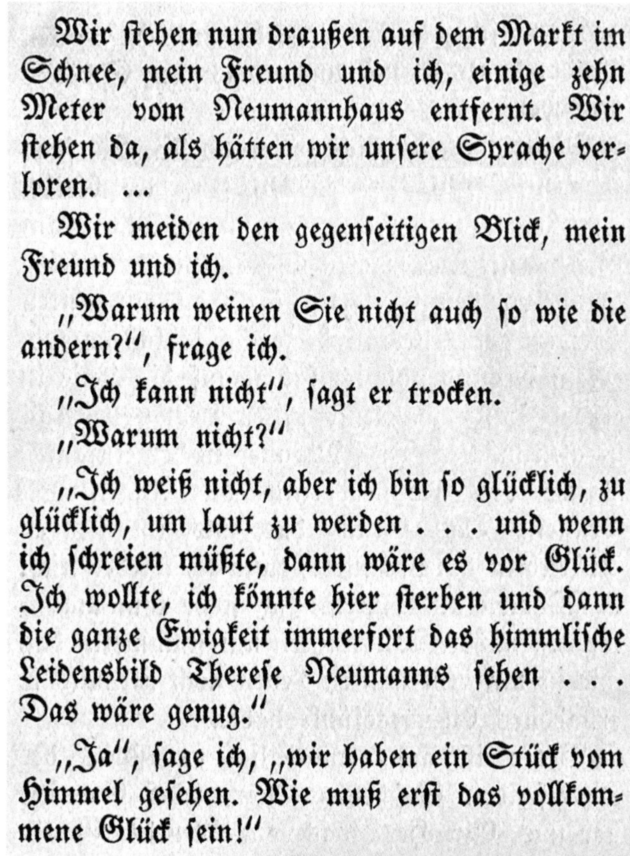
Wir stehen nun draußen auf dem Markt im Schnee, mein Freund und ich, einige zehn Meter vom Neumannhaus entfernt. Wir stehen da, als hätten wir unsere Sprache verloren. ...

Wir meiden den gegenseitigen Blick, mein Freund und ich.

„Warum weinen Sie nicht auch so wie die andern?“, frage ich.

„Ich kann nicht“, sagt er trocken.

„Warum nicht?“

„Ich weiß nicht, aber ich bin so glücklich, zu glücklich, um laut zu werden . . . und wenn ich schreien müßte, dann wäre es vor Glück. Ich wollte, ich könnte hier sterben und dann die ganze Ewigkeit immerfort das himmlische Leidensbild Therese Neumanns sehen . . . Das wäre genug.“

„Ja“, sage ich, „wir haben ein Stück vom Himmel gesehen. Wie muß erst das vollkommene Glück sein!“

Abb. 53: Für Richard Dewachter und seinen Freund war der Anblick der leidenden Resl das höchste Glück. (FRL5, 43)

... Gegen 8 Uhr trippeln die ersten Besucher miteinander vor die Tür bei Neumanns; gegen 8.30 Uhr wird sie geöffnet. Die ersten Besucher treten ein. Vater Neumann selbst nimmt die Zulassungsscheine ab und behält sie. ...

Mutter Neumann, eine schlichte Frau, steht oben an der Treppe vor der offenstehenden Zimmertür, so daß sie stets die Besucher und ihre leidende Tochter im Auge hat. ...

... Vater Neumann öffnet die Tür wieder und sagt, daß die Besuche eine Stunde lang ausgesetzt werden, um Zeit dafür zu gewinnen, das Vieh zu füttern und das Mittagessen einzunehmen. Trotzdem bleibt alles am Platze und wartet. ...

Abb. 54: Richard Dewachter beschrieb, wie Resls Eltern an einem Leidensfreitag beschäftigt waren. (FRL5, 35, 38–40)

Kardinal Kašpar schrieb über ein Gespräch mit der Resl: „*Am liebsten bliebe sie allein und hätte Ruhe vor den Besuchern, aber ‚wenn es der liebe Heiland will, ertrage ich es gerne.‘*“ Trotzdem versuchte Resl, die Besucherzahl zu reduzieren. Oft bat sie Albert Panzer, einen Journalisten aus dem nahegelegenen Mitterteich, in der Zeitung darauf hinzuwirken, dass möglichst wenige oder am besten gar niemand an den Freitagen zu ihr käme. Resl bat auch den Heiland um viel Regen und unfreundliches Wetter, um die Massen davon abzuhalten, nach Konnersreuth zu fahren. (KK 90; AP, 19)

Dass Resl kein „*Schaustück*“ sein wollte, schaulustige Besucher nicht wollte und diese manchmal sehr aufdringlich waren, wurde bereits erwähnt. Auch die vielen Ratsuchenden wurden für Resl mit zunehmendem Alter eine immer größere Belastung. Wenn sie bei ihrer Schwester und ihren Freunden zu Besuch in Eichstätt war, hatte sie Angst davor heimzufahren, weil sie dort viele Leute mit ihren Sorgen bedrängen würden. (AS1, 13)

Nach dem Krieg war die Zahl derer, die Rat, Trost und Auskunft darüber suchten, was im Krieg mit ihren Angehörigen passiert war, von Resl nicht mehr zu bewältigen. Auch aus gesundheitlichen Gründen entschied sie sich im Jahr 1947, nur noch Besuche aus „wichtigen religiösen Gründen“ zuzulassen und die Besuchszeit auf eine Stunde pro Tag zu beschränken. (Z-01-02)

Warum ließ Resl Besucher zu?

Da die vielen Fremden für Theres und ihre Familie eine große Belastung waren und sich Resl nicht gern anschauen lassen wollte, stellt sich die Frage: Warum hat Resl es zugelassen, dass Tausende Rat bei ihr suchten und Abertausende sie in ihrem Leiden sehen durften?

Die außerordentlichen Dinge, die mit ihr geschahen, waren für Resl keine persönliche Auszeichnung. Sie sah sich als Werkzeug Gottes, wie es ihr in mehreren Lichtvisionen mitgeteilt worden war: (OS, 25)

◆ Am 17. Mai 1925

Wie schon berichtet, sprach die kleine hl. Theresia am Tag der Heilung von Resls Rückenleiden aus dem Licht zu ihr: „*Aber leiden darfst Du schon noch viel und lange, und kein Arzt kann dir helfen. Nur durch Leiden kannst Du Deine Gesinnung und deinen Opferberuf am besten auswirken und dadurch die Priester unterstützen. Durch Leiden werden mehr Seelen gerettet, als durch die glänzendsten Predigten. …*" (LW1, 87-88)

◆ Am 13. November 1925

Resl hatte eine schwere Blinddarmentzündung. Resls Arzt, Sanitätsrat Dr. Seidl, entschied, Resl müsse sofort ins Krankenhaus und fuhr voraus, um alles für eine Operation vorzubereiten. Plötzlich hatte Resl eine Lichtvision, bei der die Beschwerden verschwanden und die Stimme der kleinen hl. Theresia zu ihr sprach: „*… Und damit die Welt erkenne, daß es ein höheres Eingreifen gibt, sollst Du jetzt nicht geschnitten* [operiert] *zu werden brauchen. … Du wirst aber noch viel zu leiden haben und dadurch mitwirken dürfen am Heile der Seelen. …*" (FG1, 97-98)

◆ Am 19. November 1925

Es ging Resl an diesem Tag so schlecht, dass man mit ihrem Ableben rechnete und ihr deshalb eine Sterbekerze in die Hand gegeben hatte. Plötzlich erschien Resl ein helles Licht, und die kleine hl. Theresia gab ihr verschiedene Belehrungen und Ermahnungen. „*Unter anderem soll die Stimme auch gesagt haben, sie darf noch nicht sterben, damit die Welt auch sieht, dass es eine höhere Macht gibt.*" Nach dieser Lichtvision waren alle Schmerzen verschwunden. (StAAm1, 32)

In einem Brief an Bischof Buchberger erklärte Resl, warum sie es zuließ, dass so viele Fremde sie besuchten. Der Bischof hatte sie im November 1934 gebeten, ihm „*ihre Meinung betreff den Besuchern*" mitzuteilen. In ihrer Antwort erfährt man auch, wen sie gerne empfing, und wen nicht so gerne:

„*Am liebsten wäre es mir persönlich, wenn gar niemand käme, wie ich Ihnen ja schon mündlich sagte. Anderseits habe ich das Gefühl, daß das, was der Heiland wirkt und er mir zu leiden gibt, bestimmt nicht meinetwillen, sondern der Seelen willen ist und ich deshalb nicht verantworten kann, zu sagen, ich lasse niemand zu mir. Aber bitten möchte ich, nicht jeden Neugierigen oder Schreibern, welche Geschichten machen wollen oder solchen, welche nur müßige Sachen, wie Heiratsangelegenheiten, oder Geldangelegenheiten, halt so weltliche Sachen, die doch nicht so ernst u. wichtig sind oder Krankheiten, welche ich wegbeten oder wegleiden soll u. die dann enttäuscht sind, wenn ich sage, wir bitten den lb. Heiland, daß er uns Kraft gibt, unser Kreuz in seinem Geiste zu tragen, Scheine zu geben.*" Resl bat den Bischof auch, keine Scheine für Paare mit Familienzwistigkeiten oder für überfromme oder überängstliche Frauen auszustellen. Zum Schluss schrieb sie, welche Besucher sie gerne empfing: „*Mehr Freude und mehr Eifer hat man an solchen Seelen, welche ernstlich dem Heiland näher kommen wollen … Solche, welche ernstlich nach Wahrheit suchen, sind mir lieb, wenn man auch mehr Arbeit damit hat.*" (JH2, 469-470)

Mit Resl wurden Geschäfte gemacht, aber nicht von den Neumanns

Schon wenige Monate nachdem Resl durch ihre Phänomene bekannt geworden war, warf man der Familie Neumann und der Gemeinde Konnersreuth vor, Geschäfte mit der Resl zu machen.

Dies geschah vor allem in politisch eher linken Medien, wie in der Wiener kommunistischen Zeitung „Die Rote Fahne", in der man einen *„materiellen Erfolg"* der Veranstalter des *„Konnersreuther Zirkus"* unterstellte (siehe Abb. 55). Nachdem das bischöfliche Ordinariat das Besuchsverbot für die Resl ausgesprochen hatte, berichtete die Wiener „Arbeiter-Zeitung", das „Zentralorgan der Sozialdemokratie Deutschösterreichs", vom *„verdorbenen Geschäft in Konnersreuth"*. [Z-07-01]

In der Tat wurde mit dem Namen „Therese Neumann" von allen möglichen Geschäftemachern Geld verdient. Darüber berichtete auch ein Reporter der Wiener „Arbeiter-Zeitung" am 26. August 1927 in seinem Artikel *„Auf Besuch beim Rätsel von Konnersreuth"*. Schon bei seiner Ankunft am Waldsassener Bahnhof wurde ihm ein Sonderdruck der lokalen „Grenzzeitung" angeboten, in dem über die Visionen der Resl berichtet und für ein Buch über die Resl geworben wurde. In seinem sehr ausführlichen Artikel zählte der Reporter weitere Geschäftemacher auf: *„Kein schlechtes Geschäft macht ein Waldsassener Photograph, der eine Ansichtskarte mit dem Brustbild der Therese Neumann vertreibt und für das Bild 50 Pfennig – ein enorm hoher Preis – verlangt. Die Bluttränen auf den Wangen sind von dem geschäftsgewandten Photographen nachträglich einkopiert worden. Geschäftemacher sitzen aber nicht nur in der Konnersreuther Gegend. Katholische Frauen in München bieten die Reproduktion einer abscheulichen Zeichnung an, die eine Fratze darstellt, aus deren Augen breite Blutbäche strömen. Und seit Samstag läuft in den Regionallichtspielen ein Film: Das Rätsel von Konnersreuth. Die erste Aufführung dieses Spekulationsfilms führte zu einem kleinen Theaterskandal; im Film werden nur Ansichten von Waldsassen und Konnersreuth vorgeführt …"* Der Berichterstatter kam zum Resümee: *„Es blüht das Geschäft neben dem Wunder, besser gesagt durch das Wunder. … Diese äußerlichen Erscheinungen, die Zurschaustellung einer Kranken und ihre profitliche Ausbeutung überwuchern fast den Kern des Konnersreuther Rätsels: die sonderbare Heilung der Therese Neumann, ihre Stigmata, ihre Nahrungslosigkeit und ihre Visionen."* [Z-07-03]

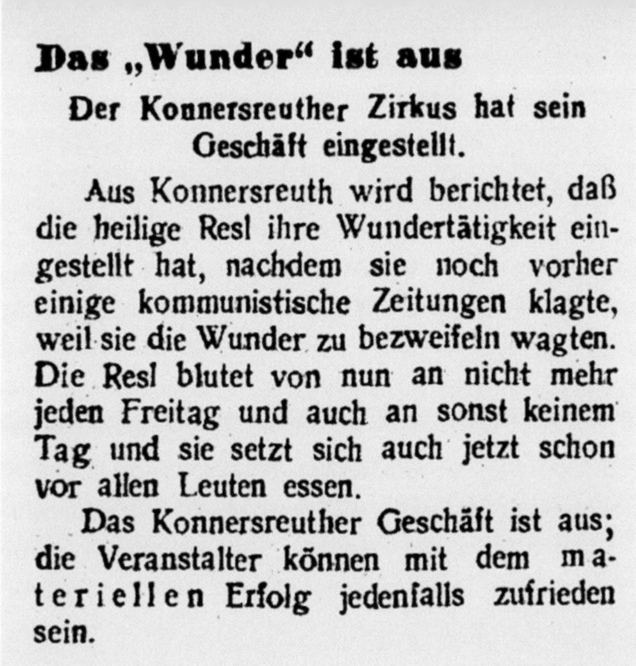

Das „Wunder“ ist aus

Der Konnersreuther Zirkus hat sein Geschäft eingestellt.

Aus Konnersreuth wird berichtet, daß die heilige Resl ihre Wundertätigkeit eingestellt hat, nachdem sie noch vorher einige kommunistische Zeitungen klagte, weil sie die Wunder zu bezweifeln wagten. Die Resl blutet von nun an nicht mehr jeden Freitag und auch an sonst keinem Tag und sie setzt sich auch jetzt schon vor allen Leuten essen.

Das Konnersreuther Geschäft ist aus; die Veranstalter können mit dem materiellen Erfolg jedenfalls zufrieden sein.

Abb. 55: Bericht einer kommunistischen Zeitung im Februar 1928. (Z-07-02)

Abb. 56: Werbung für den Film „Das Rätsel von Konnersreuth“ in zwei Münchner Kinos. (Z-07-04)

Geschäfte mit Kinofilmen

Der vom Reporter der Wiener „Arbeiter-Zeitung“ angesprochene Film „*Das Rätsel von Konnersreuth*“ lief im August 1927 sogar in zwei Münchner Kinos gleichzeitig (siehe Abb. 56). Das Kino-Publikum protestierte massiv, weil nichts über die Resl gezeigt wurde. Der Film wurde deshalb bald wieder abgesetzt. (Z-07-03)

Wenig später war in mehreren norddeutschen Kinos der Film „*Das Wunder von Konnersreuth. Heilige, Kranke oder Betrügerin*?“ zu sehen. Die Werbung versprach, der Film wäre „*an Ort und Stelle unter größtem Müheaufwand und durch häufige Besuche*“ entstanden und man würde Resls ganze Ekstase sehen. In Wirklichkeit spielte eine geschminkte Schauspielerin die Rolle der Resl. Die Familie Neumann ließ im Dezember 1927 die weitere Aufführung des Films durch eine einstweilige Verfügung verbieten. Am 4. Februar 1928 widerrief die Ober-Filmprüfstelle in Berlin auf Antrag der bayerischen Regierung die Zulassung des Films. (Z-07-05, -06)

Max Reinhardt in Hollywood

Zwei der bedeutendsten deutschsprachigen Kulturschaffenden der damaligen Zeit beabsichtigten einen Hollywood-Film über Theres Neumann zu drehen. Max Reinhardt, ein Theater- und Filmregisseur, der in Berlin eine Schauspielschule und zahlreiche Theater gegründet hatte, wollte Anfang 1929 mit einem Stummfilm über das „*Wunder des Mädchens von Konnersreuth*“ eine Filmkarriere in Hollywood starten. Der Vertrag mit der Filmgesellschaft „United Artists“ war bereits abgeschlossen. Das Manuskript für den Film hatte Reinhardt zusammen mit Hugo von Hofmannsthal erstellt. Hugo von Hofmannsthal war ein österreichischer Schriftsteller, der auch für seine Opernlibrettos für Richard Strauß, wie „Der Rosenkavalier“ oder „Elektra“, bekannt ist. Max Reinhardt und Hugo von Hofmannsthal hatten 1920 gemeinsam mit Richard Strauß die Salzburger Festspiele begründet, die alljährlich mit dem „Jedermann“, dem bekanntesten Theaterstück Hugo von Hofmannsthals, eröffnet werden. (Z-07-07, -08)

Die Rolle der Resl sollte die amerikanische Schauspielerin Lilian Gish spielen. Lilian Gish war eine der größten weiblichen Stummfilmstars Hollywoods und wurde 1971 mit einem Ehrenoscar für ihr Lebenswerk ausgezeichnet. Die Wiener Zeitung „Der Tag“ nannte sie „*den Star aller Stars, deren Augenaufschlag fünf Kontinente erschüttert hat*“. (Z-07-07)

Lilian Gish hatte sich monatelang auf die Rolle der Resl vorbereitet. Sie war deshalb am Mittwoch, den 5. September 1928, nach Konnersreuth gefahren. Dort fiel sie einem in den Quellen nicht namentlich genannten Professor aus dem Rheinland auf. Er berichtete, dass Frau Gish in Begleitung einer jungen Salzburgerin aufgetaucht war. Beide waren aus Salzburg angereist, wo sich Frau Gish auf Schloss Leopoldskron, dessen Besitzer Max Reinhardt war, auf die Rolle der Resl vorbereitete. (Z-07-09, -10)

Der Professor hatte die erste Begegnung zwischen Frau Gish und der Resl auf der Türschwelle des Pfarrhauses beobachtet und bemerkt, dass Resl „*einen Augenblick wie erschreckt zurückfuhr*“, als sie Frau Gish sah. Lilian Gish benahm sich sehr auffällig, so dass der Professor beschloss, sie während ihrer Zeit in Konnersreuth genau zu beobachten. Am Freitag, den 7. September 1928, sah er sie schon sehr früh beim Frühstück und danach zur Leidensekstase der Resl eilen. Als sie zurückkam, gab sie ihrer Gesellschafterin die Anweisung, eiligst die Sachen zu packen. Beide verließen Konnersreuth fast fluchtartig. Was im Zimmer der Resl passiert war, ist nicht bekannt. (Z-07-09)

Erst nach der Abreise der beiden Damen erfuhr der Professor davon, dass Lilian Gish eine berühmte Schauspielerin war. Er mutmaßte daraufhin, sie wäre nach Konnersreuth gekommen „*um Studium für einen sensationellen Film zu machen*“ (siehe Abb. 57). Zwei Amerikaner, die sich als Benediktiner ausgegeben hatten, verdächtigte er, aus dem gleichen Grund nach Konnersreuth gekommen zu sein. (Z-07-09)

Ende 1928 reisten Max Reinhardt und Lilian Gish nach Hollywood. Wie berichtet wurde, war der erste Drehtag für den Film über Theres Neumann schon festgesetzt (siehe Abb. 58). Es kam zu Differenzen zwischen den Verantwortlichen der Filmgesellschaft „United Artists“ und Max Reinhardt. Nach langen Beratungen wurde der Vertrag in „gegenseitigem Einvernehmen“, aber sehr zum Unwillen von Max Reinhardt, gelöst. (Z-07-10)

... Lilian Gish ... Mir kam sofort der Gedanke: Sollte nicht etwa diese berühmte Filmkünstlerin nach Konnersreuth gekommen sein, um Studium für einen sensationellen Film zu machen? Diese Vermutung lag doch sehr nahe, besonders für mich, der ich Gelegenheit hatte, ihre rätselhaften Wege aus der Nähe zu schauen. Vielleicht wurde sie von einem großen Filmunternehmen nach K. geschickt. ...

... ein sonderbarer Verdacht stieg in mir auf: Sollten etwa die beiden jungen Benediktiner aus Amerika verkleidete Filmschauspieler sein und so das Ganze ein abgekartetes Spiel gewesen sein? Als Pseudogeistliche hatten sie zudem Zutritt zu der Hauptekstase und konnten also wertvolle Studien für einen effektvollen Abschluß des Films machen. Dazu kommt noch, daß die beiden jungen Benediktiner durch ihre etwas kecke Haltung auf mich (und andere) einen ich möchte fast sagen burschikosen Eindruck machten. ...

Abb. 57: Ein Professor aus dem Rheinland hielt in Konnersreuth Lilian Gish und zwei Benediktiner für Agenten der Filmemacher. (Z-07-09)

Max Reinhardt ist bereits in Hollywood

New York, 30. Dezember.

* **Max Reinhardt ist bereits in Hollywood eingetroffen.** Reinhardt kam am 24. d. in New York an und blieb bis zum 26. in New York. Von New York fuhr er nach Hollywood weiter. Max Reinhardt kam zusammen mit Helene Thimig nach Amerika. Von New York fuhren die beiden Künstler mit Lilian Gish, der Darstellerin des neuen Reinhardt-Hofmannsthal-Films, nach Hollywood weiter.

Der erste Aufnahmstag unter der Regie Reinhardts wird der 15. Jänner sein. Der endgültige Titel des Films, der bekanntlich das „Wunder von Konnersreuth“ in einer freien Bearbeitung behandelt, steht noch nicht fest.

Abb. 58: Bericht über die Ankunft von Max Reinhardt in Hollywood. (Z-07-11)

Die Familie Neumann wusste nichts von den Filmplänen von Max Reinhardt und wäre sicher nicht einverstanden gewesen.

Zwanzig Jahre später, im März 1949, wurde in der „Mittelbayerischen Zeitung“ berichtet: „*Jedem Gedanken einer Verfilmung ihres Lebens steht Therese Neumann nach wie vor ablehnend gegenüber…*“ Es wurde darüber informiert, dass sich Pfarrer Naber, Theres Neumann und ihre Familie „*streng gegen den Plan verwahrten … in Amerika durch den Filmproduzenten Arnold Preßburger einen Konnersreuth-Film herauszubringen*“. Die Familie Neumann erklärte: „*Sollte der Film trotz aller Gegenbemühungen nicht zu verhindern sein, so würde auf alle Fälle gegen jeden Versuch, Aufnahmen an Ort und Stelle zu machen, mit allen zur Verfügung stehenden Rechtsmitteln eingeschritten werden.*“ (Z-07-12)

Geschäfte mit Theaterstücken

Nicht nur in Kinos, auch ins Theater lockte man die Zuschauer mit „Konnersreuth“ und dem Namen der Resl:

- **„Therese Neumann oder: Das Wunder von Konnersreuth“**

Im Herbst 1927 wurde dieses Theaterstück, in dem sogar die kleine heilige Theresia auftrat, erstmals in Frankfurt aufgeführt. Das „Tagblatt Linz“ schrieb darüber in der Rubrik „Glossen: Geschäft – Geschäft“: „*Das Stück hatte bei der Erstaufführung in Frankfurt am Main bei den katholischen Zuschauern infolge seiner Lebenswahrheit unbeschreiblichen Beifall. Es ist sehr leicht zu geben. … Das vollständige Material mit Aufführungsrecht kostet für Ihren Verein nur 20 Mark*.“ Der Kommentar der Zeitung war: „*Das Geschäft hat sich auf die Fährte des ‚Wunders von Konnersreuth‘ gesetzt. Der Stumpfsinn blüht …*“ (StAAm2; Z-07-13)

Das im Chemnitzer Theaterverlag Rolf erschienene Textheft für dieses Werk wurde im November 1927 in Ibenthann, das heute ein Teil von Maxhütte-Haidhof ist, „*von Haus zu Haus feilgeboten*“. Eine Schauspielerin der in Ibenthann gastierenden Theatertruppe verkaufte das Textheft für 40 Pfennig. Da sie über keinen Wandergewerbeschein verfügte, wurde gegen sie Strafantrag gestellt. Im Bericht des Bezirksamtes Burglengenfeld an die „Regierung der Oberpfalz und von Regensburg“ wurde der Inhalt des Theaterstücks bewertet: „*Die Druckschrift enthält eine äußerst kitschige Darstellung der Therese Neumann und der Vorgänge in Konnersreuth … Das Machwerk ist neben seiner Geschmacklosigkeit auch geeignet in religiöser Beziehung Ärgernis zu geben. …*“ (StAAm2)

◆ „Das Rätsel von Konnersreuth“

Dieses Schauspiel wurde von November bis Dezember 1927 am Berliner Residenztheater gezeigt. Es hatte nichts mit Resl zu tun. Man hatte lediglich den Titel eines alten Bauernstückes geändert und eine stumme Szene eingefügt, in der „*das Reserl*“ zweimal die Arme hebt. Auch Pfarrer Naber trat kurz auf, sagte kein Wort und faltete die Hände. (Z-07-14)

◆ „Und die Englein sangen“

Der Freidenkerbund Wien ließ im September/Oktober 1928 dieses Stück auf mehreren österreichischen Bühnen aufführen, unter anderem am „Thalia-Theater im Arbeiterheim“ und auf der „Linzer Arbeiterbühne“. Wie in der Ankündigung des Stücks ersichtlich, machte man sich über die Vorgänge in Konnersreuth lustig: „*Wer am Samstag, den 13. Oktober, von halb 8 bis 10 Uhr abends das Reslwunder und alles, was drum und dran hängt, herzhaft verulkt sehen will, komme zur Wiener Premiere des Lustspiels ‚Und die Englein sangen‘*“. (Z-07-15)

Die Eintrittskarten kosteten 60 Groschen bis 2 Schilling, die Textbücher wurden schon Monate vor der Premiere zum Preis von 1 Schilling angeboten (siehe Abb. 59). Das ist ein Paradebeispiel dafür, wie Gegner der Resl Geld mit ihrem Namen verdient haben.

◆ „Sebastianslegende“

In diesem Theaterstück, das 1930 im Wiener Raimundtheater aufgeführt wurde, formte man um das Thema „Resl“ eine dramatische Handlung. Die Zeitschrift „Mein Film“ berichtete: „*Mit seiner ‚Sebastianslegende‘ setzt Hans Heinz Ortner die Reihe jener Dramen fort, in denen er Heiligenlegenden zu Bühnenhandlungen formt und Symbolik mit Realität vermengt. In der ‚Sebastianslegende‘ wird das Wunder der Therese von Konnersreuth dramatisch verwertet. …*“ (Z-07-17)

Geschäfte mit Vorträgen

In Hunderten von Vorträgen informierten die unterschiedlichsten Redner in vielen Ländern über die Vor-

Abb. 59: Werbung für das Textheft für eine „lustige Satire auf Konnersreuth". (Z-07-16)

kommnisse in Konnersreuth. Einige von vielen Annoncen, mit denen für derartige Vorträge geworben wurde, sind auf der Folgeseite zu sehen.

Es gab Vortragende, deren Hauptinteresse es war, über die Ereignisse in Konnersreuth zu informieren. Dazu gehörten Kaplan Helmut Fahsel, Ignaz Kosubek, der 1948 bis 1951 auf Vortragsreisen von Theres erzählte, und Pfarrer Ludwig Wegmann, der regelmäßig in Wien über seine Erlebnisse in Konnersreuth berichtete. Pfarrer Wegmann informierte seine Zuhörer auch darüber, dass es auch viele gab, die Vorträge hielten, um Geld zu verdienen: „*... und es werden auch ganz gute Geschäfte gemacht, aber nicht in Konnersreuth selbst, sondern gerade diejenigen, die den Konnersreuthern vorwerfen, daß sie die ganze Sache mit der Therese Neumann erfunden haben, um sich zu bereichern, Ungläubige und Andersgläubige halten gegen hohes Eintrittsgeld Vorträge über Konnersreuth, die zum größten Teil erfunden und auf unkontrollierbaren Tratsch zurückzuführen sind.*" (Z-07-18)

Einer derjenigen, der am meisten bei seinen Vorträgen verdiente, war der Resl-Gegner Dr. Eduard Aigner. Er verlangte Eintrittspreise bis zu 3,20 Reichsmark, was damals sehr viel Geld war. Mehr über Dr. Aigner erfährt man im Kapitel „Gegner der Resl".

Weitere Geschäftszweige, mit denen Geld verdient wurde

Postkarten

Fotografen, Verlage und Kunstmaler boten sehr viele unterschiedliche Postkartenmotive mit Bezug auf die Resl an.

Das Haus der Familie Neumann war dafür jahrzehntelang ein beliebtes Motiv. Einige dieser Postkarten sind im Kapitel „Spuren der Resl in Konnersreuth" zu sehen. Besonders in der Zeit vor der bischöflichen Besuchersperre wurden Ansichtskarten verkauft, auf der Menschen zu sehen sind, die am Pfarrhof oder am Haus der Familie anstehen, um Resl zu sehen. Ausgewählte

In Frankfurt a. M. soeben 8 mal hintereinander ausverkauft!
Der bekannte Spiritist
KARL WASSMANN
spricht ein einziges Mal morgen Dienstag, den 27. September, im großen Saal des Friedrichshof, Karl-Friedrichstr., über
„Konnersreuth“
im Lichte übersinnlicher Welten. Ein gewaltiges, unvergeßliches Ereignis für Jedermann! (C5153)
Eintritt: Saal I. Abt. 1 ℳ; II. Abt. 50 Pfg. Der Saal wird 1 Stunde vorher, 8 Uhr abends, geöffnet. Man erscheine frühzeitig.

Abb. 60: In Karlsruhe wurde für 1 Mark ein Vortrag angeboten, der vorher in Frankfurt schon 8 Mal ausverkauft war. (Z-07-19)

„Det blödande helgonet“.
Intryck från besök hos Therese Neuman i Konnersreuth
av
OSCAR JANSON
å Betel-kapellet fredagen den 1 november kl. 7 e. m.
Inträde Fmk 3:—.

Abb. 61: Für 3 Finnmark Eintritt für „Die blutende Heilige“ erhielt man in Finnland Impressionen vom Besuch bei Theres Neumann. (Z-07-20)

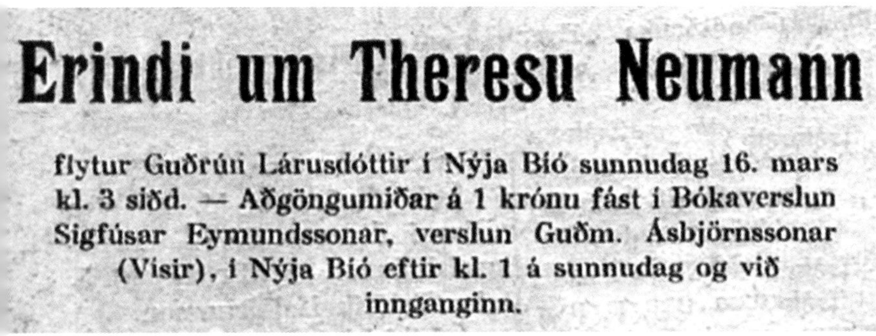

Erindi um Theresu Neumann
flytur Guðrún Lárusdóttir í Nýja Bió sunnudag 16. mars kl. 3 síðd. — Aðgöngumiðar á 1 krónu fást í Bókaverslun Sigfúsar Eymundssonar, verslun Guðm. Ásbjörnssonar (Visir), í Nýja Bió eftir kl. 1 á sunnudag og við innganginn.

Abb. 62: Auf Island verlangte man für einen „Vortrag über Theresu Neumann“ 1 Isländische Krone. (Z-07-21)

Staraniem Katol. Związku Polek
W niedzielę dn. 6-go marca o godz. 7-ej wiecz.
w Domu Katolickim ul. Straszewskiego 18
X. Dr. ANDRZEJ KRZESIŃSKI Doc. Uniw. Jag.
wygłosi wykład
MISTYKA ZJAWISK
u Teresy Neumann
Wykład będzie ilustrowany obrazami świetlnemi
Prelegent zajmuje się zjawiskami w Konnersreuth od roku 1927. W roku 1931 bawił w Konnersreuth dwukrotnie: w Wielkim Tygodniu i w czasie Świąt Wielkanocnych oraz przy końcu sierpnia. Prócz tego każdego tygodnia otrzymuje stamtąd świeże autentyczne wiadomości.
Dochód w części przeznaczony na opiekę pozaszkolną nad młodzieżą
Bilety w cenie 1 zł., 1'50 zł. i 50 gr. (akad. i stud.) nabywać można przy kasie od g. 6 wiecz.

Abb. 63: In Polen kostete der Vortrag mit Lichtbildern „Mystische Phänomene der Teresy Neumann“ 1 bis 1,5 Złoty. (I-07-01) derartige Karten werden im Kapitel „Viele wollten Resl sehen“ gezeigt. Gegen derartige Postkarten konnte man nichts unternehmen.

Anders verhielt es sich bei Postkarten, auf denen Theres dargestellt wurde. Die Familie Neumann und Theres selbst wollten unbedingt verhindern, dass Fotos, Fotomontagen oder Zeichnungen in der Art wie die Postkarten auf der Folgeseite veröffentlicht werden. Dazu wurde einige Male sogar der Rechtsweg beschritten. Vor dem Amtsgericht Waldsassen klagte Resl gegen einen Waldsassener Fotografen, der Auszüge aus Fotos veröffentlichte, die er 1926 zu medizinischen Zwecken gemacht hatte, ein anderes Mal gegen einen Mitterteicher Kunstmaler, der verschiedene Zeichnungen der Resl als Künstlerkarten verkaufte. Im Staatsarchiv Amberg sind fünf Gütetermine und Prozesse dokumentiert, bei denen Theres beim Amtsgericht Waldsassen gegen Händler vorging, die Postkarten mit Darstellungen ihrer Person verkauften. (StAAm3, -4, -6 -7, -8, -9)

Bücher

Wie bereits berichtet, wurden Hunderte Bücher über die Resl geschrieben. Sicher war die Motivation der meisten Autoren, die Öffentlichkeit über die Vorgänge um die Resl zu informieren. Natürlich haben diese Autoren und deren Verlage Geld mit diesen Büchern verdient. Die Familie Neumann bekam davon keinen Pfennig.

Bei manchen Autoren dürfte der Verdienst die Hauptmotivation gewesen sein, um ein Buch über die Resl zu schreiben. Ein derartiges Beispiel ist für mich das im folgenden Kapitel „Überprüfung der Nahrungslosigkeit“ genauer betrachtete Buch „Untersuchungsbericht und gutachtliche Stellungnahme“ von Dr. Gottfried Ewald.

Mit Resls Namen lockte man Besucher

Es gab zahlreiche weitere Geschäftszweige, in denen man die Berühmtheit der Resl nutzte, um Geld zu verdienen.

Der berühmte Trickkünstler und Hellseher Hanussen warb zum Beispiel im Herbst 1929 mit dem Titel „Das Wunder von Konnersreuth!!“ für einen „Experimental-Vortrag“ (siehe Abb. 66).

Auf dem Oktoberfest 1927 wurde im Panoptikum eine Wachsfigur der leidenden Resl ausgestellt. Die Neumanns bewirkten einen Gerichtsbeschluss, der diese Zurschaustellung verbot. (Z-07-22)

Die Familie hat keine Geschäfte mit Theres gemacht

Wenn die Familie Neumann Geld mit Resl hätte verdienen wollen, wäre das ein Leichtes gewesen. Darüber informierte Kardinal Faulhaber die *„dichtgedrängten Scharen von Gläubigen“*, als er am 7. November 1927, einem Sonntagnachmittag, im Münchner Frauendom eine einstündige Ansprache über Konnersreuth hielt: *„Den Eltern der Therese boten Filmunternehmen Millionen, wenn sich die Stigmatisierte filmen lasse. Das Angebot wurde abgelehnt.“* (Z-07-23)

Dass die Familie Neumann nichts angenommen hat, wurde immer wieder in Besuchsberichten und Zei-

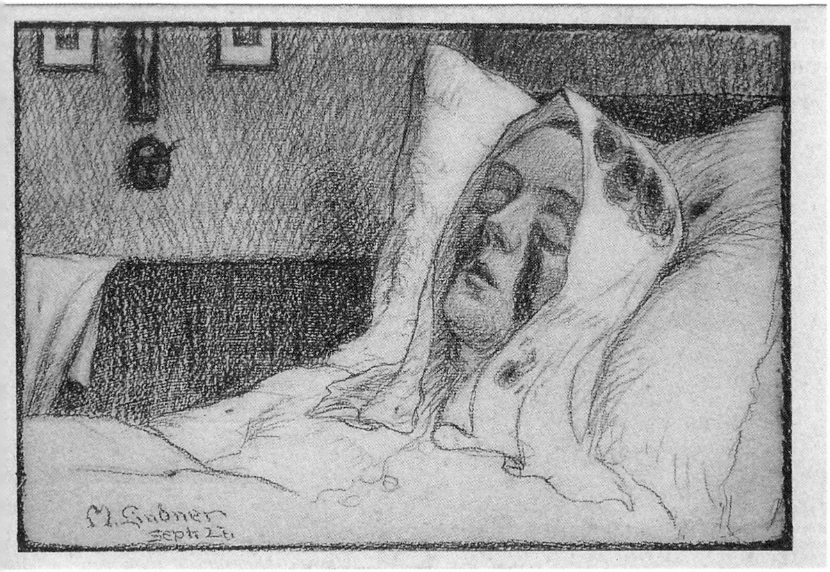

Abb. 64: Postkarte eines Mitterteicher Kunstmalers. (P-L)

Abb. 66: Plakat für einen Hanussen-Auftritt in Speyer im Oktober 1929. (I-07-02)

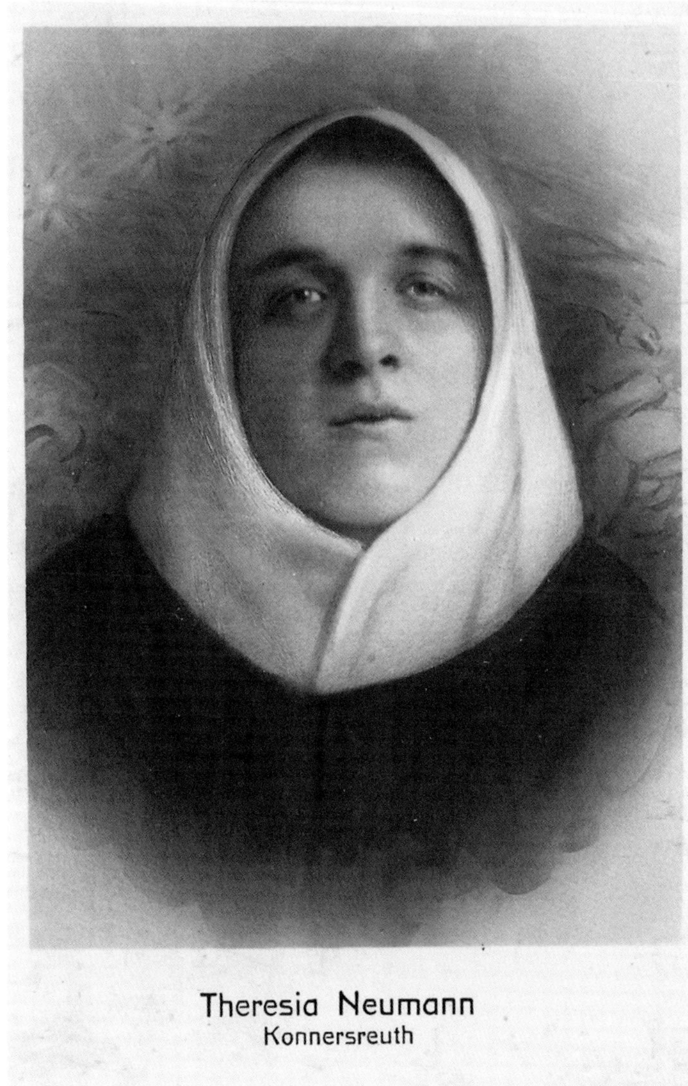

Abb. 65: Postkarte mit Fotomontage. Resls Gesicht stammt von einem medizinischen Foto. (P-FL)

tungsartikeln betont. „*Auch die schärfsten Gegner bestätigen, daß weder Therese Neumann, noch ihre Angehörigen oder ihre Anhänger irgendeine Spende annehmen*“, schrieb auch die Wiener „Illustrierte Kronen Zeitung“ im September 1927. (Z-07-24)

Per Post erhielt Theres trotzdem Geldspenden. Vor allem in Briefen aus Amerika waren immer wieder Beträge von einem bis 10 Dollar enthalten. Das Geld verwendete Resl im Dienste der Pfarrkirche, schickte ansehnliche Beträge an Missionen oder die Diaspora-Seelsorge in Schweden und gab oft kleine Beträge an Arme weiter. (Z-07-25; JS1, 90)

Für die Familie Neumann bedeuteten die Vorkommnisse und vor allem die vielen Besucher nicht nur eine Belastung, sondern auch einen Verdienstausfall. Wie im Kapitel „Viele wollten Resl sehen“ beschrieben, ruhte an den Leidens-Freitagen die Arbeit auf dem Bauernhof und in der Schneiderwerkstatt, da Resls Eltern die Besucherströme lenken und überwachen mussten. Der kleine Bauernhof und die Schneiderwerkstatt warfen nicht viel Geld ab. Resls Vater musste hohe Schulden machen, um das von den vielen Besuchern abgenutzte Treppenhaus zu erneuern und für Resl ein eigenes Zimmer einzubauen (siehe Abb. 67).

Dass Resl und ihre Familie nicht viel Geld hatten, ist auch in den Akten des Staatsarchivs Amberg ersichtlich. Da Resl die Kosten für den bereits vorne genannten Prozess gegen einen Kunstmaler aus Mitterteich nicht aufbringen konnte, wurde am 13. Oktober 1927 ein zweiseitiges „*Zeugnis für Erlangung des Armen-*

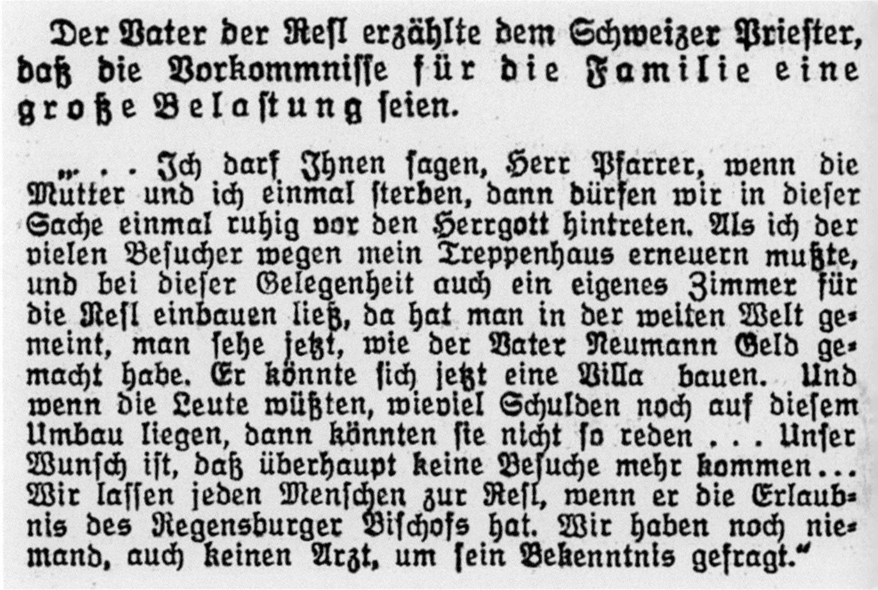

Der Vater der Resl erzählte dem Schweizer Priester, daß die Vorkommnisse für die Familie eine große Belastung seien.

„. . . Ich darf Ihnen sagen, Herr Pfarrer, wenn die Mutter und ich einmal sterben, dann dürfen wir in dieser Sache einmal ruhig vor den Herrgott hintreten. Als ich der vielen Besucher wegen mein Treppenhaus erneuern mußte, und bei dieser Gelegenheit auch ein eigenes Zimmer für die Resl einbauen ließ, da hat man in der weiten Welt gemeint, man sehe jetzt, wie der Vater Neumann Geld gemacht habe. Er könnte sich jetzt eine Villa bauen. Und wenn die Leute wüßten, wieviel Schulden noch auf diesem Umbau liegen, dann könnten sie nicht so reden . . . Unser Wunsch ist, daß überhaupt keine Besuche mehr kommen... Wir lassen jeden Menschen zur Resl, wenn er die Erlaubnis des Regensburger Bischofs hat. Wir haben noch niemand, auch keinen Arzt, um sein Bekenntnis gefragt.“

Abb. 67: Vater Neumann erzählte einem Schweizer Priester von seinen Schulden. [Z-07-26]

rechts in bürgerlichen Rechtsstreitigkeiten“ für sie erstellt. Mit Siegel der Marktgemeinde Konnersreuth und Unterschrift von Pfarrer Naber (als Vertreter des Ortsfürsorgeausschusses) wurde darin bestätigt, dass sie die Kosten des Rechtsstreits nicht zahlen kann (siehe Abb. 68). Dabei wurde auch berücksichtigt, dass Resl unterhaltspflichtige Eltern hatte. (StAAm3)

Fünf Jahre später hatte sich an der finanziellen Situation nichts geändert. Für Prozesse der Resl gegen Händler, die Postkarten mit ihren Abbildungen verkauften, galt für sie weiterhin das Armenrecht. Das geht aus dem Antrag hervor, den ihr Anwalt am 17. Dezember 1932 für ein Berufungsverfahren stellte. (StAAm4)

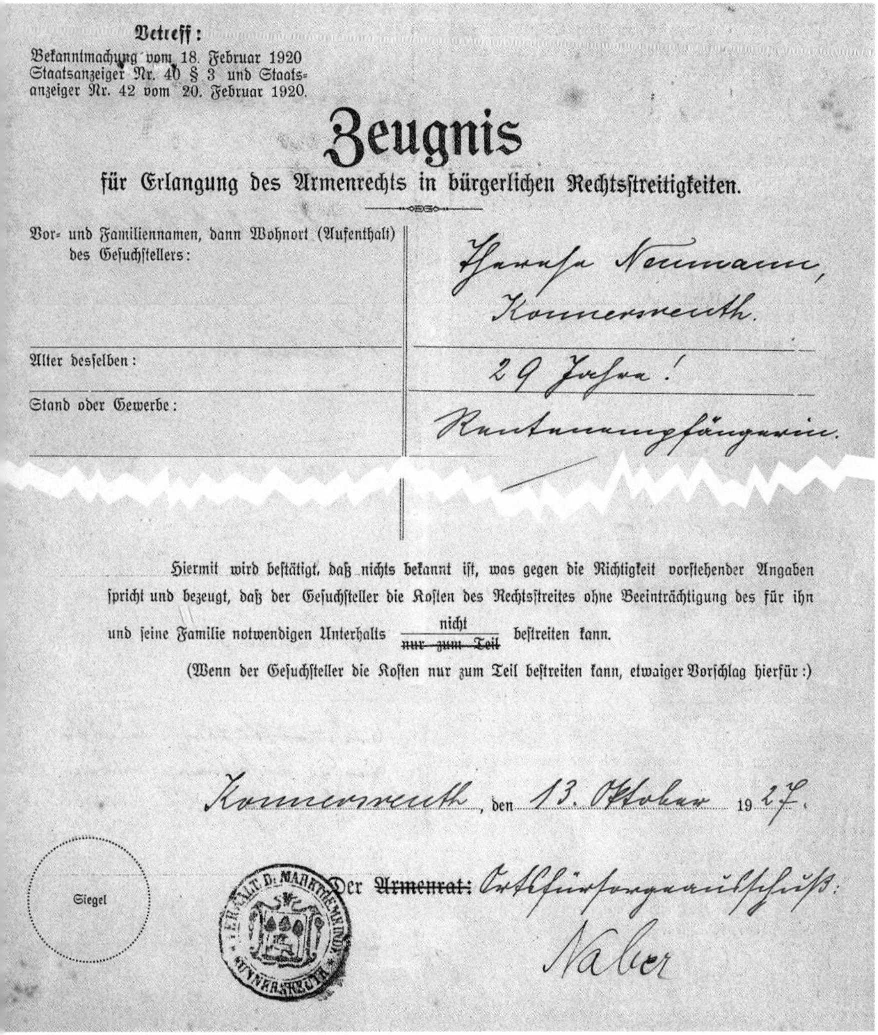
Betreff:
Bekanntmachung vom 18. Februar 1920
Staatsanzeiger Nr. 40 § 3 und Staatsanzeiger Nr. 42 vom 20. Februar 1920.

Zeugnis
für Erlangung des Armenrechts in bürgerlichen Rechtsstreitigkeiten.

Vor- und Familiennamen, dann Wohnort (Aufenthalt) des Gesuchstellers: Therese Neumann, Konnersreuth.

Alter desselben: 29 Jahre!

Stand oder Gewerbe: [illegible]

Hiermit wird bestätigt, daß nichts bekannt ist, was gegen die Richtigkeit vorstehender Angaben spricht und bezeugt, daß der Gesuchsteller die Kosten des Rechtsstreites ohne Beeinträchtigung des für ihn und seine Familie notwendigen Unterhalts nicht ~~nur zum Teil~~ bestreiten kann.

(Wenn der Gesuchsteller die Kosten nur zum Teil bestreiten kann, etwaiger Vorschlag hierfür:)

Konnersreuth, den 13. Oktober 1927.

Siegel

Der ~~Armenrat:~~ Ortsfürsorgeausschuß:
Naber

Abb. 68: Zeugnis zur Erlangung des Armenrechts für Therese Neumann (gekürzt). (StAAm3)

In Konnersreuth ist niemand reich geworden

Nicht nur Resl und ihrer Familie wurde vorgeworfen, sie hätten Geschäfte mit den Phänomenen der Resl gemacht. Vor allem die linke Presse und Satire-Zeitungen unterstellten, dass ganz Konnersreuth durch die Resl reich geworden wäre.

Die Zahl der Übernachtungen in Konnersreuther Gaststätten und in Privatzimmern ist durch die Resl natürlich angestiegen. Das führte aber nicht dazu, wie oft unterstellt, dass große Hotels oder Gasthäuser gebaut wurden. Einige Konnersreuther verkauften Ansichtskarten an die Besucher. Reich ist in Konnersreuth niemand durch die Resl geworden.

Gegen den Vorwurf der Geschäftemacherei in Konnersreuth wandte sich Dr. Fritz Gerlich schon 1929 in seinem ersten Buch: „*In Wirklichkeit hatte sich mit Ausnahme … des Einbaus von ein paar Zimmern im ersten Stock eines schon lang bestehenden Gasthofes sowie dem Aufschlagen einer Bretterbude, in der den Fremden Auskunft über freie Zimmer zum Übernachten erteilt wurde, nichts geändert. Auch die Preise waren durchaus landesüblich geblieben, sie hatten keineswegs jene schwindelnde Höhe erreicht, von der manche Gegner der Vorgänge in Konnersreuth sprachen.*" (FG1, 137)

Richard Dewachter aus Flandern, der in der Fastenzeit 1932 im Konnersreuther „Gasthof zum Weißen Roß" logierte, schrieb: „*Das Leben ist spottbillig … Es wird uns keine Gelegenheit zum Geldausgeben geboten, und es erscheint uns von vornherein schon als erfreuliches Zeichen, zu sehen, wie hier das schlichte Dorfleben seinen*

Abb. 69: „Bretterbude" unterhalb des Pfarrhofes, in der Bücher und Ansichtskarten verkauft und Informationen zu freien Übernachtungsmöglichkeiten gegeben wurden. (P-A)

Abb. 70: Einige Schriften über die Resl gibt es in der Konnersreuther Kirche. (Foto: Johann Härtl)

gewohnten Gang geht." Ähnlich wird im November des gleichen Jahres in österreichischen Zeitungen berichtet: „*Konnersreuth macht aus Therese kein Geschäft. Dort ist kein Gasthaus, wo ein halbwegs verwöhnter Mensch absteigen könnte. Nicht einmal ein Bild der Therese ist im Handel. Ebenso wenig macht die Familie Neumann daraus ein Geschäft. Therese nimmt prinzipiell nichts.*" (FRL5, 14-15; Z-07-27)

Das blieb auch in den Folgejahren so. Der Journalist Albert Panzer schrieb 1990, dass man auch nach Resls Tod in der Gemeinde ihren Wunsch respektierte, die Marktgemeinde nicht mit Bezug auf ihre Person „noch" attraktiver zu machen. Im September 2012 berichtete ein Reporter der Mittelbayerischen Zeitung, dass es in Konnersreuth keinen Kitsch-Laden und keine billigen Resl-Devotionalien gibt. (AP, 10; Z-07-28)

Überprüfung der Nahrungslosigkeit

Seit Weihnachten 1922 nahm Theres keine feste Nahrung mehr zu sich. Ab Anfang August 1926 verweigerte sie auch flüssige Nahrung. Nur zum Schlucken der Hostie brauchte sie ein kleines Löffelchen Wasser. Wie im Lebenslauf der Resl beschrieben, benötigte sie ab September 1927 auch diese wenigen Tropfen Wasser nicht mehr. (JT, 330)

Die Nahrungslosigkeit der Resl war das unerklärbarste und meistdiskutierte Wunder von Konnersreuth.

15-tägige Überwachung im Juli 1927

Das Regensburger Ordinariat fasste den Beschluss, die Nahrungslosigkeit der Resl überprüfen zu lassen, *„um nicht eine Art Wallfahrt entstehen zu lassen, bevor deren Grundlagen eine kirchliche Beglaubigung trugen, noch mehr aber um mit voller Sicherheit Böswillige fernzuhalten, welche … Lügenberichte veröffentlichten“*. (StAAm2)

Man fragte bei Fachärzten nach, wie lange man den Zeitraum dafür ansetzen soll. Die Ärzte erklärten, niemand könne zwei Wochen ohne Essen und vor allem nicht ohne Trinken überleben. Daraufhin ordnete das Ordinariat eine zweiwöchige Überwachung an. (JT, 334)

Resls Vater hatte diesen *„Eingriff in sein Hausrecht auf das entschiedenste abgelehnt“*. Auch Resls inständiges Bitten und Drängen, er möge der Überwachung zustimmen, konnten ihn nicht umstimmen. Erst als Pfarrer Naber drohte, das Neumannhaus nicht mehr zu betreten, wenn der Vater die Überprüfung nicht zulässt, willigte er ein. (JH2, 462; JT, 85, 334)

Als Zeitraum für die Überwachung wurde Donnerstag, 14. Juli 1927, bis Donnerstag, 28. Juli 1927, festgelegt. Mit der Leitung der Überwachung wurde Sanitätsrat Dr. Otto Seidl aus Waldsassen beauftragt. Resls Vater ärgerte sich über die Wahl des Arztes, da er wegen dessen Verhaltens während der langen Krankheit seiner Tochter kein Vertrauen mehr zu ihm hatte. Die Überwachung erfolgte durch vier fachlich qualifizierte Mallersdorfer Schwestern. Dr. Seidl zog für den neurologisch-psychiatrischen Teil der Überwachung Dr. Gottfried Ewald aus Erlangen hinzu. (FG1, 128,129; JH2, 463)

Informationen über die Überwachung der Nahrungslosigkeit der Resl wurden im „Oberhirtlichen Verordnungsblatt für die Diözese Regensburg“ Nr. 12 vom 21. Oktober 1927 bekanntgegeben. Die Presse wurde *„um Abdruck dieser Kundgebung ersucht“*. Abb. 71 enthält den Teil dieser bischöflichen Verordnung, in dem ausführlich über die Vorbereitung, die Durchführung und das Ergebnis der Überwachung informiert wurde. In manchen Quellen wird auf ein früheres Verordnungsblatt (Nr. 10 vom 4. Oktober 1927) verwiesen. Da der Text in diesem Verordnungsblatt „*eine Auslassung und einen sinnstörenden Fehler*“ enthielt, veröffentlichte man den korrigierten Text noch einmal im „Oberhirtlichen Verordnungsblatt“ Nr. 12/1927. (StAAm2)

Die Bischöfe sprachen in diesem Verordnungsblatt auch die eindringlichste Mahnung aus, Besuche in Konnersreuth zu unterlassen, bis die „*kirchliche Autorität selbst entschieden hat*“. Darüber wurde im Kapitel „Viele wollten Resl sehen“ berichtet.

Das Resultat der Überprüfung, „*Es fand nicht die geringste Nahrungsaufnahme statt*“ und „*Eine Beobachtung in einem Spitale oder in einer Klinik hätte auch keinen besseren Erfolg bringen können*“, wurde in vielen Zeitungen abgedruckt. Die Münchner „AZ am Abend“ brachte diese Meldung auf der Titelseite (siehe Abb. 72).

Die Überwachung war für Resl und ihre Eltern sehr unangenehm. Resl beklagte sich bitter, dass sie nicht eine Sekunde allein mit dem Heiland reden konnte. „*Die ganze Nacht hindurch war sie hell beleuchtet, und da sie sich gegen die Wand kehrte, beleuchtete man sie jede Minute mit der Taschenlampe ins Gesicht*“. Die beobachtenden Schwestern reinigten ihre Instrumente in Resls Zimmer mit Äther, was dazu führte, dass Resl ohnmächtig wurde. Resls Vater ärgerte besonders, dass man sein Hausrecht nicht respektierte. Er schrieb dem

Oberhirtliches Verordnungsblatt
für die Diözese Regensburg

Herausgegeben vom Bischöflichen Domkapitel Regensburg
Sede vacante.

1927 — № 12 — 21. Oktober

Das Bischöfliche Domkapitel Regensburg Sede vacante.

Vorfälle in Konnersreuth.

Die diesjährige Konferenz der hochwürdigsten Herren Bischöfe Bayerns hat folgenden Beschluß gefaßt:

Inzwischen geht die kirchliche Untersuchung, wie bisher, ruhig und sicher ihren Gang. Unter anderem wurden vier zu diesem Zwecke besonders geeignete Mallersdorfer Franziskanerinnen ausgewählt, um in einer 15tägigen, Tag und Nacht ununterbrochenen Beobachtung den gänzlichen Mangel an Nahrung, fester sowohl als flüssiger, bei der Therese Neumann zu prüfen. Die Schwestern legten zunächst vor einem bischöflichen Kommissar einen Eid ab, daß sie ihre Aufgabe auf das gewissenhafteste und nur nach den Weisungen des leitenden Arztes, Sanitätsrates Dr. Seidl von Waldsassen, ausführen würden, worauf sie in Waldsassen noch 2 Tage lang von dem genannten Arzte speziell instruiert wurden. Dann begannen sie in Konnersreuth ihre Tätigkeit mit einer genauen Untersuchung des Zimmers der Neumann. Beständig waren die Augen von zwei Schwestern auf sie gerichtet, regelmäßig wurde sie gewogen, das Mundspülwasser vor und nach dem Gebrauch gemessen. Hiezu traten noch chemische Untersuchungen. Somit waren mehrerlei Wege eingeschlagen, welche alle zu dem gleichen Resultate führten, nämlich: Es fand nicht die geringste Nahrungsaufnahme statt. Dabei war die Therese Neumann, die keineswegs auffallend abgemagert ist, nicht immer bettlägerig, sondern stand gewöhnlich auf, blieb in ihrem Zimmer, ging in die Kirche oder in das benachbarte Haus. Ganz rätselhaft war die weitere Erscheinung, daß trotz des absoluten Fastens zweimal auf nicht unbedeutende Gewichtsabnahmen ungefähr gleiche Gewichtszunahmen folgten. Blut, aus den fließenden Wunden sowohl, wie aus einem kleinen Einschnitt in ein Ohrläppchen gewonnen und an ein auswärtiges chemisches Laboratorium zur Untersuchung geschickt, ließ keine pathologischen Formen finden.

Herr Sanitätsrat Dr. Seidl erschien während der 15 Tage 9 mal, darunter 2 mal bei Nacht, unangemeldet zur Kontrolle in Konnersreuth. Zeitweise zog er auch den Herrn Universitätsprofessor Dr. Ewald von Erlangen bei. Nach Vollendung ihrer Aufgabe wurden die vier Schwestern, deren tadelloser Pflichterfüllung ärztlicherseits hohes Lob gespendet wurde, abermals vereidigt. Der umfangreiche eingehende Bericht des Herrn Sanitätsrates Dr. Seidl mit einem Passus aus der Hand des Herrn Universitätsprofessors Dr. Ewald nötigt in Verbindung mit den 2 Gruppen-Tagebüchern der 4 Schwestern zu der Überzeugung, daß die ursprünglich angestrebte, aber nicht durchführbar gewesene Beobachtung in einem Spitale oder in einer Klinik auch keinen besseren Erfolg hätte bringen können.

Die somit gewonnene naturwissenschaftliche Grundlage bietet erst den Boden für die philosophisch-theologische Prüfung des Phänomens.

Regensburg, den 13. Oktober 1927.

† J. B. Hierl, Kapitularvikar.

Abb. 71: Auszug über die Beschreibung und das Ergebnis der 15-tägigen Überwachung der Therese Neumann im „Oberhirtlichen Verordnungsblatt der Diözese Regensburg“. (StAAm2)

Nr. 234

10 Pfennig

HUPMOBILE 6 die 8 Weltmarke MAX BEINER & CO.

AZ am Abend

Acht-Uhr-Abendblatt

Allgemeine Zeitung

130. Jahrgang

München

Montag

10. Okt. 1927

Der Bischof von Regensburg über Konnersreuth

Ergebnis einer 15tägigen Beobachtung: Es fand keine Nahrungsaufnahme statt

Nun folgt die theologische Prüfung

Standrecht

Abb. 72: Meldung über die Bestätigung des Bischofs, dass bei Resl keine Nahrungsaufnahme stattgefunden hat. [Z-08-01]

Abb. 73: Theres während der 15-tägigen Überwachung mit einer Mallersdorfer Schwester; hinten: Pfarrer Naber. [Foto: Unbekannter Fotograf]

Bischof: „*Ich war darum sehr zornig, als damals Dr. Seidl nachts 12 Uhr ohne mein Vorwissen mit Hilfe der Schwestern ins Haus einzudringen versuchte.*" (JH2, 465, 463)

Während der 15-tägigen Überwachung machte ein unbekannter Fotograf ein nicht autorisiertes Foto von Theres und Pfarrer Naber (siehe Abb. 73). Als man Pfarrer Naber das Bild zeigte, schüttelte dieser mit dem Kopf, legte den Finger auf Resls Stigma und sagte „*Aber das glaube ich nicht*". Da Resl in der Öffentlichkeit ihre Stigmen verdeckte, scheint das Bild retuschiert worden zu sein. (FRL5, 25)

Das Bild wurde jahrelang weltweit genutzt. Es tauchte auch in Berichten auf Island, auf Kuba und in Brasilien auf. (FRL5, 25; Z-08-02, -03, -04)

Jahre später, vom 7. bis 13. Juli 1940, ergab sich aufgrund eines schlimmen Ereignisses, dass Resls Nahrungslosigkeit erneut überwacht wurde. Nach einem Gehirnschlag war Resl nicht in der Lage, das Bett im Haus von Professor Wutz in Eichstätt zu verlassen. Der Eichstätter Bischof Michael Rackl veranlasste, dass Resl in dieser Zeit streng kontrolliert wurde. Es wurde festgestellt, dass sie während dieser sieben Tagen nicht gegessen und nichts getrunken hat und dass sie keine Ausscheidungen hatte. (JS1, 30)

Die Stigmatisierte von Konnersreuth

Untersuchungsbericht und Gutachten von

Dr. G. Ewald,

a. o. Prof. für Psychiatrie, Erlangen

Sonderdruck aus Nr. 46 der Münchener Medizinischen Wochenschrift. Preis in farbigem Umschlag Mk. 1,50.

Prof Ewald hat dem vom bischöfl. Ordinariat Regensburg beauftragten Gutachter (Dr. Seidl) als Psychiater und Naturwissenschaftler seine Unterstützung geliehen. Sein Gutachten ist in das von Dr. Seidl hineingearbeitet und hat so dem Ordinariat mit als Grundlage für seine Entscheidungen vorgelegen.

Das Ergebnis:

Die Stigmata sind **höchstwahrscheinlich** echt und durch seelisches Erleben hysterischer Art bedingt. Unerklärt und unerklärlich ist aber das behauptete monatelange Hungern bei zeitweiser Gewichtszunahme. **Die Wissenschaft kennt keine Wunder,** keine Durchbrechung des Kausalzusammenhangs Hier kann nur Überwachung in einer neutralen Klinik letzte Klarheit bringen.

Die Schrift ist in ihrer ruhigen Sachlichkeit endlich die objektive Grundlage für eine gerechte Beurteilung des „Wunders von Konnersreuth".

Postkarte

Firma

J. F. Lehmanns Verlag

München

Paul Heyse-Str. 26

Abb. 74: Werbung für das Büchlein „Untersuchungsbericht von Prof. Dr. Ewald". [HL, 25]

Untersuchungsbericht des Dr. Ewald

Dr. Seidl hatte Prof. Dr. Gottfried Ewald gebeten, ihn bei den neurologisch-psychiatrischen Aspekten der Untersuchung zu unterstützen. Dr. Ewald war dafür an zwei Tagen in Konnersreuth. Er untersuchte Theres am 28. Juli 1927, dem letzten Tag der Überwachung der Nahrungslosigkeit, und beobachtete am Folgetag Resls Freitagsekstase.

Entgegen aller Absprachen veröffentlichte Dr. Ewald einen „Untersuchungsbericht und Gutachten" mit den Ergebnissen der Überwachung und den Einzelheiten der ärztlichen Untersuchungen in der „Münchner Medizinischen Wochenschrift". Dabei gab er neben den genauen Untersuchungsergebnissen und Messwerten auch intimste Informationen bekannt. Er beschrieb sogar Resls Schambehaarung, was besonders zur damaligen Zeit skandalös war. Kurz nach der Veröffentlichung im genannten medizinischen Fachblatt brachte Dr. Ewald seinen Bericht als kleines Buch heraus. Damit verstieß er massiv gegen die ärztliche Schweigepflicht. „*Ewald führte also eine Veröffentlichung gegen alle Regeln des ärztlichen Anstandes durch*", schreibt dazu Dr. Josef Klosa in seinem Buch „Das Wunder von Konnersreuth in naturwissenschaftlicher Sicht". (GE, 20; JK, 106)

Dr. Ewald untersuchte Resl nur einmal, worüber er nicht viel hätte schreiben können. Grundlage für seinen

Bericht war vor allem das Gutachten von Dr. Seidl, das er „*spaltenweise wörtlich … ohne das durch Anführungszeichen kenntlich zu machen*“ nutzte. (FG1, 60)

Er beschränkte sich in seinem Büchlein nicht auf die Inhalte des Gutachtens von Dr. Seidl und die Ergebnisse seiner eigenen Untersuchung. Wohl um genügend Stoff für ein kleines Buch zu bekommen, berichtete er auch vom Leben der Resl und ihrem Unfall im Jahr 1918, stellte Mutmaßungen über Resls lange Krankheit an, beschrieb Resls Heilungen und das Auftreten der Stigmen.

Der Bericht von Dr. Ewald ist gespickt mit versteckten und offenen Gehässigkeiten und Unterstellungen. Professor Wutz, der sich viel mit dem Aramäisch-Phänomen der Resl befasst hat, soll zum Beispiel etwas „*in die Kranke hineinkatechiert haben*“. Die Eltern der Resl beschrieb Ewald respektlos – man kann es auch beleidigend nennen: „*Der Vater machte den Eindruck eines strengen, hartköpfigen Mannes, mit dem sich nicht gut reden läßt, von fast verbohrtem bäuerlichen Selbstbewußtsein. … Die Mutter erschien als eine zugänglichere pyknisch-hypomanische Natur, entbehrt aber auch nicht einer gewissen, leicht mißtrauisch zurückhaltenden Bauernschlauheit.*“ (GE, 5, 3; JK, 106)

So schnell „im Vorbeigehen“ stellte Dr. Ewald für die Mutter der Resl die Diagnose Hypomanie. Er sah sich verpflichtet, ihm zugetragene, durch nichts belegbare Gerüchte zu veröffentlichen: „*Doch kann ich nicht verschweigen, dass uns brieflich von einer die Familie Neumann angeblich gut kennenden Seite mitgeteilt wurde, daß mancherlei psychopathische Abwegigkeiten in der weiteren und näheren Verwandtschaft vorgekommen seien.*“ Durch die Veröffentlichung von ihm zugetragenen Gerüchten, die die Familie diskreditieren sollten, hat Ewalds Bericht jeden Anspruch auf einen wissenschaftlichen Charakter verloren. (GE, 3)

Diese abfällige und respektlose Ausdrucksweise des Dr. Ewald kritisierte auch Dr. Klosa: „*Seine Ausführungen klingen gegenüber der Patientin herablassend, oft auch höhnisch belustigt, wie: ‚Auf etwas mehr oder weniger kam es ja schließlich bei ihrem Zustand nicht mehr an‘, oder ‚vielleicht fragte sie die kleine Therese auch auf eigene Faust, das kann ich nicht mehr verbürgen‘. Hier ist nichts Wissenschaftliches mehr! Solche eigenartigen Passagen in einer psychiatrischen Arbeit sind peinlich und unverständlich.*“ (JK, 107)

Obwohl Dr. Ewald danach suchte, konnte er, wie alle Ärzte, die Resl untersucht haben, keinerlei Betrug feststellen. Er hatte aber für viele Phänomene einfache Erklärungen parat. Resls Stigmen waren nach seiner Meinung durch die Einbildungskraft der Resl entstanden, was er mit Fachausdrücken ausschmückte: „*Blutungen der verschiedensten Art konnten auf suggestivem und hypnotischem Weg erzeugt werden. … Voraussetzung ist dabei immer eine besonders vegetativ-nervöse empfindliche Konstitution, die … zumeist schon in mehr oder weniger starker Neigung zu hysterischen Mechanismen einige Zeit vorher ihren Ausdruck gefunden haben dürfte, wie es auch bei Therese Neumann der Fall war.*“ (GE, 31)

Viele seiner Behauptungen baute Dr. Ewald auf eine angebliche Hysterie der Theres auf. Wie er zum Befund

„Hysterie" gelangte, ist in seinem Buch nicht zu finden. Das fiel auch Dr. Klosa auf, der zu Ewalds Behauptungen, Resl wäre krankhaft hysterisch gewesen, bemerkte: „*… man muß mühsam suchen, woher er die Beweise dafür nimmt. Die allerdings fehlen. Dafür finden wir in nahezu jeder fünften Zeile eigenartige Vokabeln wie ‚ganz hysterisch zweckhaftes Verhalten', … ‚echt übertrieben hysterische Reaktion', ‚hysterische Krämpfe', … ‚zweifellos hysterische Blindheit', … ‚rein hysterische Lähmung', … ‚deutliche hysterische Zweckreaktionen' …*" Dr. Klosa wies insbesondere darauf hin, dass sich ein Psychiater mindestens 100 bis 200 Stunden mit einem Patienten beschäftigen müsste, um eine solche Diagnose stellen zu können. (JK, 112)

Dr. Klosa berichtete von einer „*äußerst scharfen Erwiderung*", die Dr. Seidl, der die Überprüfung der Nahrungslosigkeit federführend überwacht hatte, auf die Aussagen von Dr. Ewald abgegeben hat: „*Sanitätsrat Dr. Seidl sah sich als jahrelanger Arzt der Therese verpflichtet, am 22.11.1927, also nur wenige Tage nach Veröffentlichung der Ewald'schen Arbeit, in Bezug auf seine Hysterieausführungen eine äußerst scharfe Gegenerklärung zu bringen. Es heißt hier: ‚Der von Herrn Professor Ewald gebrachte Nurhysterie-Erklärungsversuch mag wohl der Standpunkt eines großen Teiles derjenigen ärztlichen Wissenschaftler sein, die akademische Lehrstühle einnehmen … Ein großer Teil ernster und durchaus beachtlicher Wissenschaftler, mögen sie auch Weltanschauungsfragen untereinander trennen, steht dem ganzen Fragenkomplex, den das einfache Bauernmädchen aus dem vergessenen Oberpfälzer Winkel der aufgeklärten Welt vorlegt, ganz anders gegenüber. Sie lehnen die Nurhysterie-Erklärung glatt ab und nehmen objektiv und einwandfrei beobachtete und festgestellte Tatsachen zunächst auch dann hin, wenn sie den akademisch-wissenschaftlichen nicht entsprechen.'*" Den Begriff „Hysterie" hatte Dr. Seidl ursprünglich selbst in einem Gutachten genutzt, um sicherzustellen, dass Resl eine Invaliditätsrente bekommt. Gegenüber Ennemond Boniface erklärte er, dass er „*diese Dummheit niemals begangen hätte*", wenn er gewusst hätte, wofür sein Befund herangezogen wird. Dr. Seidl war sich sicher, dass Resl auf keinen Fall hysterisch war. (JK, 113; EB, 65-67)

Dass Resl während der Beobachtung an den Ekstasetagen erheblich Gewicht verlor und dieses Gewicht in kurzer Zeit ohne Zufuhr von Nahrung oder Wasser wieder aufgebaut hat, konnte sich Dr. Ewald nicht mit seiner „Hysterie-Theorie" erklären: „*… diese pfundweise Gewichtszunahme aus Nichts läßt sich einfach nicht erklären; denn aus Nichts wird nichts und bei den großen Gewichtsunterschieden fällt es auch schwer an Wägfehler zu glauben.*" (GE, 40)

Diese von ihm getroffene Aussage stand im Widerspruch zu seinem Motto „*Die Wissenschaft kennt keine Wunder*". Deshalb stellte er sie an einer anderen Stelle seines Berichts wieder in Zweifel: „*Angesichts dieser Tatsachen kann ich trotz aller Anerkennung der offenbar ehrlichen Bemühungen exaktester Beobachtung von allen Seiten nicht über den Eindruck hinweg, daß hier irgend etwas nicht stimmt. Ich selbst habe bei Annahme, daß die Beobachtung wirklich streng durchgeführt wurde, ein*

Noch einige Worte über die Mallersdorfer Schwestern selbst. Sie machten einen außerordentlich guten Eindruck und waren geschickt ausgewählt, medizinisch geschult, so daß sie durch die Erscheinungen nicht leicht düpiert werden konnten, eine frühere Operationsschwester, eine Röntgenschwester, eine Zahnarztschwester und eine stenographiegewandte Schwester. Sie ließen sich auch durch den Anblick der Ekstasen nicht verblüffen, waren beim Heraustreten des ersten Blutstropfens aus den Augen sofort mit dem Objektträger bei der Hand, haben alle Anordnungen des Kollegen Seidl aufs Pünktlichste befolgt, arbeiteten stets zu zweit und ließen Therese während der 14 Tage keine Sekunde aus dem Auge, ...

Abb. 75: Dr. Ewald bescheinigte den Mallersdorfer Schwestern hohe Kompetenz. (GE, 6)

Der Nahrungsaufnahme wurde während der ganzen Beobachtungsdauer die größte und angespannteste Aufmerksamkeit zugewendet. Die darauf gerichteten Punkte der Instruktion, die auf das Waschen, auf die Darreichung des Mundwassers etc. sich bezogen, wurden auf das strikteste eingehalten. Trotz der angestrengtesten Beobachtung konnte nicht ein Mal beobachtet werden, daß die Th. N., die keine Sekunde allein war, etwas zu sich nahm, oder irgendwie versuchte, etwas zu sich zu nehmen. Das Bett der Beobachteten wurde nicht nur beim Beginn der Beobachtung einer strengen Untersuchung unterzogen, sondern es wurde auch jeden Tag nicht etwa durch die Angehörigen, sondern durch die Schwestern gemacht. Weder der Arzt noch die Schwestern meinten annehmen zu können, daß in Bezug auf Nahrungsaufnahme ein Beobachtungsfehler unterlaufen konnte.

Abb. 76: Dr. Ewald beschrieb die lückenlose Überwachung der Resl. (GE, 36)

Loch in der Beobachtungsanordnung zwar nicht entdecken können; aber es muß ein solches noch vorhanden sein, es kann den Schwestern innerhalb des Konnersreuther Milieus so gut entgangen sein, wie mir.“ (LM25, GE, 41)

Selbst wenn es in der mehrfach bestätigten gründlichen Überwachung ein „Loch“ gegeben haben sollte, könnte es unmöglich so groß gewesen sein, um Resl vierzehn Tage lang so mit Nahrung zu versorgen, dass sie ihr Gewicht halten und nach den Ekstasetagen innerhalb kurzer Zeit sechs Pfund zunehmen konnte. Selbst wenn Resl irgendwie hätte heimlich essen können, wäre heimlicher Stuhlgang nicht möglich gewesen. Dass dies nicht der Fall war, bestätigte Dr. Ewald in seinem Bericht: „*Kot wurde während der Beobachtungszeit überhaupt nicht entleert.*“ (GE, 36)

Gerade weil Professor Dr. Ewald nicht an Wunder glaubte und weil er wollte, „*daß der Kult, der mit Therese Neumann getrieben wird und der eine Gesundung der Kranken verhindert, endlich einmal ein Ende findet*“, sind seine Aussagen zur Überwachung und zu Resls Stigmen besonders wertvoll: (GE, 42)

- Er betonte die hohe Kompetenz der mit der Überwachung beauftragten Schwestern und bescheinigte, dass die Schwestern Resl lückenlos überwacht haben (siehe Abb. 75 und 76).
- Wie bereits erwähnt, bestätigte er eine Gewichtszunahme innerhalb von kurzer Zeit ohne Zufuhr von Nahrung und Wasser. (GE, 40)
- Dr. Ewald stufte die Stigmen als echt ein. Er nannte in seinem Bericht acht Gründe, warum er „*einen Betrug bei der Stigmatisation … für ausgeschlossen hielt*“. Zusätzlich bezog er sich bei seiner Meinung, dass die Stigmen echt sind, auf die Beobachtungen von Dr. Seidl und des Erlanger Professors Dr. Molitoris. Beide hatten das Auftreten der Stigmen beobachtet und das Blut untersuchen lassen. (GE, 29-30, 24)

Forderungen nach neuer Untersuchung

Erste Forderung 1928 (JH2, 454, 455, 493)

Bischof Antonius von Henle, der die Überwachung der Nahrungslosigkeit veranlasst hatte, starb am 11. Oktober 1927. Ab März 1928 leitete Bischof Michael Buchberger die Diözese Regensburg. Mitte 1928, also etwa ein Jahr nach der 15-tägigen Überwachung, forderte der neue Bischof eine Untersuchung der Resl. Das geht aus einem Brief hervor, den Resls Vater am 7. Oktober 1928 als Reaktion auf diese Forderung an Bischof Buchberger geschickt hat.

Nachdem Pfarrer Naber, Resl selbst und der österreichische Bischof Waitz *„immer wieder versuchten"*, ihn, wie er schrieb, *„umzustimmen, wegen der Verbringung meiner Tochter in ein Kloster oder Klinik"*, fühlte sich Vater Neumann veranlasst, *„nun einmal zu schreiben um Ruhe zu bekommen"*.

Im Brief an den Bischof verwies Vater Neumann auf die ausführliche 15-tägige Überwachung seiner Tochter und das vom *„bischöflichen Ordinariat amtlich bekundete Ergebnis, „daß die Beobachtung in einem Spitale oder in einer Klinik auch keinen besseren Erfolg hätte bringen können"*. Außerdem wies er darauf hin, dass ihm der Vertreter des Bischofs, Generalvikar Scheglmann, vor der Überwachung 1927 persönlich zugesagt hatte, es würde keine weitere Untersuchung mehr geben. Der Generalvikar erinnerte sich zwar später nicht mehr an diese Aussage, Ferdinand Neumann war sich jedoch so sicher, dass er dies *„jederzeit mit Eid bewiesen hätte"*.

Dass die Versuche, den Vater zur Zustimmung zu bewegen, auf Initiative des Bischofs erfolgt waren, dürfte sicher sein, da Vater Neumann ihm genau dies vorhielt: *„Und nun stellen sie von neuem wieder die Forderung meine Tochter zur Untersuchung herauszugeben."*

Er stellte klar: *„Ich stehe auf dem unerschütterlichen u. festen Standpunkt, solange ich ein offenes Auge habe, daß ich meine Tochter niemals mehr herausgeben werde, selbst wenn sich die ganze Welt erheben werde."*

Forderung der bayerischen Bischofskonferenz im Herbst 1932

Am 7. Oktober 1932 befasste sich die bayerische Bischofskonferenz mit Theres Neumann und forderte sie auf, sich in einer Klinik untersuchen zu lassen. Dies wurde am 16. Oktober 1932 im Regensburger Dom verkündet: *„Die bayerischen Bischöfe haben auf jener Konferenz den Beschluß gefasst, Therese Neumann und ihre Eltern aufzufordern, daß die Stigmatisierte von Konnersreuth sich einer neuerlichen Untersuchung in einer Universitätsklinik stelle. … Wenn sie nicht darauf eingehen … sei es selbstverständlich, daß die Kirche sich nicht weiter damit beschäftigen könne …"* (FRL6, 155)

Der Beschluss der Bischofskonferenz erfolgte in einem auffälligen zeitlichen Zusammenhang mit Aktivitäten des Lippstädter Chirurgen Dr. Josef Deutsch. Dadurch liegt die Vermutung nahe, dass die Forderung der Bischöfe auf die damaligen Aktivitäten des Dr. Deutsch zurückzuführen war.

Dr. Deutsch, über den ausführlich im Kapitel „Gegner der Resl" berichtet wird, hatte im Jahr 1932 ein

68-seitiges, gebundenes, maschinenschriftliches Manuskript an Personen, die sich mit Konnersreuth beschäftigten, unter ihnen viele Bischöfe, verschickt. Wie schon aus dem Titel seines Manuskripts, „*Um Konnersreuth. Ärztliche Kritik an Dr. Fritz Gerlichs Buch: Die Stigmatisierte von Konnersreuth*“ ersichtlich, greift Dr. Deutsch darin Dr. Gerlich an, der 1929 zwei Bücher veröffentlicht hatte: „Die stigmatisierte Therese Neumann von Konnersreuth, Teil 1 – Die Lebensgeschichte der Therese Neumann“ und „Teil 2 – Die Glaubwürdigkeit der Therese Neumann von Konnersreuth“. Der weit überwiegende Teil des Werks von Dr. Deutsch besteht darin, zu versuchen, mit medizinische Fachbegriffen die Ausführungen, die Dr. Gerlich über Resls Krankengeschichte gemacht hatte, zu widerlegen. Wohl kaum einer der Bischöfe, denen Dr. Deutsch das Buch geschickt oder übergeben hatte, wird dazu fähig gewesen sein, den medizinischen Fachjargon zu beurteilen. (JD1)

Dr. Deutsch war nie persönlich in Konnersreuth, um sich selbst ein Bild von derjenigen zu machen, die er massiv angriff. Um sein Manuskript persönlich beim Bischof zu überreichen, nahm er aber den Weg von Westfalen nach Regensburg auf sich. Das geht aus einem handschriftlichen Vermerk auf der Titelseite des Exemplars in der Bischöflichen Zentralbibliothek Regensburg hervor. (JD1)

An einigen Stellen seines Werks fordert Deutsch, „*dass die angeblichen wunderbaren Geschehnisse von Konnersreuth einer erneuten Prüfung unterzogen werden müssen*“. Passagen mit diesen Forderungen wurden im Exemplar des Regensburger Ordinariats von einem Leser handschriftlich, teilweise mit „!“, markiert: „... *Hat da nicht der Katholik alle Veranlassung, auf eine entsprechende Klarstellung zu drängen? Wenn sie verweigert wird, nun, dann kann die katholische Kirche sich genügend von der Angelegenheit Konnersreuth distanzieren und kann verhindern, dass Konnersreuther Apostel versuchen, das Problem Konnersreuth mit dem Katholizismus zu identifizieren. ... Die Aufgabe, die ich mir stellte, ist weiter die, vom medizinischen Standpunkte aus, den Nachweis zu führen, dass eine Prüfung des Problems Konnersreuth unbedingt notwendig ist, dass die Beobachtung in Konnersreuth vom 14. Juli bis 18. Juli 1927 nicht genügt, dass sie nur zu einem non liquet* [„es ist nicht klar“] *geführt hat.*“ Hier fällt auf, dass Dr. Deutsch als Zeitraum für die durchgeführte Überwachung fünf Tage angegeben hat. Da es äußerst unwahrscheinlich ist, dass ihm die tatsächliche, dreimal so lange Überwachungsdauer nicht bekannt war – Resl wurde bis zum 28. Juli überwacht – drängt sich der Verdacht auf, Dr. Deutsch wollte die Leser hier täuschen. (JD1, 57, 58, 65)

Die Konsequenz, die von der Bischofskonferenz bei Verweigerung der Zustimmung zu einer neuen Untersuchung angedroht wurde, nämlich „... *sei es selbstverständlich, daß die Kirche sich nicht weiter damit beschäftigen könne*“, stimmt im Wesentlichen mit der von Dr. Deutsch geforderten Konsequenz „... *kann die katholische Kirche sich genügend von der Angelegenheit Konnersreuth distanzieren* ...“ überein. Diese Tatsache, die handschriftliche Kennzeichnung im von Dr. Deutsch im bischöflichen Ordinariat abgegebenen Manuskript und die im letzten Teil dieses Kapitels geschilderten Kontakte zwischen Dr. Deutsch und dem Regensburger Bischof Buchberger sind Indizien dafür, dass der Beschluss der Bischofskonferenz, Resl aufzufordern in eine Universitätsklink zu gehen, auf die Aktivitäten des Dr. Deutsch zurückzuführen war.

Die Androhung, die Kirche würde sich „*von der Angelegenheit Konnersreuth distanzieren*", dürfte die Familie Neumann nicht sonderlich geschreckt haben. Man hatte die Kirche nie aufgefordert, sich mit Theres zu beschäftigen oder, wie Vater Neumann an den Bischof geschrieben hat: „*Wir haben nie jemanden eingeladen, Resl zu besuchen und haben auch nie verlangt, daß jemand die Konnersreuther Sache glaubt …*" (JH2, 474)

Theres war keine Ordensfrau und stand in keinerlei Abhängigkeitsverhältnis zur Kirche. Wie damals schon verschiedene Kirchenrechtler feststellten, gab es keine rechtliche Grundlage, nach der die Bischofskonferenz und die kirchlichen Behörden eine Forderung nach einer Untersuchung der Theres hätten stellen können.

Obwohl Resl nicht dazu verpflichtet war, wollte sie den Wunsch der Bischöfe erfüllen und sich in einer Klinik untersuchen lassen. Da die neue Aufforderung von der Bischofskonferenz ausgesprochen worden war, gab auch Resls Vater am 17. Oktober 1932 seine grundsätzliche Zustimmung. Er stellte dafür einige Bedingungen, die seine Tochter während des Klinikaufenthalts schützen sollten. Diese Bedingungen, von denen die drei wichtigsten in Abb. 77 aufgeführt sind, hatte er

Prof. Wutz freute sich, als er von dem Vorgang hörte, daß man nicht bedingungslos ja gesagt habe, und beriet mit dem Vater die Bedingungen, die er stellen sollte. Die hauptsächlichsten waren (nach der Erzählung des Vaters): 1. Es darf nicht experimentiert werden; Theres darf nur beobachtet werden. 2. Die Mutter oder eine leibliche Schwester darf während der ganzen Beobachtungszeit bei Resl im Zimmer bleiben und wohnen, um umgekehrt für das Elternhaus zu kontrollieren, daß nicht mit ihr experimentiert würde. 3. Es muß Gewähr gegeben sein, daß Resl täglich kommunizieren könne. Diese Bedingungen wurden nach Regensburg mitgeteilt. Es kam jedoch von dort der Bescheid zurück, daß keine Bedingungen angenommen würden.

Abb. 77: Vater Neumann nannte Johannes Steiner seine wichtigsten Bedingungen für eine Klinikeinweisung. (JS1, 70)

mit dem Eichstätter Professor Wutz und dem Kirchenrechtler Professor Lechner abgestimmt. Anscheinend waren dem Bischof diese Bedingungen zunächst plausibel, was aus einem Brief von Vater Neumann an den Bischof vom 23.01.1933 hervorgeht: „*Hab ja schon … ausführlich meine Bedingungen geschrieben. … Haben ja Sie selbst H. H. Bischof von berechtigten Wünschen geschrieben.*" Der Bischof lehnte die Bedingungen dann jedoch ab. (JT, 357; FRL2, 9; JH2, 466)

Der Vater hatte gute Gründe, Bedingungen zum Schutz seiner Tochter zu stellen, da er Schlimmes befürchten musste. Er hatte gehört, wie sich zwei Ärzte in seinem Haus unterhielten: „*Wenn er erst mal seine Tochter in eine Klinik bringt, dann machen wir ihr katholische Injektionen, dass sie daran denken soll.*" (JT, 85)

Auch seine bisherigen Erfahrungen bestärkten ihn, auf den Bedingungen zu beharren. Wie am Anfang dieses Kapitels beschrieben, wurde bei der ersten Überwachung sein Vertrauen von Dr. Ewald grob missbraucht, da dieser ein Buch mit dem Untersuchungsbericht veröffentlicht hatte und dieses Buch intime Details und beleidigende Aussagen zur Familie Neumann enthielt. Bei bisherigen Untersuchungen hatte man gesundheitsgefährdende Experimente mit Resl gemacht. Man blendete sie während einer Vision mit einem so grellen Licht, dass sie, wäre sie im gewöhnlichen Zustand gewesen, erblindet wäre. Ein anderer Arzt träufelte ihr schädliche Flüssigkeit in die Augen. (JT, 85-86)

Nicht nur die Professoren Wutz und Lechner, mit denen Vater Neumann die Bedingungen für einen Klinikaufenthalt erarbeitet hatte, waren froh, dass er auf diesen Bedingungen beharrte. Der Eichstätter Bischof Rackl bat Vater Neumann um einen Besuch, um ihn dazu zu ermuntern, nicht in eine nochmalige Untersuchung einzuwilligen. Bischof Konrad Graf von Preysing von Berlin, der 1946 zum Kardinal ernannt wurde, freute es, dass Vater Neumann *„einen so harten Kopf hat“*. Der Bischof war sich sicher, dass nach einer Untersuchung weitere Forderungen gestellt worden wären, da ein Arzt dem anderen Arzt nicht glauben würde. (JS1, 71; FRL2, 15)

„Befehl" des Vatikans Ende 1936

Am 10. Dezember 1936 kamen zwei Domherren aus Regensburg nach Konnersreuth und zeigten der Familie Neumann ein Dekret des Heiligen Offiziums in Rom (das entspricht der heutigen Glaubenskongregation) mit einer ausdrücklichen Anordnung, dass sich Resl in einer Klinik untersuchen lassen muss. Das Auftreten der beiden Domherren muss recht massiv gewesen sein. Wie Vater Neumann an den Bischof in Regensburg berichtete, hatten die Domkapitulare erklärt, dass ein *„Befehl“* von Rom gekommen sei, und drohten den Neumanns mit Exkommunikation, wenn sie dieser Anordnung nicht Folge leisten würden. Vater Neumann teilte dem Bischof mit, dass er einem der beiden Domkapitulare Hausverbot erteilte, da sich dieser rücksichtlos gegenüber seiner herzkranken Frau benommen hatte. (JS1, 67; JH2, 471, 472)

Lag schon bei der Forderung der bayerischen Bischofskonferenz im Jahr 1932 die Vermutung sehr nah, dass man diese auf die Aktivitäten des Dr. Deutsch zurückführen konnte, so war die im Jahr 1936 ausgesprochene, massive Forderung, Resl müsse in eine Klink, sicher die Folge eines neuen Vorstoßes von Dr. Deutsch. Das geht aus einem Schreiben von Pfarrer Naber an Erzbischof Teodorowicz hervor.

Erzbischof Josef Teodorowicz aus Lemberg hatte im Jahr 1936 ein 535-seitiges Buch „Konnersreuth im Lichte der Mystik und Psychologie“ veröffentlicht. Der Erzbischof war dafür mehrmals in Konnersreuth, hatte Resl ausführlich beobachtet, sie und ihr Umfeld mehrmals befragt und hatte fast drei Jahre lang an dem Buch gearbeitet. (MR, 22-23; I-08-01)

Dr. Deutsch, der im Gegensatz dazu nie in Konnersreuth war, schrieb im August 1936 einen „offenen Brief“

an den Lemberger Erzbischof, in dem er ihn und seine Aussagen zu Konnersreuth massiv diffamierte. Es handelte sich dabei um keinen „Brief", sondern um das 41-seitige kleine Buch „Wie steht's um Konnersreuth?", das Dr. Deutsch, wie schon sein Werk gegen Dr. Gerlich, an Kirchenfürsten verschickt hatte. An vielen Stellen im Buch griff Dr. Deutsch auch Resl und ihre Eltern an, warf ihnen Geltungsbedürfnis und Betrug vor und forderte mehrmals *„endlich eine Prüfung der Nahrungslosigkeit"*. (JD2, 26 ,41)

Pfarrer Naber informierte am 11. November 1936 mit seinem in Abb. 78 auszugsweise abgedrucktem Brief den Lemberger Erzbischof Teodorowicz über die Reaktion von Bischof Buchberger auf den „offenen Brief" des Dr. Deutsch: *„Bischof Buchberger scheint durch die unverschämte Broschüre geschreckt zu sein u. erklärt in einem Schreiben an mich ‚eine einwandfreie Untersuchung der Nahrungslosigkeit der Th. N. für eine Gewissenspflicht der Familie Neumann'."*

Etwa zu der Zeit, zu der Pfarrer Naber den Erzbischof über die „geschreckte Forderung" des Regensburger Bischofs informierte, wurde, wie Pfarrer Naber es ausdrückte, *„von irgendeiner Seite die Frage einer Untersuchung an das Heilige Offizium in Rom herangetragen"*, was dann zum „Befehl aus Rom" geführt hat. (Z-08-05)

Es stellt sich die Frage, wer die von Pfarrer Naber genannte „*Seite*" war, die das Heilige Offizium in Rom eingeschaltet hatte. Im „Korrespondenz-Blatt für den Katholischen Klerus Österreichs" erschien am 25. Oktober 1937 der sehr lange Artikel *„Kritisches von Konnersreuth"* von Dr. Deutsch aus Lippstadt. Darin schrieb er: *„Dr. Buchberger hat seit vielen Jahren immer wieder zu erreichen versucht, daß Th. Neumann sich einer wirklichen wissenschaftlichen Untersuchung in einem Krankenhaus unterziehe. Er hat dieses, wie ich bestimmt weiß, bis in die letzte Zeit getan. … Als der Bischof nichts erreichen konnte, ist die Angelegenheit Konnersreuth seit Anfang dieses Jahres dem heiligen Offizium in Rom übergeben worden."* Wie von Dr. Deutsch angedeutet und wie später noch erläutert wird, stand Dr. Deutsch in Kontakt mit Bischof Buchberger und war über dessen Aktionen informiert. Aus dem letzten zitierten Satz dürfte demnach zu schließen sein, dass die Initiative, die zum „Befehl aus Rom" führte, vom Regensburger Bischof Buchberger ausgegangen war. (Z-08-06)

Resl selbst war auch Ende 1936 sofort bereit, in eine Klinik zu gehen. Eine entsprechende Erklärung, die ihr die Überbringer das Dekrets aus Rom vorlegten, unterschrieb sie sofort und bedingungslos. Als Resl das später ihrem Vater beichtete, war dieser so verärgert, dass Pfarrer Naber sie gegenüber ihrem Vater in Schutz nehmen musste. (PR, 123-124)

Wie schon 1932 war Vater Neumann mit einer Untersuchung einverstanden, wenn die Bedingungen für Resls Sicherheit erfüllt würden. Das führte zu einem längeren Schriftwechsel zwischen Konnersreuth und Regensburg und zum Bruch mit dem Bischof. Dieser Schriftwechsel wird am Ende dieses Kapitels unter der Überschrift „Bruch mit dem Bischof" betrachtet.

Konnersreuth, den 11. Nov. 36.

E x c e l l e n z !

Hochwürdigster Herr Erzbischof !

Excellenz haben ja wohl zunächst den offenen Brief des H. Dr. Deutsch gegen Ihr Buch über Theres Neumann erhalten. ...

... Aus dem Buche Euerer Excellenz,

... habe ich ... zu meiner grossen Freude eine so wohlwollende Einstellung zu Theres Neumann u. den ausserordentlichen Vorgängen, deren Trägerin sie ist, ersehen können, wie sie wohl nicht sehr viel in solchen Kreisen zu finden ist. Diese Einstellung hat einen alten schon von Dr. Gerlich bekämpften Feind der Th. N. auf den Plan gerufen, den Arzt Dr. Deutsch, der niemals hier gewesen. Über dieses "ungezogene Pamphlet", wie dessen offenen Brief ein deutscher Bischof nannte, mit seiner "empörenden Verdächtigung der Theres Neumann" über dieses "Sammelsurium von Verleumdungen, Lügen, Verdrehungen u. Beleidigungen", wie mir ein Schriftsteller aus dem Dominikanerorden schreibt, habe ich an den H. H. Bischof in Regensburg ein über 20 Seiten langes Stellungnahmeschreiben gerichtet Bischof Buchberger scheint durch die unverschämte Broschüre geschreckt zu sein u. erklärt in einem Schreiben an mich "eine einwandfreie Untersuchung der Nahrungslosigkeit der Th. N. für eine Gewissenspflicht der Familie Neumann". ...

Ein Oberpfarrer aus Freiburg i. B. hat mir einen Ausschnitt aus dem dortigen Diöcesankirchenblatt /Konradsblatt/ übersandt, in dem steht: "Das bischöfliche Ordinariat Regensburg bedauert sehr das Erscheinen des Buches "Konnersreuth im Lichte der Mystik und Psychologie" von Erzbischof Dr. Josef Teodorowicz. Gegen diese Veröffentlichung konnte der katholische Arzt Dr. Josef Deutsch ernste Bedenken geltend machen."

...

In tiefster Ehrfurcht verbleibe ich

Euerer Excellenz ergebenster

Naber, Pfr.

Die Haltung des Ordinariats bereitete Resl schlaflose Nächte

Das Misstrauen und die Forderungen des bischöflichen Ordinariats bereiteten Resl große Sorgen. Am 22. Febr. 1937 schrieb sie an den befreundeten Professor Wutz: „*… In letzter Zeit bekommen wir verschiedene Briefe, wo die Leute schreiben, daß die Gegner schon schreien vom Schwindel, weil man niemand zu mir läßt. Dies regt mich nicht auf. Die haben Zeit. Aber wenn man immer wieder hört, daß man im Ordinariat recht abfällige Bemerkungen macht, so wird man nachdenklich. Ich sag mir immer wieder: ‚Was hast denn eigentlich angestellt, daß du so behandelt wirst.' Ja eigentlich nix, muß ich mir sagen. Für den lb. Heiland u. die Kirche habe ich die 10 Jahre gelitten u. gearbeitet u. geblutet. Und meine Eltern haben im gleichen Sinne die Opfer mit den vielen Leuten gebracht. Dafür wird uns jetzt der Ausschluß von der Kirche gedroht. Ist furchtbar Herr Professor, wenn man in Schmerzen daliegt u. nicht schlafen kann; da grübelt man halt. Beten kann man auch nicht immer … Ich möchte nur, daß meine lb. Eltern u. ich wie der letzte und armseligste Diözesan behandelt würden …*" (JS1, 77-78)

Umwandlung des „Befehls" zum „Wunsch"

Genau zur richtigen Zeit schrieb Kardinal Karel Kašpar von Prag, der Resl schon als Bischof besucht hatte, an Pfarrer Naber, dass er nach Rom reise und ob man in Konnersreuth irgendwelche Wünsche hätte. Nachdem ihm Pfarrer Naber die Situation geschildert hatte, setzte sich der Kardinal in Rom erfolgreich für Konnersreuth ein. (JS1, 70)

Das Heilige Offizium beauftragte am 4. August 1937 Bischof Buchberger, die Resl zu einer neuen Untersuchung e i n z u l a d e n, ohne ihr einen förmlichen Befehl zu erteilen. Auch der „Einladung" zu einer Klinikeinweisung stimmte Resls Vater nur unter der Voraussetzung zu, dass seine Bedingungen zum Schutz der Resl erfüllt werden. Da der Bischof die Bedingungen nicht zuließ, war Resl in einem großen Gewissenskonflikt: Sie wollte den Wunsch der Kirche befolgen, um nicht von ihr verstoßen zu werden, es kam für sie aber nicht in Frage, ihre Eltern zu belügen. Letzteres hatten ihr die Domherren aus Regensburg beim Besuch im Dezember 1936 vorgeschlagen. (EB, 223)

In ihrer Verzweiflung bat Resl den Bischof um Rat

Die Situation zwischen Resls Vater und Pfarrer Naber auf der einen Seite und Bischof Buchberger auf der anderen Seite war, wie weiter hinten ausführlich beschrieben wird, eskaliert. In ihrer Not schrieb Resl am 21. November 1937 heimlich einen Brief an den Bischof und bat ihn um Rat und Hilfe. Sie war sogar bereit, ihre Eltern zu hintergehen, „*wenn es … die heilige Kirche will*" (siehe Abb. 79).

Vier Tage später antwortete der Bischof. Resl solle nicht gegen den Willen des Vaters handeln, weil sie in Bezug auf Wohnung und Pflege auf ihn angewiesen sei. Sie solle aber auf ihren Vater einwirken, damit er die

◀ **Abb. 78:** Auszug aus einem Schreiben von Pfarrer Naber an Erzbischof Dr. Teodorowicz (I-08-01)

… „Die beiden Domherren (scil. Wührl und Döberl im Dezember 1936), denen ich meine unterschriftliche Zusage gab, sagten mir, ich solle zu den Meinigen sagen, daß ich bloß eine Reise mache in die Schweiz oder irgendwohin. Darüber erschrak ich, denn so Ähnliches gab es bei uns nicht, wir waren von klein auf gewohnt, offen zu sein. In diesem Punkt widersprach ich darum den beiden Herren. Jetzt habe ich Angst, die Herren haben Ihnen etwa meine Unterschrift gar nicht gegeben, sonst hätten Sie doch an Professor Maier (Hochschulprofessor für Naturwissenschaft in Eichstätt) nicht geschrieben, daß ich mich geweigert habe, das Opfer zu bringen: So stehe ich vor Professor Maier als Lügnerin da. Zu ihm sagte ich heuer, daß mir eine neue Untersuchung recht sei und ich unterschrieben habe dafür. Und von Ihnen hörte er das Gegenteil. Denken Sie nur, wie peinlich das für mich ist…

… Geben Sie mir doch Bescheid, was ich tun soll? Geben Sie an mich selbst die Antwort, da Herr Pfarrer und die Eltern nichts wissen. Ich schreibe das nachts im Bett.

Ich bitte um Ihren Rat. Soll und darf ich mich von daheim heimlich fortschleichen zur Untersuchung? Wie soll ich es machen, da ich schwer gehen kann? Will es die Kirche so haben? Was soll ich nach der Untersuchung tun? Wohin soll ich dann gehen? Heim darf ich ja nicht mehr, da kenne ich meine Eltern zu gut. Und wer sorgt dann für mich, da ich keine Unfallrente mehr bekomme? Man braucht doch Kleider und vor allem eine warme Stube, da mich viel friert. Bitte geben Sie mir gleich Antwort und Rat.

Es ist nicht leicht für mich, die Eltern, denen ich so viel Dank schuldig bin, zu hintergehen. Mein Gewissen ist nicht ruhig bei dem Gedanken. Wenn es aber die heilige Kirche will, dann mache ich es doch, bloß müßten Sie die Verantwortung übernehmen. Ich getraue mir es nicht. Das vierte Gebot war uns von klein auf heilig.

Was habe ich doch der Kirche, zu der ich treu stehe, getan, daß sie mich so heimsucht, verfolgt und ausliefern will? Ich habe nur gelitten, geopfert und geblutet für ihre Interessen. Immer suchte ich ihr Seelen zuzuführen, Abtrünnige näher zu bringen, Gute zu stärken in dem schweren Kampf. Wie redete ich oft den Unzufriedenen gut zu und dachte nicht daran, daß ich auch selber noch von ihr verstoßen werde. Es ist schon hart und furchtbar. Da redeten die Leute oft von Gnade, die mir zuteil geworden sei. Ich sage: Strafe ist es, harte Strafe! Schwer ist es auch für meine liebe Familie, die so ungeheuere Opfer für mich gebracht hat, und für unsern guten Herrn Pfarrer …"

Abb. 79: Auszug aus einem Brief von Theres an Bischof Buchberger vom 21. November 1937. (PR, 125-126)

Erlaubnis zur Untersuchung gibt. Resls Konflikt zwischen der Gehorsamspflicht gegenüber ihren Eltern und der Gehorsamspflicht gegenüber der Kirche wurde durch die weiteren Ausführungen des Bischofs nicht geringer. Der Bischof setzte sie unter Druck, indem er dem Wusch aus Rom einem Befehl gleichsetzte: *„Ein Wunsch des Hl. Vaters in einer so wichtigen Sache muß doch für eine katholische Familie Befehl sein. An einer Weigerung müssen alle guten und braven Katholiken irre werden … Sie haben es zu verantworten, wenn der Kirche Betrug vorgeworfen wird, …"* (PR, 125-126, 124; JH2, 494)

Bischöfliche Erklärung im Dezember 1937 (StAAm1, 155)

Resl schaffte es nicht, ihren Vater zu überreden, dass er sie in eine Klinik gehen ließ. Er bestand weiter auf den Bedingungen, die seine Tochter während eines Klinikaufenthalts schützen sollten. Ein langer Schriftverkehr zwischen „Konnersreuth" und dem Bischof hatte mit einem Brief von Vater Neumann vom 24. November 1937 geendet. Dieser Brief besiegelte, wie unter der gleichnamigen Überschrift beschrieben, den „Bruch mit dem Bischof".

Im „Amtsblatt des Ordinariats Regensburg" vom 14. Dezember 1937 wurde eine Erklärung des Bistums verkündet, in dem der Bruch zwischen „Konnersreuth" und dem Bischof von Seiten des Ordinariats mitgeteilt wurde.

Es wurde erklärt, dass „Schriften" dafür ausschlaggebend waren, dass eine neue Untersuchung gefordert wurde: *„Die Schriften, die teils für und teils gegen die Aussagen der Therese Neumann sprechen, konnten und können eine letzte Klärung mit Sicherheit nicht bringen. Den Zweifeln um den Streit kann nur eine ärztlich geleitete und überwachte Untersuchung ein Ende bereiten, denn die Untersuchung vom Jahr 1927 konnte zwar den damaligen Tatbestand feststellen, aber keine Bestätigung oder Widerlegung sein für die Behauptung der Nahrungslosigkeit während der folgenden Jahre …"*

Das Ordinariat bestätigte damit das Ergebnis der 15-tägigen Überwachung von 1927. Warum dann „Schriften" – und dazu gehören vor allem die Manuskripte und Bücher von Dr. Deutsch – dazu führten, dass man unterstellte, die Situation der Nahrungslosigkeit hätte sich geändert, erschließt sich nicht. Es stellt sich die Frage: Was wäre passiert, wenn Resl sich 1932 oder 1937 in einer Klink untersuchen und überwachen hätte lassen? Wie lange hätte es gedauert, bis das Ergebnis dieser Überprüfung wieder in Zweifel gezogen und die nächste Untersuchung gefordert worden wäre?

Als Konsequenz daraus, dass Resls Vater keiner neuen Untersuchung bedingungslos zustimmte, wurde im Amtsblatt verkündet: „*Bei dieser Sachlage kann die kirchliche Behörde keine Verantwortung übernehmen für die Wirklichkeit der behaupteten Nahrungslosigkeit und für den Charakter sonstiger außergewöhnlicher Vorgänge in Konnersreuth. Bevor nicht durch eine neue Untersuchung Klarheit geschaffen ist, werden daher auch keine Erlaubnisscheine mehr ausgestellt zu Besuchen bei Therese Neumann.*"

Zu den Bedingungen des Vaters

Wie bereits dargestellt, hätte Vater Neumann 1932 und 1937 einer Klinikeinweisung der Resl zugestimmt, wenn seine Bedingungen zum Schutz seiner Tochter erfüllt worden wären. Bezüglich dieser Bedingungen gibt es widersprüchliche Aussagen. In einem Brief vom 30. Januar 1937, aus dem im letzten Teil dieses Kapitels noch zitiert wird, teilte Bischof Buchberger dem Heiligen Offizium mit, dass ihm die Bedingungen des Vaters nicht bekannt wären.

Schon im Jahr 1932 war aus dem Grund keine Überwachung der Resl erfolgt, weil die Bedingungen des Vaters abgelehnt wurden. In der bereits genannten bischöflichen Erklärung vom 14. Dezember 1937 war von Bedingungen die Rede: „*Therese Neumann hat sich zur Untersuchung bereit erklärt, aber ihr Vater hat sie bisher abgelehnt, beziehungsweise an unerfüllbare Bedingungen geknüpft.*" Wie kann man Bedingungen ablehnen oder als unerfüllbar bezeichnen, wenn man diese nicht kennt? (StAAm1, 155)

Eine Begründung, warum die Bedingungen des Vaters abgelehnt wurden, gab man weder 1932 noch 1937. Mehr als zehn Jahre später erhielt Ignaz Kosubek im bischöflichen Ordinariat eine diesbezügliche Auskunft. Ignaz Kosubek hielt von 1948 bis 1951 Vorträge über die Resl. Dabei wurde er immer wieder darauf angesprochen, Theres hätte dem Bischof den Gehorsam verweigert, weil sie sich nicht in einer Klinik überwachen ließ. Um dies nachzuprüfen, fuhr Kosubek nach Regensburg und sprach mit dem Generalvikar, der der Stellvertreter des Bischofs ist. Er bekam die Auskunft, Resl hätte sich schriftlich bereit erklärt, sich in einer Klinik beobachten zu lassen, ihr Vater hätte aber auf seinen Bedingungen bestanden und forderte vom Bistum als Garantie die eigenhändigen Unterschriften der Ärzte. Da die Ärzte eine solche Unterschrift nicht leisteten, konnte der Bischof die Bedingungen nicht akzeptieren. (IK, 42)

Gerade im Jahr 1937 hatte Resls Vater allen Grund, weiterhin auf seinen Bedingungen zum Schutz seiner Tochter Resl zu beharren. Resl und ihre Freunde waren den Nazis ein Dorn im Auge. Resl und ihre Familie hatten aus ihrer ablehnenden Haltung zum Nationalsozialismus keinen Hehl gemacht. Das Haus der Neumanns war durchsucht worden, Resls Freunde aus dem „Konnersreuther Kreis" wurden verhaftet, verfolgt und ermordet. Offen trauten sich die Nazis nicht gegen Resl vorzugehen, ein Klinikaufenthalt wäre eine Gelegenheit gewesen, um Resl auszuschalten. „*Wir bangten oft um Resl, daß man sie zur Untersuchung zwingt, um sie dann verschwinden zu lassen, wie es im Dritten Reich üblich war*", schrieb deshalb auch Anni Spiegl, eine Eichstätter Freundin der Resl, in ihrem Buch „Leben und Sterben der Therese von Konnersreuth". Vater Neumann befürchtete zudem, dass sein Erzfeind Dr. Deutsch zum Leiter der Überwachung seiner Tochter ernannt werden könnte. (AS, 63,64; PR, 162)

Was Resl in einer Klinik zu erwarten gehabt hätte, lässt sich erahnen, wenn man liest, was ein Unterstützer von Dr. Deutsch, der überzeugte Nationalsozialist Dr. Eduard Aigner, in seinem Buch „10 Jahre Konnersreuth" forderte. Wie in Abb. 80 nachzulesen, bezeichnete er die Konnersreuther Angelegenheit als „*geistige Epidemie*" und Resl war für ihn ein „*Infektionsherd*", der entfernt werden muss. Von Dr. Aigner wird noch im Kapitel „Gegner der Resl" die Rede sein.

Es bestand die Bereitschaft, Resl beobachten zu lassen

Dr. Johannes Steiner, der oft im Haus der Familie Neumann verkehrte, bezeugte, Resls Vater hätte „*so lange er lebte*" gesagt: „*Meinetwegen stellen sie die Resl in ein Glashaus und beobachten sie, solange sie wollen, aber herumexperimentieren lasse ich nicht mit ihr.*" (JS1, 73)

Nachdem das Dritte Reich überwunden war und die Bedrohung durch die Nationalsozialisten nicht mehr bestand, wäre man jederzeit bereit gewesen, Resl beobachten zu lassen. Pfarrer Naber bedauerte, dass es nicht dazu kam. Am 20. September 1949 sagte er zu Johannes Steiner: „*Wenn nur grad einer von den Regensburger Domherren oder Professoren käme, wir würden ihm ja alle Wege ebnen und alle Beobachtungsmöglichkeiten zu jeder Zeit gewähren.*" Von Konnersreuth aus wollte man so einen Besuch nicht anregen, da man befürchtete, „*das könnte falsch ausgelegt werden*". Auch nach Resls Tod sprach Pfarrer Naber gegenüber Johannes Steiner sein diesbezügliches Bedauern aus: „*Aber gekommen ist halt aus Regensburg nachher kein Herr und nun ist uns die Theres weggestorben.*" (JS1, 73)

Bruch mit dem Bischof

In der Zeit zwischen der Übergabe des „Befehls aus Rom" Ende 1936 und der bischöflichen Erklärung, man könne „*keine Verantwortung übernehmen für die Wirklichkeit der behaupteten Nahrungslosigkeit und für den Charakter sonstiger außergewöhnlicher Vorgänge*" vom 14. Dezember 1937 gab es einen regen Schriftverkehr zwischen „Konnersreuth" (Resls Vater Ferdinand Neumann beziehungsweise Pfarrer Naber) und „Regensburg" (Bischof Michael Buchberger). Ein Teil dieser Briefe befindet sich im bischöflichen Archiv in Regensburg. Nachfolgende Zusammenfassung wesentlicher Inhalte dieses Schriftverkehrs zeigt eine Eskalation der Beziehungen zwischen „Konnersreuth" und „Regensburg" auf (JH2, 471-494):

Ferdinand Neumann an den Bischof am 21. Dezember 1936

Elf Tage nachdem die Regensburger Domherren ihn über das Dekret mit dem „Befehl" aus Rom informiert hatten, bat Resls Vater Ferdinand Neumann Bischof Buchberger um eine Abschrift des römischen Erlasses, da ihm nicht klar war, an wen sich der Erlass richtete, und woher der Befehl *„sein Recht nimmt"*.

Ferdinand Neumann an den Bischof am 5. Januar 1937

Resls Vater machte seinem Ärger Luft, dass der Bischof die Antwort auf sein Schreiben nicht an ihn selbst, sondern an Pfarrer Naber gerichtet hatte: *„Da Therese meine Tochter ist, lehne ich jede Form einer Unterhaltung mit Ihnen ab, solange Sie mir nicht direkt auf mein Schreiben Antwort geben."*

Da er aufgrund vieler unangenehmer Erfahrungen *„Regensburg"*, also den Bischof, als befangen ablehnte, bestand Ferdinand Neumann auf direkte Verhandlungen mit Rom.

Der Umstand, daß die Konnersreuther Angelegenheit aber längst den privaten Charakter verloren hat und in Form einer geistigen Epidemie weiteste Volkskreise erfaßte, fordert nun vom Standpunkt der Volksgesundheit und der Volksaufklärung aus ein unerbittliches Eingreifen. Wissenschaftliche Aufklärung und Entfernung des Infektionsherdes tut not. Wir begegnen auch bei anderen Epidemien* der Rivalität des Theologen mit dem zuständigen Fachmann.

*** Bei Pestkrankheiten und auch bei Tierseuchen.**

Abb. 80: Ed. Aigner bezeichnete die Konnersreuther Angelegenheit als „geistige Epidemie". (EA, 98)

Ferdinand Neumann an den Bischof am 27. Januar 1937

Da der Bischof *„keinerlei Acht"* auf seinen letzten Brief genommen und wieder nicht ihm selbst geantwortet hatte, war Vater Neumann nun so verärgert, dass er dem Bischof mitteilte, er erkläre *„Regensburg"* nach all dem Vorausgegangenen als befangen und sehe sich gezwungen, seinerseits den *„Beschwerdeweg nach Rom zu ergreifen"*.

Vater Neumann zählte mehrere Punkte auf, die für ihn die Befangenheit des Bischofs eindeutig belegten. Er konnte auch nicht verstehen, dass sich der Bischof von dem *„wahrheitswidrigen Geschreibsel eines Dr. Deutsch"*, der nie in Konnersreuth war, beeindrucken ließ und befürchtete deswegen, *„daß auf das Geschwätz irgendeines obskuren Doktors meine Therese unbeschränkt oft ein Versuchskaninchen machen muß"*.

Bischof Buchberger an das Hl. Offizium in Rom am 30. Januar 1937

Kaum war der Brief von Ferdinand Neumann mit dessen Ansinnen, sich in Rom zu beschweren, beim Bischof angekommen, kam ihm dieser zuvor und verfasste selbst einen Brief an das Heilige Offizium. Bischof Buchberger beteuerte darin, dass ihm die Bedingungen des Ferdinand Neumann nicht bekannt wären, dass die Neumanns gegenüber vielen Besuchern, auch bischöflichen, unfreundlich und abweisend waren und dass Ferdinand Neumann die dem Priesterstand zustehende Ehrerbietung vermissen lässt. Er vertrat die Meinung, dass Vater Neumann Herrn Dr. Deutsch aufs Schwerste beleidigt hätte.

Obwohl Bischof Buchberger mehrmals die Phänomene in Konnersreuth bestätigt hatte, sah er es als Aufgabe der Familie Neumann zu beweisen, dass die Anschuldigungen des Dr. Deutsch nicht der Wahrheit entsprechen: „*Dr. Deutsch hat so schwere Vorwürfe erhoben gegen die Familie Neumann, daß es dieselbe ihrer Ehre schuldig ist, zu beweisen, daß diese Vorwürfe unbegründet und ungerecht sind.*"

Der Bischof teilte dem Hl. Offizium mit, was nun zu tun sei: „*Daher ist meine Ansicht, daß die S.C.S. Officii die Ausflüchte des Vaters nicht beachten, sondern auf sofortige Untersuchung bestehen soll. Zugleich sollten auch jene Priester als ‚inoboedientes'* [ungehorsam gegenüber den Geboten der Kirche] *erklärt werden, welche weiterhin die Familie Neumann in ihrer Weigerung bestärken.*" Gegen Ende seines Briefes bezeichnet der Bischof Vater Neumann als „*ungebildet*" und nicht in der Lage, die von ihm unterschriebenen Briefe zu schreiben.

Ferdinand Neumann an den Bischof am 10. März 1937

Zehn Jahre hatte Resl aus Scham geschwiegen. Jetzt erfuhr ihr Vater, dass Dr. Ewald bei seiner Untersuchung im Zusammenhang mit der Überwachung der Nahrungslosigkeit Resls jungfräuliche Unversehrtheit ohne ihre Zustimmung überprüft hatte. Dass seine unbescholtene Tochter „*wie eine Dirne auf der Polizeistation*" untersucht wurde, ärgerte Vater Neumann so, dass er dem Bischof mitteilte, dass „*damit jeder Disput über eine ärztliche Untersuchung ein für allemal geschlossen*" ist.

Pfarrer Naber an den Bischof am 8. September 1937

Kardinal Kašpar hatte im Sommer 1937 in Rom erreicht, dass der „Befehl", dass sich Resl in einer Klinik untersuchen lassen muss, vom Heiligen Offizium in einen „Wunsch" umgewandelt wurde. Pfarrer Naber informierte den Bischof darüber, dass Theres weiterhin bedingungslos einverstanden wäre, ihr Vater aber auf die von ihm seinerzeit aufgestellten Bedingungen zum Schutz seiner Tochter bestand.

Pfarrer Naber erinnerte Bischof Buchberger an einen Beitrag, den dieser selbst für sein „Lexikon für Theologie und Kirche" über Theres Neumann verfasst hatte: „*Für die Zeit der Beobachtung vom Jahre 1927 ist ein vernünftiger u. berechtigter Zweifel an die Tatsache der Nahrungslosigkeit ausgeschlossen.*" Und weiter: „*Zuzugeben ist, daß kein Grund besteht, eine Betrugsabsicht der Therese Neumann anzunehmen. Die Stigmata wurden von einwandfreier ärztlicher Seite für echt erklärt, entstanden u. erhalten ohne künstliches Zutun.*"

Pfarrer Naber an den Bischof am 8. September 1937

Am gleichen Tag schrieb Pfarrer Naber noch einen zweiten Brief an den Bischof und begründete, warum er dies tat: „*Ich schreib das alles nur, weil ich verhindern möchte, daß Exzellenz mit diesem Dr. Deutsch, der ins Gesicht jedenfalls sehr schön tun kann, in Verlegenheit kommen.*“

An Informationen über Dr. Deutsch führte Pfarrer Naber unter anderem auf, dass dieser „*sich der Kenntnis von Schriftstücken im bischöflichen Ordinariat rühmt, die vernichtend für Konnersreuth sein sollen*“ und dass er ein Schreiben aus dem bischöflichen Ordinariat Regensburg besäße, „*in dem steht, daß man sehr dankbar sei für die Arbeit von Dr. Deutsch*“. Außerdem hätte sich Dr. Deutsch „*Steuerhinterziehungen zu Schulden kommen lassen, so daß er an Strafen und Nachzahlungen etwa 80.000 RM leisten mußte*“.

Ferdinand Neumann an den Bischof am 12. September 1937

Nachdem Vater Neumann von Pfarrer Naber über das neue Dekret des Heiligen Offiziums, in dem statt des Befehls ein „Wunsch“ ausgesprochen wurde, unterrichtet worden war, verfasste er einen Brief an den Bischof. Darin konnte er es sich nicht verkneifen, diesem mitzuteilen, dass man in Rom der gleichen Ansicht war, die er selbst bereits gegenüber dem Bischof geäußert hatte: „*... habe ich mich sehr gefreut, dass das Hl. Offizium meiner Meinung recht gibt, wo ich immer gesagt habe, daß die Untersuchung meiner Tochter nicht ein Befehl und Gehorsamsache ist.*“ Trotz vorhergehender anderer Aussagen schrieb er: „*Ich erkläre also: Ich bin zu jeder Verhandlung wegen einer Untersuchung bereit, wenn diese Punkte* [die von ihm festgesetzten Punkte zum Schutz seiner Tochter] *beachtet und eingehalten werden.*“

Pfarrer Naber an den Bischof am 21. Oktober 1937

Pfarrer Naber hatte Vater Neumann einen Antwortbrief von Bischof Buchberger vom 21. September 1937 vorgelesen. Da Resls Vater darauf nicht reagiert hatte, erhielt Pfarrer Naber am 20. Oktober einen „*Mahnbrief*“, den er am 21. Oktober 1937 beantwortete. Dabei ergriff Pfarrer Naber Partei für die Resl und kritisierte seinen Bischof ganz offen: „*Der Heiland hat mit dem, was er bei Therese Neumann gewirkt, ganz gewiß etwas Besonderes gerade für unsere Zeit im Auge gehabt. Wer verhindert, daß es sich auswirken kann, lädt eine schwere Verantwortung auf sich. Ich fürchte auch, daß gar manche es als Blamage auslegen werden, wenn die Kirche jetzt etwas als verdächtig erklärt, das 10 Jahre hindurch genau so war wie jetzt und nicht beanstandet wurde.*“

Er hielt dem Bischof vor, die Unwahrheit geschrieben zu haben. Dieser hatte behauptet, dass alle bayerischen Bischöfe eine neue Untersuchung der Resl gewünscht hätten. Pfarrer Naber hat das „*sehr gewundert*“, da er die Einstellungen der Bischöfe der Diözesen Speyer, Würzburg und Eichstätt „*zu kennen glaubte*“.

Pfarrer Naber erinnerte Bischof Buchberger an eine Aussage, die Papst Pius XI. über die Resl gemacht hatte: „*Bleibt, wenn Vater Neumann nicht nachgibt, nur mehr der hl. Vater in Rom. ‚Laßt mir das Kind in Ruhe!‘*“

Pfarrer Naber an den Bischof am 20. November 1937

Aus dem Brief von Pfarrer Naber geht hervor, dass Ferdinand Neumann dem Bischof auch auf dessen „Mahnbrief“ vom Oktober noch nicht geantwortet hatte.

Pfarrer Naber teilte dem Bischof die Gründe mit, die Resls Vater veranlasst hatten, nicht an den Bischof zu schreiben: „*Vater Neumann war eben darüber, Exzellenz zu antworten, als ihm einiges in die Quere kam, was ihn sehr ungehalten machte und veranlasste, die Sache zunächst wieder zur Seite zu legen.*“ Mit „*einiges*“ waren Aktivitäten des Bischofs gemeint, die Resls Vater sehr geärgert hatten. Obwohl er sich beim Bischof für die ausbleibende Antwort entschuldigt hatte, hatte der Bischof „*am 30. Okt., weil er noch keine Antwort erhalten hatte, an H. Professor Mayr* [aus Eichstätt] *geschrieben, das sei ein unkatholisches, liebloses Verhalten, bei so einem Mann könne Christus nicht sein.*“

Pfarrer Naber stellte dem Bischof mehrere provokative Fragen. Er wollte wissen, wie es dazu kommen konnte, dass der Bischof mehrmals behauptete, dass Theres „*dieses verhältnismäßig kleine Opfer, das die Kirche von ihr wünscht (eine neue Untersuchung nämlich) nicht bringen will*“, obwohl Theres sich mehrmals dazu bereit erklärt hatte. Er fragte, wie es kommt, dass sich Dr. Deutsch bei der Verbreitung von Unwahrheiten auf den Bischof von Regensburg berufen konnte und beschwerte sich, „*daß man kirchlicherseits einen entscheidenden Einfluß bei Beurteilung des Falles Theres Neumann eigentlich nur solchen gewährte, die überhaupt nichts oder nur sehr wenig von den zu beurteilenden Erscheinungen beobachtet hatten wie Deutsch …, während die, die entweder ständig oder viel oder doch öfter um Neumann waren, einfach zur Seite geschoben wurden …*“ Dann zählte Pfarrer Naber Bischöfe und Professoren auf, die Theres Neumann gut kannten, und verwies auf Ärzte, die Theres untersucht und beobachtet hatten. Pfarrer Naber forderte, dass Dr. Deutsch gezwungen werden müsse, verleumderische Behauptungen zurückzunehmen: „*Nachdem Dr. Deutsch sich auf Exzellenz ausdrücklich beruft und man deshalb auf den Gedanken kommen könnte, Exzellenz hätten ihm das Material zu seiner falschen Behauptung geliefert, bitte ich Sie demütigst, mit Ihrer Autorität ihm vorzuhalten, was seine Pflicht ist.*“

Bischof Buchberger an Pfarrer Naber am 22. November 1937

Die Antwort auf Pfarrer Nabers Brief ließ nicht lange auf sich warten. Darin beschwerte sich Bischof Buchberger, dass Pfarrer Naber ihm „ *Vorhalt machte und verschiedene Fragen an ihn richtete*“, ging dann aber doch auf die Fragen und Vorwürfe des Pfarrers ein.

Bischof Buchberger forderte von Pfarrer Naber, dass dieser sich nicht an Freunde von Konnersreuth halten soll, sondern an seinen Oberhirten, also an ihn. Weiter führte er aus, dass Dr. Deutsch sein Verhalten und seine Artikel selbst zu verantworten habe und fügte hinzu: „*Ich habe ihn nicht dazu veranlaßt, sondern im Gegenteil wiederholt gebeten, mit seinem Urteil in der Öffentlichkeit zurückzuhalten, bis die Frage einer neuen Untersuchung endgültig entschieden ist.*“ Wenn der Bischof Dr. Deutsch „*wiederholt*“ gebeten hatte, muss er in regem Kontakt mit Dr. Deutsch gestanden haben.

Ferdinand Neumann an den Bischof am 24. November 1937

Resls Vater Ferdinand Neumann verfasste ein letztes Schreiben an den Regensburger Bischof. Wie aus einem Vermerk auf diesem Brief ersichtlich, erstellte er ihn am 24. November, schickte ihn aber erst einige Zeit später ab. Dr. Peter Radlo, der kurze Zeit nach Erstellung dieses Briefes in Konnersreuth gewesen war, beschrieb die Stimmungslage, die zu diesem Brief geführt hat: „*Vater Neumann ist aufs tiefste gekränkt durch die ungeheuerlichen Verdächtigungen, die ihn und seine Familie als Verbrecherbande und Betrügergeschlecht brandmarken … Die innere Kränkung des Vaters wird noch dadurch vertieft, daß er eine Verteidigung seiner Tochter und Familie von der Seite erhoffen zu dürfen glaubte, die sein Haus und seine Familie so gut kennt und ihr autoritatives Wort in die Waagschale werfen konnte.*“ (PR, 162)

In seinem letzten Brief beschwerte sich Vater Neumann beim Bischof, weil dieser ihn nicht gegen die Unverschämtheiten und Beleidigungen des Dr. Deutsch in Schutz genommen hatte und teilte ihm mit, dass sich die kirchlichen Behörden künftig aus dem Leben der Neumanns heraushalten sollen: „*Ich habe das jetzt satt und nehme die Wahrung der Familienehre selbst in die Hand. Es braucht niemand uns und meine Tochter besuchen. Wir brauchen auch keine Bestätigung irgendwoher.*“ (siehe Abb. 81). (PR, 165)

Bischof Buchberger reagierte auf das Schreiben von Resls Vater mit der bereits genannten bischöflichen Erklärung vom 14. Dezember 1937, in der verkündet wurde, dass die kirchliche Behörde keine Verantwortung für die Vorgänge in Konnersreuth übernehmen kann und dass keine Erlaubnisscheine mehr ausgestellt werden. (StAAm1, 155)

Als im Oktober im Jahr 1927 durch das Bistum Regensburg veranlasst wurde, dass man Resl nur mit bischöflichen Erlaubnisscheinen besuchen darf und dadurch der Besucherstrom stark reduziert wurde, war das ganz im Sinn der Neumanns. Jetzt, nach zehn Jahren, lag die Entscheidung, wer Resl besuchen darf oder nicht, wieder in der Hand der Familie. Da es in der Nazi-Zeit ohnehin relativ ruhig um die Resl geworden war, führte die Tatsache, dass keine Genehmigung mehr benötigt wurde, zu keinem erneuten Besucheransturm in Konnersreuth.

Ende Dezember 1937, kurz nach der bischöflichen Erklärung, dass die kirchliche Behörde keine Verantwortung übernehmen kann, erschien Professor Mons. Giuseppe Graneris unangemeldet im Auftrag des Vatikans in Konnersreuth. Er befragte Resl und ihr Umfeld eindringlich. Nach Auffassung von Pfarrer Naber war das Ergebnis dieser Befragungen ein Grund dafür, dass es danach von Seiten der Kirche keine Forderungen nach einer neuen Untersuchung mehr gab. Pfarrer Naber schrieb über Professor Graneris: „*Er schien sehr zufrieden zu sein, und seit dieser Zeit, also seit Ende 1937, habe ich nichts mehr von einer Untersuchung aus Regensburg oder aus Rom gehört.*“ (JS1, 71; Z-08-05)

Bischof Buchberger befasste sich von da ab nicht mehr mit Konnersreuth. Wie aus dem Briefverkehr im bischöflichen Archiv hervorgeht, bat Resl ihn mehrmals um Genehmigung, dass eine heilige Messe am Hausaltar in ihrem Zimmer gefeiert werden darf. Dies wurde von Bischof Buchberger genehmigt. (Z10-01; JH2, 503 ff)

Als er 1953 im Rahmen einer Firmungsreise nach Konnersreuth kam, war man über eine Ansprache des inzwischen zum Erzbischof ernannten Michael Buchberger freudig überrascht. „*Er sagte ungefähr folgendes: Die letzten 25 Jahre hat unser Volk sehr viel zu leiden gehabt, und die Leute sind in ihren Bedrängnissen auch nach Konnersreuth gekommen. Sie haben hier entweder Erhörung gefunden oder sind getröstet wieder weggegangen. Andere haben den Glauben gefunden oder sind im Glauben gestärkt worden.*“ (JS1, 73)

… In der Untersuchungssache teile ich nach reiflicher Überlegung folgendes mit:

Ich bin ursprünglich nicht völlig abgeneigt gewesen, nochmals zu einer Untersuchung meiner Tochter mich herbeizulassen, wenn die von mir gestellten gerechten Anforderungen in den fünfzehn Punkten erfüllt gewesen wären. Nun schreiben Sie in einem Ihrer letzten Briefe, daß die fünfzehn Punkte nicht sehr wichtig sind. Für mich sind und bleiben sie die Grundlage …

… Die Sache mit Dr. Deutsch bringt mich, je länger ich seine Unverschämtheiten überlege, von meiner ersten Absicht ganz ab. Jetzt wird die Sache auf einmal so dargestellt, als ob die Untersuchung von 1927 gar keinen Wert hätte. Ich sage mir nun so: Wenn die Untersuchung von 1927 nur für die vierzehn Tage etwas beweist und nichts für früher und nachher, dann beweist die neue mit vier Wochen auch nicht mehr, als für die paar Wochen. Wenn aber die Untersuchung von 1927 etwas bewiesen hat, wie im Amtsblatt festgestellt worden ist, dann braucht's keine neue mehr. Im übrigen könnte nach den vier Wochen wieder ein neuer Arzt daherkommen und fünf Wochen verlangen und in ein anderes Krankenhaus, weil ihm die katholischen Schwestern im katholischen Krankenhaus nicht genügend verlässig sind und so fort. Da kommt man überhaupt an kein Ende. Dabei hat mir Dr. Schlegelmann seinerzeit versprochen, daß dies die erste und letzte Untersuchung sei. Das kann ich jederzeit mit Eid bezeugen. …

… Nun noch ein Wort zu diesem Dr. Deutsch. Dieser unverschämte Mensch hat meine Tochter und unsere ganze Familie mehr oder weniger verblumelt, als Schwindler und hysterische Personen hingestellt, denen aller Lug und Trug zuzutrauen ist. Niemand, Herr Bischof, gar niemand hat uns gegen diese Unverschämtheiten in Schutz genommen. Im Gegenteil, der Dr. Deutsch darf in seiner hysterischen Wichtigtuerei dauernd seine Ausfälligkeiten zuerst in Maschinenschrift verbreiten, dann sie in einem katholischen Verlag drucken, dann sie in fremde Sprachen übersetzen lassen, dann in Zeitschriften die Sache noch weiter breittreten usw., ohne daß ihm irgend jemand entgegentreten würde. Sie selber, Herr Bischof, wissen ganz genau, daß die Resl niemals den Gehorsam verweigert hat, wie Dr. Deutsch behauptet, vergleiche zuletzt noch ihre Erklärung an die beiden Domherren im Dezember vorigen Jahres. Warum haben Sie diese Verleumdung nicht richtiggestellt? Ich habe die Erlaubnis verweigert, sonst niemand. Ich habe das jetzt satt und nehme die Wahrung meiner Familienehre selbst in die Hand. Es braucht niemand uns und meine Tochter besuchen. Wir brauchen auch keine Bestätigung irgendwoher. Wenn wir jemand wollen, dann tun wir ihm Botschaft. Im übrigen sind wir alle froh und glücklich, wenn alle unerbetene Lauferei aufhört und wir in der Stille unseres Heims unseren Frieden haben.

Ich bin ein alter Soldat und weiß, was Gehorsam ist. Insofern ärgert es mich schwer, daß Sie dauernd Wunsch und Gehorsam verschieben. Ich weigere keinen Gehorsam, sondern einen Wunsch und zwar für immer und aus triftigen Gründen. Wenn Sie dem Herrn Professor Mayr gegenüber von einem kleinen Opfer reden, beweist das nur, daß Sie nicht wissen, was das für einen christlichen Vater heißt, seine Tochter ausliefern nach all den üblen Erfahrungen.

Ich habe nur noch den letzten Wunsch, daß der Herr Bischof diesen und meine letzten Briefe nach Rom schickt.

Abb. 81: Brief von Ferdinand Neumann an Bischof Buchberger vom 24. Nov. 1927 (gekürzt). (PR, 164-165)

Das Dritte Reich, eine gefährliche Zeit

Der Markt Konnersreuth zur Zeit der Nationalsozialisten

In der Gemeinde Konnersreuth konnte der Nationalsozialismus nicht so richtig Fuß fassen. Für den überwiegenden Teil der Bevölkerung blieb die Religion immer wichtiger als die Politik.

Aber auch in Konnersreuth gab es Nationalsozialisten. Anfang 1933 wurde eine NSDAP-Ortsgruppe gegründet, die aus 26 Personen bestand. Die Mitglieder der NDSAP konnte man in zwei Gruppen einteilen, die bei Parteiversammlungen an getrennten Tischen saßen: *„Eine zahlenmäßig größere Gruppe von Parteigenossen, die alteingesessene Konnersreuther waren, die nicht aus Überzeugung, sondern aus ‚Not' Nazis geworden waren. … Dann existierte eben die kleine Gruppe der Überzeugten und rührig Agierenden.*" Auch eine SA-Einheit marschierte durch Konnersreuth. Deren Bildung gestaltete sich zunächst schwierig, da nicht genügend Kameraden dafür gefunden werden konnten. (JS3, 232, 233; AN, 157)

Man musste also auch in Konnersreuth Angst vor Bespitzelung haben. Michael Giehl (der „Garber-Michl"), ein Konnersreuther Gastwirt, dessen Haus nur 30 m vom Haus der Neumanns entfernt stand, wurde angezeigt, weil man ihn beim Hören von „Radio Vatikan" belauscht hatte. Er wurde im Konzentrationslager Flossenbürg interniert und musste dort im Steinbruch arbeiten. Als kranker Mann kam er zurück nach Konnersreuth. (EH)

Auch die Familie Neumann war im Visier der Nazi-Spitzel. Vater Neumann wurde 1941 angezeigt, weil er vier französischen Kriegsgefangenen gestattet hatte, zusammen mit Konnersreuther Einwohnern Resl während ihres Freitagsleidens zu sehen. Das Amtsgericht Waldsassen verurteilte ihn wegen *„verbotenen Umgang mit Kriegsgefangenen*" zu vier Wochen Gefängnis. Das Strafmaß wurde im Berufungsverfahren vom Landgericht Weiden auf 14 Tage Gefängnis reduziert [Anmerkung: Weil die Männer im Krieg waren, wurden Bauernhöfen in Konnersreuth französische Kriegsgefangene als Hilfskräfte zugewiesen.]. (StAAm5)

Ein besonders gefährlicher Nationalsozialist war Gendarmeriehauptwachtmeister Raml, der 1932 als Leiter der örtlichen Gendarmeriestation nach Konnersreuth versetzt worden war. Mehrmals beanstandete Raml beim Bezirksvorstand in Tirschenreuth und – unter Umgehung des Dienstweges – auch bei der Bayerischen Politischen Polizei in München die *„politischen Vorkommnisse in Konnersreuth*".

Abb. 82: Der Platz, an dem das Haus der Familie Neumann steht (Bildrand rechts) hieß im Dritten Reich „Adolf-Hitler-Platz", heute „Therese-Neumann-Platz". (P-K)

Raml erstattete etliche Strafanzeigen gegen Einwohner und Besucher von Konnersreuth: (StAAm1, 144)

- Im Juli 1932 gegen „*ein paar Leute*", die ein Wahlplakat der NSDAP abgerissen hatten.
- Im September 1933 gegen Vater Neumann wegen „*Amtsanmaßung und Berufsbeleidigung*". Eine Engländerin war mit einem Flugzeug zur Resl gekommen. Da die Polizei das Flugzeug nicht wieder starten lassen wollte, nannte Vater Neumann das „*eine Wichtigtuerei der Polizei*". Er wurde zu einer Geldstrafe von 40 Reichsmark verurteilt.
- Im Februar 1934 gegen einen Bruder der Resl, weil er „*den Deutschen Gruß verhöhnt*" haben soll.
- Im Juli 1934 – direkt bei der Bayerischen Politischen Polizei – gegen eine Besucherin der Resl aus München und einen Besucher aus Tegernheim, weil sie „*gewisse Gerüchte über die Vorgänge vom 30. Juni 34 verbreiteten*". Bei den Gerüchten ging es um die Ermordung von Fritz Gerlich im KZ Dachau, über die im folgenden Kapitel mehr zu erfahren ist.
- Im August 1934 gegen einen Geistlichen aus Furth bei Landshut, „*weil er gelegentlich bei einer Predigt in der Kirche in Konnersreuth gesagt haben soll, daß wir nicht wissen, ob nicht jeden Tag der Vulkan ausbreche*".

Über weitere Aktivitäten von Raml wird im Verlauf dieses und des folgenden Kapitels noch die Rede sein.

Gendarmeriehauptwachtmeister Raml war 1932 freundlich in Konnersreuth aufgenommen worden. Durch seine intriganten Berichte über die „*politischen Vorkommnisse*", seine Strafanzeigen und sein Auftreten bei Hausdurchsuchungen, die im Jahr 1933 bei mehreren Gemeinderatsmitgliedern, beim Pfarrer und beim Benifiziaten gemacht worden waren, hatte sich das geändert. Im ersten Halbjahr 1934 beantragte Raml seine Versetzung, weil er *„bei der hiesigen Bevölkerung bzw. dem größten Teil derselben jegliches Vertrauen verloren hat"*. Die Versetzung erfolgte einige Monate später. (StAAm1, 144, 145)

Am 27. September 1937 tauchte ein neuer fanatischer Nationalsozialist auf. Der Hilfslehrer Eduard Lobmeyer wurde nach Konnersreuth versetzt. Zusammen mit der bis zu seinem Erscheinen *„frommen"* Lehrerin Anni Faltermeier war sein Ziel, *„die Bevölkerung von Konnersreuth für die nationalsozialistische Weltanschauung gefügig zu machen"*. Beide gingen gegen Konnersreuther vor, die ihnen nicht nationalsozialistisch genug waren. So forderten sie die Ablösung des Schulleiters Böhm durch einen Lehrer mit einer *„nationalsozialistischen Kampfnatur"*. Pfarrer Naber sollte das Recht zum Unterricht entzogen werden, weil dieser *„noch nie das Wort ‚Heil Hitler' über die Lippen gebracht hat, auch nicht vor oder nach dem Schulunterricht"*. Nach seiner eigenen Aussage hatte es Eduard Lobmeyer besonders auf die Resl abgesehen: *„Sofort nach Beginn meiner hiesigen Tätigkeit widmete ich mich dem Studium und der Aufklärung über Therese Neumann."* (AN, 155; JS3, 239, 235)

Der Hilfslehrer hatte keinen Erfolg mit seinem Plan, die Konnersreuther *„gefügig zu machen"*. Im Juni 1938 beschwerte er sich bei einem Parteifunktionär: *„Bei der HJ sind, soweit Schulpflicht besteht, knapp 30 %. 70 % sind also nicht organisiert! … Die Reaktion, und das ist die übergroße Zahl, kauft sich bei der Neuanschaffung von Rundfunkgeräten nur Apparate mit ‚Vatikansender' und wartet mit Sehnsucht und Eifer auf dessen Auskünfte und religiöse Unterweisungen."* [Anmerkung: „HJ" steht für Hitlerjugend; damals waren in Deutschland etwa 85 % der Jugendlichen bei der HJ. Mit „Reaktion" meint Lobmeyer konservative Kräfte.] (JS3, 237)

Eduard Lobmeyer war der Ansicht: *„Das Deutsche Volk hat ein Recht auf Abstellung aller Mißstände, noch dazu, wenn sie so schwerwiegend sind wie hier."* Um diese Missstände aufzudecken, ließ er seine Schularbeit *„brachliegen"* und kaufte sich *„einen teuren Photo, … einen Spezialapparat um Bilddokumente zu sammeln"*. (JS3, 238)

Auch vier Jahre später waren aus den Konnersreuthern keine Nazis geworden. Die Lehrerein Anni Faltermeier beschwerte sich in einem Feldpostbrief vom 3. März 1942 beim inzwischen an der Front befindlichen Eduard Lobmeyer: *„Der überwiegende Teil der Konnersreuther Männer hält stark zur Kirche. Beim Jungvolk geht nichts voran: ‚Jungens katastrophal! … Das Jungvolk sagt mit Vorliebe Grüß Gott zu mir und Kirchengehen ist deren Herzenssache."* (AN, 157)

Dass den Konnersreuthern die Religion sehr wichtig war, wurde aktenkundig, als sie sich 1937 mit einem Polizeiaufgebot anlegten, weil das Kreuz aus der Schule entfernt worden war. Mehr darüber ist am Ende dieses Kapitels nachzulesen.

Theres und ihre Familie hatten eine starke Abneigung gegen die Nazis

Resl und ihre Familie ließen klar erkennen, dass sie nichts von den Nationalsozialisten hielten. Nach der erwähnten Hausdurchsuchung bei der Familie Neumann am 26. Juni 1933 berichtete der Stationsführer der Konnersreuther Gendarmeriestation unter dem Betreff „*Unhaltbare Zustände in Konnersreuth*“ an den Vorstand des Bezirksamts Tirschenreuth: „*Im Hause Neumann waren die Beamten mehrmals sehr abfälligen und spitzen Bemerkungen seitens des Hausvorstandes und einzelner Familienmitglieder ausgesetzt. Neumann mußte von mir einige Male aufgefordert werden, seine durchsichtigen spitzen Bemerkungen zu unterlassen.*“ (StAAm1, 127)

An Resls Reaktionen im Ekstasezustand, in dem sie sich nicht verstellen konnte, war am deutlichsten zu erkennen, was sie von den Nationalsozialisten hielt. Das erlebte Resls Bruder Ferdinand, als er mit einem klein zusammengefalteten Exemplar des „Völkischen Beobachters“, des „Kampfblattes“ der NSDAP, versteckt in seiner Jackentasche an ihr Bett trat. Resl war nach einer Vision im erhobenen Ruhezustand, fuhr plötzlich hoch, zog die Zeitung aus Ferdinands Tasche und zerfetzte sie stumm, ohne sie angesehen zu haben. Später, im Normalzustand, wusste sie davon nichts mehr. Noch deutlicher war ihre Reaktion, als ihr um das Jahr 1940 ein Besucher während einer Vision ein Bild des „Führers“ in die Hand gab. Resl, die in diesem Zustand völlig blind war, schleuderte das Bild mit „*allen Zeichen des Entsetzens*“ von sich und rief: „*Rauch und Feuer aus der Hölle.*“ (MR, 29-30; FA1, 14)

Auch im Normalzustand machte Resl aus ihrer Abneigung gegen die Nazis keinen Hehl. Resl hatte nie die Hand zum „deutschen Gruß“ erhoben und nie mit „Heil Hitler“ gegrüßt. Bei allen Abstimmungen in der Nazizeit hat sich Resl ganz offen ablehnend verhalten. Als sie aufgrund ihres Gesundheitszustandes an einer Abstimmung nicht teilnehmen wollte, ließ sie die SS mit einem Auto abholen und zum Wahllokal fahren. Resl füllte den Stimmzettel vor den Augen der SS aus, zeigte ihnen den Stimmzettel und rief: „*Bitte, meine Herren von der SS, überzeugen Sie sich, daß hier ein ‚NEIN' steht!*“ (EB, 21, 22)

Die Nazis hatten Resl unter Beobachtung

Die Nationalsozialisten wussten bald, dass sie es in Konnersreuth mit Gegnern ihrer Ideologie zu tun hatten. Dafür sorgte der bereits genannte Gendarmeriehauptwachtmeister Raml. Mehrmals überging er seine vorgesetzte Behörde, das Bezirksamt in Tirschenreuth, und berichtete direkt an die Bayerische Politische Polizei (BPP) in München über die „*politischen Umtriebe*“, die „*staatsfeindliche Betätigung gewisser Kreise in Konnersreuth*“ und die nazifeindliche Einstellung der Resl und der Neumanns. Die BPP war mit der Bekämpfung politischer Staatsfeinde beauftragt. Im Jahr 1936 erhielt sie den Namen „Geheime Staatspolizei Staatspolizeileitstelle München“. (StAAm1, 126, 145)

Aufgrund der Meldungen des Gendarmeriewachtmeisters Raml erhielt der „*Herr Vorstand des Bezirksamtes Tirschenreuth*“ am 31. Juli 1934 unter dem Betreff „*Staatsfeindliche Betätigung gewisser Kreise in Konnersreuth*“ eine Anweisung der BPP. Der Bezirksvorstand sollte dem „*Konnersreuther Kreis*“, der als „*Brutstätte für Greuelnachrichten in Betracht kommt*“, größte Aufmerksamkeit schenken und *„alle feststellbaren Verfehlungen selbstverständlich strafrechtlich unnachsichtig erfassen. Dabei ist erforderlichenfalls auch vor der Person der Therese Neumann nicht Halt zu machen*“. (StAAm1, 145)

Ein Jahr später, im Juni des Jahres 1935, setzte die „Landesstelle Bayer. Ostmark des Reichsministeriums für Volksaufklärung und Propaganda“ den Reichsminister für Volksaufklärung und Propaganda, Dr. Joseph Goeppels, über die Situation in Konnersreuth in Kenntnis. Man hielt es für unbedingt erforderlich, dass die Gestapo die Sache nochmals aufgreift (siehe Abb. 83). Daraufhin forderte die BPP, die später in „Gestapo“ umbenannt wurde, vom Vorstand des Bezirksamtes Regensburg einen Bericht zu den politischen Verhältnissen in Konnersreuth. Da es darin vor allem um Informationen zum „Konnersreuther Kreis“ ging, wird dieses Schreiben im gleichnamigen Kapitel behandelt. (StAAm1, 137)

Adam Vogl, der Vorstand des Bezirksamts Tirschenreuth, verfasste eine lange Antwort an die BPP. Darin relativierte er die negativen Berichte, die Raml über die Neumanns bei der BPP vorgelegt hatte: *„Ich möchte davor warnen, die Berichte des Gendarmeriehauptwachtmeisters Raml über die Vorgänge in Konnersreuth allzu ernst zu nehmen. Seine Haltung gegenüber der Familie Neumann war nach meinen Beobachtungen nicht völlig unbeeinflußt von gewissen persönlichen Verstimmungen.*“ Adam Vogl versicherte der BPP, dass Resl viel zu klug wäre, um sich auf politische Konspirationen einzulassen, und dass er keinen Anlass sieht, etwas gegen die

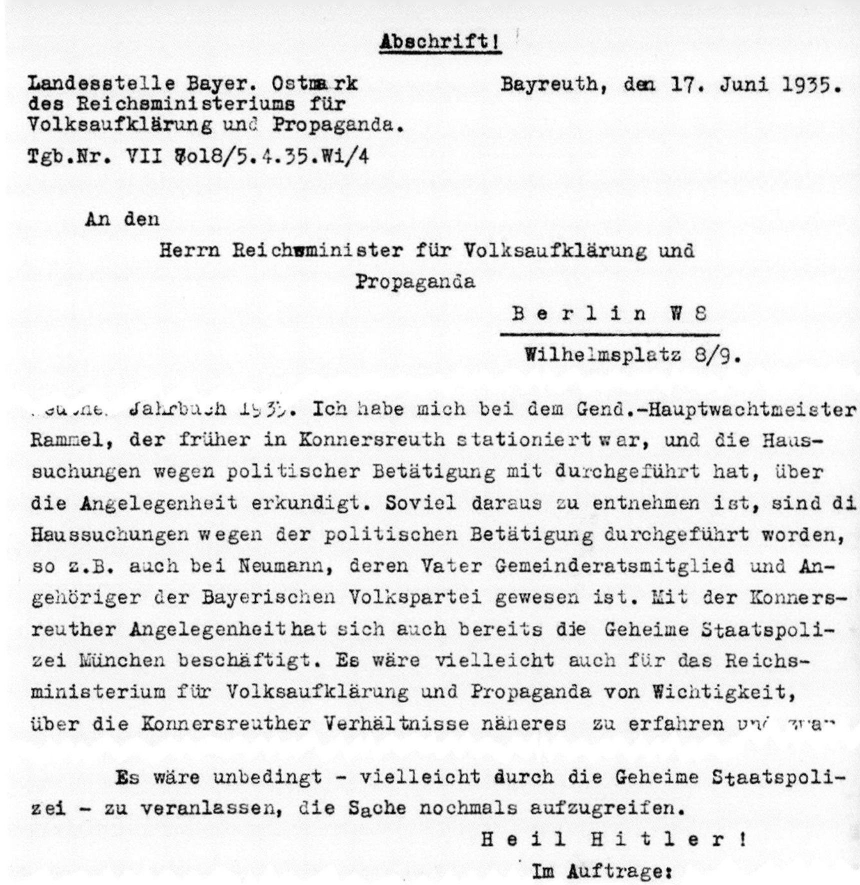

Abschrift!

Landesstelle Bayer. Ostmark des Reichsministeriums für Volksaufklärung und Propaganda. Bayreuth, den 17. Juni 1935.

Tgb.Nr. VII 7018/5.4.35.Wi/4

An den
Herrn Reichsminister für Volksaufklärung und Propaganda
Berlin W 8
Wilhelmsplatz 8/9.

[illegible] Jahrbuch 193[illegible]. Ich habe mich bei dem Gend.-Hauptwachtmeister Rammel, der früher in Konnersreuth stationiert war, und die Haussuchungen wegen politischer Betätigung mit durchgeführt hat, über die Angelegenheit erkundigt. Soviel daraus zu entnehmen ist, sind di Haussuchungen wegen der politischen Betätigung durchgeführt worden, so z.B. auch bei Neumann, deren Vater Gemeinderatsmitglied und Angehöriger der Bayerischen Volkspartei gewesen ist. Mit der Konnersreuther Angelegenheit hat sich auch bereits die Geheime Staatspolizei München beschäftigt. Es wäre vielleicht auch für das Reichsministerium für Volksaufklärung und Propaganda von Wichtigkeit, über die Konnersreuther Verhältnisse näheres zu erfahren und [illegible]

Es wäre unbedingt - vielleicht durch die Geheime Staatspolizei - zu veranlassen, die Sache nochmals aufzugreifen.

Heil Hitler!
Im Auftrage:

Abb. 83: Bericht der Landesstelle Bayer. Ostmark des Reichsministeriums für Volksaufklärung und Propaganda an den Propagandaminister; Auszug mit Aufforderung zum Einsatz der Gestapo. (StAAm1, 137)

Resl zu unternehmen. Wie am Ende dieses Kapitels beschrieben, hatte Resl in Adam Vogl einen wichtigen Beschützer. (StAAm1, 138, 144)

Da Raml inzwischen versetzt worden war und der Vorstand des Bezirksamts Tirschenreuth zugesagt hatte, *„die Verhältnisse in Konnersreuth auch weiterhin aufmerksam zu beobachten und nicht verfehlen durchzugreifen, wenn sich ein Anlass dazu bieten sollte*“, hörten die Anschuldigungen über politische Betätigungen der Familie Neumann weitgehend auf. Theres machte weder im Normalzustand noch im erhobenen Ruhezustand politische Aussagen oder Prophezeiungen. Dass sie derartige Vorhersagen hätte machen können, wird aus ihrer Antwort auf eine Frage zum Dritten Reich deutlich, die ihr 1933 gestellt worden war: „*Bemüht Euch nicht, ihr werdet darüber nie etwas erfahren. Daß es nicht gut ausgeht, wißt ihr sowieso.*" (StAAm1, 144; LR, 155)

Die Nazis hatten aber weiter ein Auge auf Theres. Als Anfang 1937 das Gerücht verbreitet wurde, sie wäre, wie bereits im Jahr 1931, in die Schweiz gereist, veranlasste die „Regierung von Niederbayern und der Oberpfalz", die Einziehung von Resls Reisepass. Darüber wurde ausführlich im Kapitel „Resl im alltäglichen Leben" berichtet.

Am 24. April 1938 forderte die Gestapo Regensburg fernmündlich vom Bezirksamt einen Bericht, „*ob die stigmatisierte Therese Neumann noch Besuche empfängt, ob die Besuche nur mit Zustimmung des Bischofs von Regensburg zugelassen werden, ob die Wundererscheinungen bei der Neumann noch wie in den früheren Jahren auftreten und insbesondere, ob sich irgendwelche Veränderungen in Bezug auf ihr Stigma in der letzten Zeit ergeben haben*". Die Gestapo erhielt die Antwort, dass die Wundererscheinungen genauso wie die Stigmen unverändert bestanden und dass die Zahl der auswärtigen Besucher sehr gering war. Sogar an den Freitagen in der Fastenzeit kamen nur noch 10 bis 20 Personen. „*Soweit Besuche erlaubt werden, haben diese Besucher noch alte Erlaubnisscheine. Die alten Erlaubnisscheine, die noch vorgezeigt werden, wurden in früheren Jahren durch den Bischof von Regensburg ausgestellt. … Die Erlaubnisscheine werden durch die Eltern der Neumann zurückgehalten, so daß mit einem Schein ein zweimaliger Besuch nicht möglich ist.*" Es scheint, die Gestapo hatte davon Kenntnis, dass das Ordinariat keine Genehmigungen mehr ausstellte und wollte kontrollieren, ob das in Konnersreuth beachtet wurde. (StAAm1, 159, 160)

Warum die Gestapo am 8. Juni 1938, nur wenige Wochen nach dieser Rückmeldung, Resls Personalakt anforderte, ist nicht bekannt (siehe Abb. 84). Der Personalakt wurde erst Anfang Oktober 1938 zurückgegeben. (StAAm1, 161, 168)

Nicht nur die Gestapo, auch andere politische Organe im Dritten Reich interessierten sich für Theres Neumann. Als im Sommer 1938 das Gerücht aufkam, Resl hätte den Beginn eines Kriegs prophezeit, fragten gleich drei Behörden deswegen beim Bezirksamt nach. Unabhängig voneinander wollten neben der „Geheimen Staatspolizei" auch der „Regierungspräsident von Niederbayern und der Oberpfalz" und der „Gau Bayerische Ostmark der Nationalsozialistischen Deutschen Arbeiterpartei" wissen, was an diesem Gerücht dran sei. Der Vorstand des Bezirksamtes Tirschenreuth, Bezirksoberamtmann Vogl, bestellte Theres ins Bezirksamt, befragte sie und fertigte eine Niederschrift an, in der Resl erklärte, „*daß an den angeblichen Äußerungen über den bevorstehenden Ausbruch eines Krieges kein wahres Wort ist.*" Außerdem stellte Resl klar: „*Ich bin mir vollkom-*

men bewusst, dass ich mich durch solche Äusserungen strafbar machen würde. Schon aus diesem Grunde würde ich mich vor einem so unsinnigen Gerede in Acht nehmen.“ (StAAm1, 162, 165, 166, 169)

Die negative Einstellung der Neumanns zu den Nationalsozialisten war bis in verschiedene Ministerien in Berlin bekannt. Wie bereits geschildert, wurde Propagandaminister Joseph Goeppels im Juni 1935 über die Konnersreuther Verhältnisse informiert.

Ab Ende 1941 wusste auch das Reichsjustizministerium über die nazifeindliche Haltung von Resls Vater Bescheid. Nach dessen bereits erwähnter Verurteilung aufgrund des „*verbotenen Umgangs mit Kriegsgefangenen*“ reichte sein Anwalt ein Gnadengesuch an „*den Herrn Reichsjustizminister*“ ein. Am 11. November 1941 teilte das Reichsjustizministerium den zuständigen Behörden mit, dass „*keine Bedenken bestehen, die Strafe mit oder ohne Bußauflage bedingt auszusetzen*“ und bat um Prüfung und weitere Veranlassung. Im Zug dieser Prüfung befüllte das Amtsgericht Waldsassen als „Gnadenbehörde“ ein vierseitiges Formblatt, das „*An den Herren Reichsminister der Justiz*“ gerichtet war. Der zuständige Richter beantragte, das Gandengesuch abzulehnen. Wie in Abb. 85 nachzulesen, begründete er seinen Antrag mit der politischen Einstellung des Verurteilten (Resls Vater): „*Der Verurteilte ist ein erbitterter Gegner des nationalsozialistischen Staates, insbesondere seiner völkischen und rassischen Grundsätze.*“ In einem drei Wochen vorher verfassten Schreiben an den Oberstaatsanwalt in Weiden hatte der gleiche Richter in

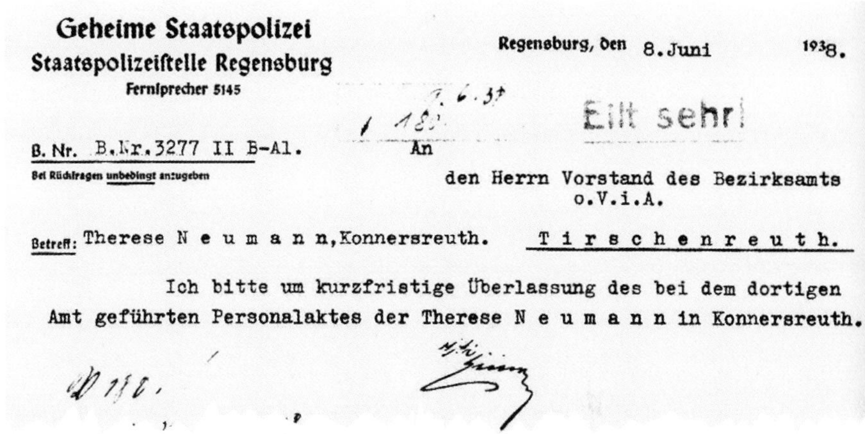

Geheime Staatspolizei
Staatspolizeistelle Regensburg
Fernsprecher 5145

Regensburg, den 8. Juni 1938.

Eilt sehr!

B. Nr. B.Nr.3277 II B-Al.
Bei Rückfragen unbedingt anzugeben

An
den Herrn Vorstand des Bezirksamts o.V.i.A.
Tirschenreuth.

Betreff: Therese N e u m a n n, Konnersreuth.

Ich bitte um kurzfristige Überlassung des bei dem dortigen Amt geführten Personalaktes der Therese N e u m a n n in Konnersreuth.

Abb. 84: Anforderung von Resls Personalakten durch die Gestapo. (StAAm1, 161)

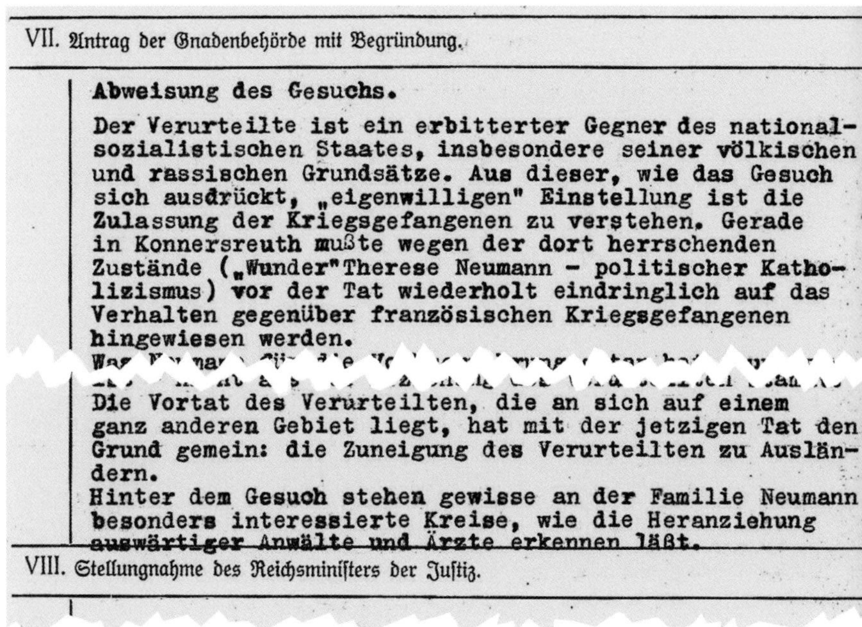

VII. Antrag der Gnadenbehörde mit Begründung.

Abweisung des Gesuchs.

Der Verurteilte ist ein erbitterter Gegner des nationalsozialistischen Staates, insbesondere seiner völkischen und rassischen Grundsätze. Aus dieser, wie das Gesuch sich ausdrückt, „eigenwilligen" Einstellung ist die Zulassung der Kriegsgefangenen zu verstehen. Gerade in Konnersreuth mußte wegen der dort herrschenden Zustände („Wunder"Therese Neumann – politischer Katholizismus) vor der Tat wiederholt eindringlich auf das Verhalten gegenüber französischen Kriegsgefangenen hingewiesen werden.

Die Vortat des Verurteilten, die an sich auf einem ganz anderen Gebiet liegt, hat mit der jetzigen Tat den Grund gemein: die Zuneigung des Verurteilten zu Ausländern.

Hinter dem Gesuch stehen gewisse an der Familie Neumann besonders interessierte Kreise, wie die Heranziehung auswärtiger Anwälte und Ärzte erkennen läßt.

VIII. Stellungnahme des Reichsministers der Justiz.

Abb. 85: Stellungnahme des Amtsgerichts Waldsassen zum Gnadengesuch des Ferdinand Neumann vom 14. Dezember 1941 (Auszug). (StAAm5) diesem Zusammenhang auf die politischen Verhältnisse in Konnersreuth hingewiesen: „*Außerdem messe ich der Sache immerhin einige Bedeutung bei, da sich der Vorfall in einer Gegend ereignet hat, die immer noch ein Eldorado für Umtriebe des politisierenden Katholizismus – wenn auch unter dem Deckmantel der Seelsorge – ist. Schließlich ist der Verurteilte der Vater des ‚Wunders' Therese Neumann.*" (StAAm5)

Die immer wieder vorgebrachten Anschuldigungen über die „*politischen Vorkommnisse in Konnersreuth*" waren nicht unbegründet. Wie im Kapitel „Der Konnersreuther Kreis – Widerstand gegen Hitler" beschrieben, motivierte Resl ihren Freundeskreis zum Kampf gegen Hitler und unterstütze ihre Freunde bei deren Feldzügen gegen die Nazis.

Dabei kamen Resl ihre besonderen Fähigkeiten im erhobenen Ruhezustand zugute, in dem sie Hausdurchsuchungen und drohende Festnahmen vorausgesehen hat. Wie im Kapitel über den Konnersreuther Kreis berichtet wird, hörten ihre Freunde leider nicht immer auf ihre Warnung. Ihr Freund Dr. Fritz Gerlich wurde deshalb verhaftet und schließlich ermordet.

Von einer solchen Warnung der Resl berichtete Anni Spiegl: „*Es war im Dritten Reich. Wir wollten nachts eine Flugblattaktion starten. Das Paket mit Material hatten wir in der Waschküche im Wutzhaus. Ich saß im Arbeitszimmer mit der Resl und anderen zusammen. Plötzlich schaute Resl das Tagesevangelium. Es war eine Muttergottesvision. Anschließend sagte sie zu mir: ‚Was ihr heute Nacht tun wollt, das unterlaßt, es droht Gefahr!' Ottilie* [Resls Schwester, die Haushälterin im Wutzhaus war] *hat darauf die Flugblätter im Waschkessel verbrannt. … Als ich früh 6 Uhr im Geschäft war, kam schon die Gestapo. Sie hatte eine Großfahndung nach anonymen Spottkartenschreibern an Parteigrößen duchzuführen.*" (AS1, 50)

Falsche Zeitungsmeldungen 1935 und 1939

In der Zeit des Dritten Reiches wurde die Berichterstattung über Theres Neumann in Deutschland stark reduziert. Das Interesse der internationalen Presse war aber weiterhin sehr groß. Davon zeugte, dass zwei Gerüchte über die Resl in Zeitungen vieler Länder verbreitet wurden. Es gibt die Hypothese, die Nationalsozialisten hätten diese Gerüchte selbst in die Welt gesetzt, um festzustellen, welches Aufsehen eventuelle Maßnahmen gegen die Resl erregen würden.

Meldungen über einen KZ-Aufenthalt im Frühjahr 1935

Am 15. Februar 1935 gab der „Tagesbote" aus Brünn bekannt, Resl wäre fünf Tage im KZ festgehalten worden, weil sie in einer Vision vorausgesagt hätte, „*daß das jetzige Regime in Deutschland acht Jahre währen werde*". Eine ähnliche Meldung erschien am gleichen Tag in der bekannten italienischen Zeitung „La Stampa", in den Tagen darauf in der Ukraine, in Polen, in Liechtenstein, in Frankreich, in Norwegen und in Belgien. (Z-09-01)

Da diese Nachricht in Österreich zu „*ungeheurer Aufregung über das Schicksal der Resl*" geführt hatte, rief ein Reporter der Wiener Zeitung „Morgen" bei der Familie Neumann an und sprach mit der Resl. Sein Artikel über

Therese von Konnersreuth: Ich bin frei!

Telephonisches Gespräch mit der Redaktion des „Morgen"

Die Nachricht von der Verhaftung Therese Neumanns aus Konnersreuth durch die S. A. hat in Wien ungeheures Aufsehen hervorgerufen. „Therese von Konnersreuth im Konzentrationslager, weil sie das Ende des Hitler-Regimes prophezeit hatte", war die Meldung, die unter der Katholikenschaft Wiens größte Bestürzung hervorgerufen hatte.

Dem „Morgen" ist es gelungen, mit dem Vater Therese Neumanns und mit Therese Neumann selbst zu sprechen. Therese Neumann gibt auf dem Weg über den „Morgen" den Wienern, beruhigende Nachricht, daß sie vollkommen wohlauf und nie verhaftet gewesen ist.

Auf den telephonischen Anruf in Konnersreuth kommt zuerst der Vater ans Telephon.

„Warum, Herr Neumann, ist Ihre Tochter verhaftet worden?"

„Meine Tochter war nie verhaftet. Diese Nachricht ist unrichtig."

„In Wien herrscht ungeheure Aufregung um das Schicksal Ihrer Tochter."

„Meine Tochter ist vollkommen wohlauf, liegt aber zu dieser späten Abendstunde bereits zu Bett."

„Die Wiener Katholiken warten auf ein persönliches Wort von Therese, um zu wissen, ob ihr wirklich nichts geschehen ist!"

„Dann will ich sie doch aus dem Bett holen, damit sie selbst erklären kann, daß sie wirklich nicht verhaftet worden ist."

Einige Minuten später ist eine klare Frauenstimme deutlich am Telephon zu hören.

„Hier Therese Neumann. Was wünscht man in Wien zu hören?"

„Hier herrscht große Beunruhigung, weil man glaubt, daß Sie verhaftet und ins Konzentrationslager gebracht worden seien."

„Das ist nicht richtig. Ich bin nicht verhaftet und nie belästigt worden. Ich habe seit Wochen mein Haus, wo ich mit meinen Eltern wohne, nicht verlassen. Auch in der Schweiz war ich nicht und will auch bei meinem Vater bleiben. Sagen Sie, bitte, denen, die es angeht, daß sie über mein Schicksal vollkommen beruhigt sein können. Grüßen Sie alle guten Menschen, die sich für mein Schicksal gesorgt haben."

*

Soweit unser Gespräch mit Konnersreuth, das zweifellos auch weit über die Kreise der Wiener Katholiken hinaus Beruhigung hervorrufen wird, denn das Schicksal des armen Mädchens aus Konnersreuth hat auch jene berührt, die der katholischen Kirche sonst ferne stehen. Es zeigt sich hier nicht etwa, daß die Nazi vor Gewalttaten zurückschrecken, sondern bloß, daß sie es im gegebenen Fall mit der Angst zu tun bekamen.

Abb. 86: Bericht über ein Ferngespräch der Redaktion des „Morgen" mit Theres. (Z-09-02)

dieses Gespräch wurde von mehreren Zeitungen übernommen. Resl versicherte dem Anrufer, dass sie „*vollkommen wohlauf und nie verhaftet gewesen ist*". Der Reporter war beruhigt und sicher, dass sein Gespräch „*zweifellos auch weit über die Kreise der Wiener Katholiken hinaus Beruhigung hervorrufen wird, denn das Schicksal des armen Mädchens aus Konnersreuth hat auch jene berührt, die der katholischen Kirche sonst ferne stehen*" (siehe Abb. 86). Die Redaktion des „Morgen" muss gute Beziehungen zu den Neumanns gehabt haben, da deren Telefonnummer nicht allgemein bekannt war. Um zu verhindern, dass viele bei der Resl anrufen, war das Fernsprechgerät im Neumann-Haus auf den Namen von Resls Schwager Hans Härtl angemeldet. (Z-09-02; EH)

Die Nazis beobachteten genau, was in der Auslandspresse über die Resl berichtet wurde. Aufgrund des Artikels in der österreichischen Zeitung „Morgen" beauftragte die „Bayerische Politische Polizei" das Bezirksamt Tirschenreuth festzustellen, wer das Gerücht über die Verhaftung der Resl in die Welt gesetzt hat. Außerdem sollte herausgefunden werden, ob sich Theres in dem Gespräch mit dem Reporter abfällig über das Reich geäußert hätte. Der Verbreiter der falschen Meldung konnte nicht ermittelt werden. (StAAm1, 135)

Meldungen über Resls Ermordung ab Mitte 1939

Die Nachricht, die Nationalsozialisten hätten Theres Neumann ermordet, erregte noch weit mehr Aufmerksamkeit. Die erste Meldung dieser Art fand ich in einer polnischen Zeitung vom 22. Juli 1939. Unter der Überschrift (übersetzt) „*Tod von Teresy Neumann, der Stigmatisierten aus Konnersreuth*“ war zu lesen, dass „*das NS-Regime die Stigmatisierte brutal losgeworden ist*“, nachdem sie einige Zeit im Gefängnis und später in einem Gefängniskrankenhaus gewesen war. (Z-09-03)

Abb. 87: Falschmeldungen „Therese Neumann ist gestorben“ im 2. Halbjahr 1939.

Artikel mit ähnlichen Inhalten fand ich in Zeitungen rund um die Welt (sortiert nach Erscheinungsdatum):

22. Juli 1939 in Polen
25. Juli 1939 in der Ukraine
30. Juli 1939 in Deutschland/Baden
31. Juli 1939 in Holland
02. August 1939 in der Slowakei
04. August 1939 in Ungarn
20. August 1939 in Belgien
08. September 1939 in Österreich
11. September 1939 in Norwegen
11. September 1939 in Italien
12. September 1939 in Frankreich
12. September 1939 in Brasilien
12. September 1939 in Puerto Rico
12. September 1939 in Algerien
13. September 1939 in den USA
15. September 1939 in Luxemburg
17. September 1939 in Lettland
17. September 1939 in Estland
25. September 1939 in Spanien
27. September 1939 in Liechtenstein
29. September 1939 in Irland
23. Oktober 1939 in der Schweiz
08. November 1939 in Indonesien
09. November 1939 in Kanada
23. November 1939 in Rumänien
23. November 1939 in Australien
12. Dezember 1939 auf Kuba
07. März 1940 in Neuseeland
29. April 1940 in Großbritannien

Warum gingen die Nazis nicht gegen Resl vor?

Mehreren Freunden der Resl waren die Nationalsozialisten brutal zu Leibe gerückt. Dr. Fritz Gerlich, der auf Vermittlung der Resl und mit ihrer Unterstützung in seiner Zeitung massiv gegen Hitler agitiert hatte, wurde 1934 „in Schutzhaft" erschossen. Pater Ingbert Naab, der unter anderem ein millionenfach verteiltes und in vielen Zeitungen gedrucktes Flugblatt gegen Hitler erstellt hatte, konnte nach Resls Warnung fliehen und starb auf der Flucht. Über Dr. Gerlich und Pater Naab wird ausführlich im Kapitel über den Konnersreuther Kreis berichtet.

Den Nationalsozialisten war, wie bereits erläutert, bekannt, was Resl von ihnen gehalten hat und dass sie ihre Freunde bei deren Kampf gegen die Nazis unterstützte. Menschen, die sich derart offen gegen sie geäußert hatten, wurden von den Nazis meist aus dem Weg geräumt, speziell wenn diese einen hohen Bekanntheitsgrad oder Einflussbereich hatten.

Warum hat man Resl nicht einfach verhaftet und in einem KZ beiseite geschafft? Darüber gibt es mehrere Hypothesen. Viele Chronisten gehen davon aus, dass Hitler Resls geheime Kraft fürchtete und deshalb persönlich den Befehl gegeben hatte, nichts gegen die Resl zu unternehmen. Auch Anni Spiegl, die seit 1932 mit Resl befreundet war, hatte derartige Informationen: *„Man ließ sie in Ruhe. Diese Ruhe hatte Resl nicht zuletzt Hitler selbst zu verdanken. Wir konnten in Erfahrung bringen, daß Hitler die Anweisung gegeben hatte, gegen Resl nicht vorzugehen. … Hitler war sehr abergläubisch und war innerlich abhängig von Wahrsagern und Astrologen. Wahrscheinlich flößte ihm das Geheimnisvolle um Resl Furcht ein."* (AS2, 68)

Dass die Nazis Angst vor einer geheimen Kraft der Resl hatten, erschließt sich auch aus dem Schreiben der Gestapo vom Juni 1942. Aufgrund eines Gerüchts, nach dem Resl prophezeit haben soll, der Krieg würde 6 Wochen nach ihrem Tod enden, wurde von der Gestapo nicht nur nachgefragt, ob sie das wirklich vorhergesagt hatte. Sicherheitshalber wollte man wissen, ob Resl noch lebt oder ihren Tod angekündigt hätte. Man war sich wohl nicht ganz sicher, ob ein Kriegsende, so wie Resl es angeblich prophezeit hatte, mit Resls Tod in Verbindung stehen könnte (siehe Abb. 88).

Einen anderen Grund, aus dem Hitler Angst vor der Resl hatte, vermutete man am anderen Ende der Welt. Am 26. Oktober 1943 erschien in Australien der Artikel *„Teresa Neumann, Stigmatic of bavaria, ist THE WOMAN HITLER FEARS"*. Die Reporterin vermutete, dass man bei Maßnahmen gegen die Resl eine Revolution befürchtete:

„Warum hat dieser Diktator dann Teresa Neumann, die ihm immer wieder die Stirn geboten, ihn offen kritisiert und seinen Sturz vorhergesagt hat, nicht behelligt? Die Antwort auf diese Frage ist in Deutschland kein Geheimnis. Von Zeit zu Zeit hört man von einer Revolution in Deutschland. Als ich dort war, war im Reich die Rede davon, dass es zu dieser Revolution kommen würde, wenn Hitler einen Finger rühren würde, um der Stigmatisierten von Konnersreuth zu schaden. Nicht nur Katholiken wür-

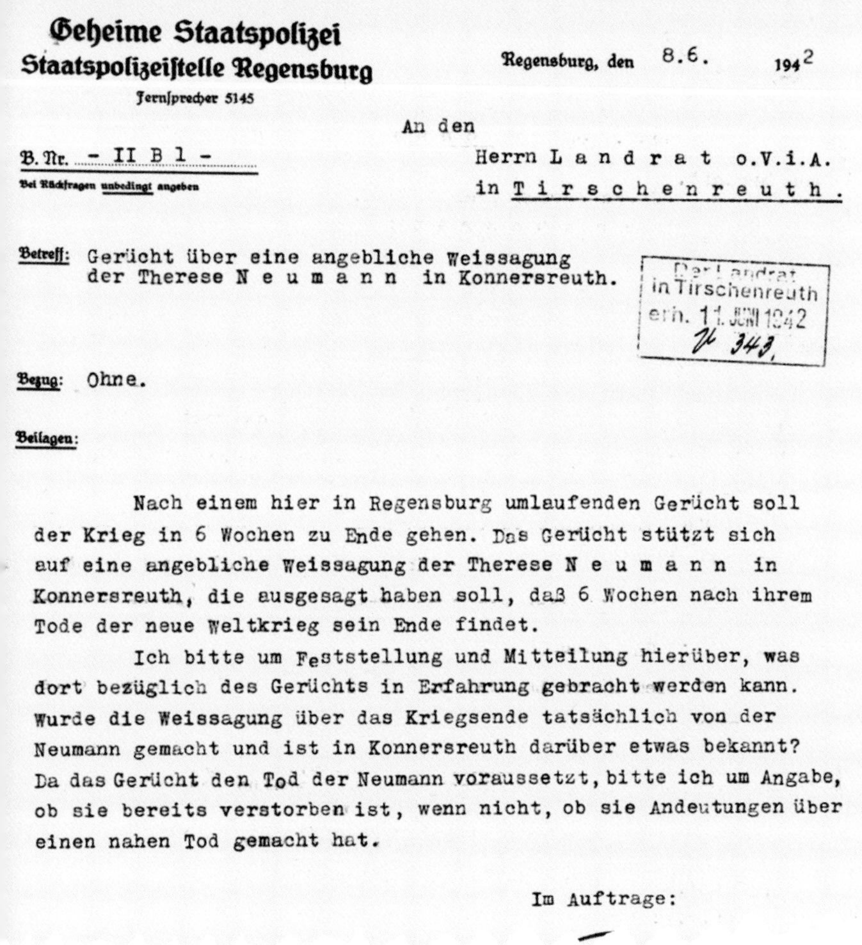

Geheime Staatspolizei
Staatspolizeistelle Regensburg
Fernsprecher 5145

Regensburg, den 8.6. 1942

B.Nr. - II B 1 -
Bei Rückfragen unbedingt angeben

An den
Herrn L a n d r a t o.V.i.A.
in T i r s c h e n r e u t h .

Betreff: Gerücht über eine angebliche Weissagung der Therese N e u m a n n in Konnersreuth.

Der Landrat in Tirschenreuth erh. 11. JUNI 1942 Nr 343

Bezug: Ohne.

Beilagen:

Nach einem hier in Regensburg umlaufenden Gerücht soll der Krieg in 6 Wochen zu Ende gehen. Das Gerücht stützt sich auf eine angebliche Weissagung der Therese N e u m a n n in Konnersreuth, die ausgesagt haben soll, daß 6 Wochen nach ihrem Tode der neue Weltkrieg sein Ende findet.

Ich bitte um Feststellung und Mitteilung hierüber, was dort bezüglich des Gerüchts in Erfahrung gebracht werden kann. Wurde die Weissagung über das Kriegsende tatsächlich von der Neumann gemacht und ist in Konnersreuth darüber etwas bekannt? Da das Gerücht den Tod der Neumann voraussetzt, bitte ich um Angabe, ob sie bereits verstorben ist, wenn nicht, ob sie Andeutungen über einen nahen Tod gemacht hat.

Im Auftrage:

Abb. 88: Anfrage der Gestapo wegen angeblicher Weissagung der Resl. (StAAm1, 173)

den sich auflehnen, sondern auch Protestanten und Juden, denn diese Frau ist ein Symbol Gottes für alle Glaubensrichtungen, die an ihn glauben. Hitler weiß das und schweigt vorsichtshalber über sie.“ (Z-09-05)

Ein dritter Grund, warum Resl unbehelligt blieb, war ihre internationale Bekanntheit. Wie durch die schnelle Verbreitung der erwähnten Falschmeldungen deutlich geworden war, wurde im Ausland beobachtet, was mit Theres Neumann passierte. Nach der ersten Falschmeldung über die Verhaftung der Resl gab der damalige Vorstand des Bezirksamts Tirschenreuth am 3. August 1935 der Bayerischen Politischen Poilzei den Ratschlag: „*Das Ausland hat für die Vorgänge in Konnersreuth starkes Interesse. Auch in dieser Hinsicht dürfte eine gewisse Umsicht am Platze sein, damit nicht wieder Anlaß zu Hetzereien gegen Deutschland geboten wird.*“ (StAAm1, 144)

Eine oder vielleicht mehrere der genannten Ängste beziehungsweise Befürchtungen dürfte der Grund dafür gewesen sein, warum sich Hitler über das Wohlbefinden der Resl auf dem Laufenden halten ließ. In den ersten Jahren des Dritten Reichs soll dafür Wilhelm von Holzschuher, der nationalsozialistische Regierungspräsident von Niederbayern und der Oberpfalz, regelmäßig auf seiner Fahrt von Regensburg nach Berlin in Konnersreuth Halt gemacht haben. Resls Bruder Ferdinand erzählte, dass auch Fritz Wächtler, Gauleiter der Bayerischen Ostmark aus Bayreuth, öfter persönlich in Konnersreuth war, um den Stand der Dinge zu kontrollieren. Dabei deutete der Gauleiter an, „*der ‚Führer‘ hätte ihn beauftragt. Er soll dafür sorgen, dass der Resl nichts geschieht, daß die Rabauken der SA Resl keinen Ärger machen.*“ (LR, 160; Z-09-04)

Sind die Nationalsozialisten auch nicht offen gegen die Resl vorgegangen, so sprechen mehrere Indizien dafür, dass man einen Klinikaufenthalt der Resl hätte nutzen wollen, um sie unauffällig aus dem Weg zu räumen. Wie im Kapitel „Überprüfung der Nahrungslosigkeit" beschrieben, wurde 1936/1937 massiver Druck ausgeübt, um zu erreichen, dass Resl in eine „neutrale Klinik" eingeliefert wird.

Mordversuch an Resl – Beschuss von Konnersreuth – die Amerikaner wurden gute Freunde

Seit Anfang 1945 war in Konnersreuth eine deutsche Genesungskompanie aus dem Raum Koblenz einquartiert. Dabei handelte es sich um Soldaten, die sich nach einem Lazarett-Aufenthalt erholen sollten, um dann wieder an die Front geschickt zu werden. Die Soldaten dieser Kompanie und deren Kompanieführer, ein Major, hatten gute Kontakte zur Bevölkerung und zur Familie Neumann. (JS1, 93-94)

Mitte April 1945 nistete sich eine Abteilung der Waffen-SS in Konnersreuth ein. Außerhalb von Konnersreuth hatten sie Stellungen aufgebaut. Dass dies nichts Gutes bedeuten konnte war offensichtlich, zumal man gehört hatte, wie ein SS-Hauptmann sagte: „Dieses schwarze Nest gehört ausgebrannt" und ein SS-Soldat: „Wenn die Leute wüssten, was wir vorhaben…" (AN, 179)

Der Krieg war verloren, die Macht Hitlers, der seit vier Monaten nur noch in den Räumen des Berliner Führerbunkers lebte, schon massiv am Schwinden. Deshalb wurde vermutlich die Anweisung Hitlers, nichts gegen Theres zu unternehmen, von den SS-Soldaten nicht mehr ernst genommen. Am 19. April 1945 fragte der SS-Zugführer erst im Haus der Familie Neumann und dann im Pfarrhof nach der Resl. Diese hatte sich vorsorglich versteckt. Als die SS-Leute zum Neumann-Haus zurückgingen, um dort im Haus nach Resl zu suchen, stellte sich der Major der Genesungskompanie dem SS-Zugführer in den Weg, um Resl zu schützen. Die beiden hatten einen heftigen Streit, der so weit eskalierte, dass sie ihre Pistolen gegeneinander richteten. Sie mussten von einem anderen Offizier getrennt werden. (JS1, 94)

Dass es sich dabei um einen Versuch der SS, Resl zu ermorden, gehandelt hatte, konnte Toni Siegert, Journalist und Redakteur beim Bayerischen Rundfunk, zweifelsfrei belegen, als er amerikanische Akten aus dieser Zeit durchforstete. (BKK Nr. 5/1995)

Am nächsten Tag, dem 20. April 1945, zehn Tage vor Hitlers Tod, waren SS-Leute mit Maßbändern in der Ortsmitte von Konnersreuth unterwegs und erfassten die Abstände zwischen den Gebäuden. Wie sich herausstellte, war das die Vorbereitung für den Beschuss der Marktgemeinde. Nachdem die SS-Einheit abgezogen war, am Nachmittag des 20. April, hing eine bedrückende Stille über Konnersreuth. Die Einwohner hatten sich in Kellern in Sicherheit gebracht. (EH; AN, 181)

Ab etwa 5 Uhr nachmittags wurde Konnersreuth aus Richtung Nordosten von leichter Artillerie beschossen. Dort hatte sich die SS, etwa einen Kilometer entfernt, in einem kleinen Steinbruch verschanzt. Ferdinand Kunz (der „Marken-Ferdl") aus dem nah beim

Steinbruch gelegenen Dorf Groppenheim belauschte die Gespräche während des Beschusses. Kunz hörte, wie die SS-Leute beim Laden der Granatpatronen sagten: „Der nächste Schuss ist für die Kirche … der nächste für den Pfarrhof." Die SS schoss also gezielt auf Kirche und Pfarrhof. (JS1, 93-94; EH)

Der Konnersreuther Ortsbauernführer musste davon in Kenntnis gesetzt worden sein. Als er am frühen Nachmittag Resl traf, fragte er sie, wo sie sich in Sicherheit bringen will. Er riet davon ab, in den Keller des Pfarrhofs zu gehen, da Resl dort nicht sicher sei. Sie sollte lieber zu ihm kommen, bei ihm würde ihr nichts passieren. Der Bauernhof des Ortsbauernführers stand mitten in Konnersreuth, weniger als 100 m vom Pfarrhof entfernt. (EH)

Resl hatte sich mit dem Pfarrer, zwei ihrer Schwestern und 14 Kindern, unter denen auch mein Vater war, im Keller unter dem Pfarrstadel in Sicherheit gebracht. Der Stadel wurde von einer Granate getroffen. Resl und die Anderen konnten sich in letzter Sekunde durch den unter einer Dreschmaschine versteckten Ausgang in Sicherheit bringen. Eine wertvolle Monstranz, Messkelche und Tausende von Briefen, Aufzeichnungen und Dokumente über Resl, die Pfarrer Naber gesammelt hatte, fielen den Flammen zum Opfer. (EB, 30; EH)

Kein anderer Ort im Landkreis Tirschenreuth wurde auch nur annähernd so stark zerstört wie Konnersreuth. In der Reichshauptstadt Berlin hatte man trotz schwerer Gefechte an vielen Fronten den Ort Konnersreuth besonders im Auge. Am Tag des Beschusses wurde der letzte amtliche deutsche Wehrmachtsbericht ausgestrahlt, der die Meldung enthielt: *„Um das weltberühmte Konnersreuth wird erbittert gekämpft."* (AN, 178; JS1, 93)

Durch den Beschuss kamen zwei Konnersreuther und einige Soldaten ums Leben (die Angaben schwanken zwischen zwei und vier Soldaten der Genesungskompanie). Resls Bruder Ferdinand schrieb an Verwandte, dass 17 Wohnhäuser und 28 große Scheunen mit Nebengebäuden vollständig abgebrannt und viele andere Gebäude stark beschädigt waren. Der Pfarrhof bekam einen Volltreffer in die Küche und in das Schlafzimmer des Herrn Pfarrers. Die Nebengebäude des Pfarrhofes brannten vollständig nieder. Das Kirchendach wurde zweimal getroffen. (Z-09-06; EH)

Dass gezielt der Pfarrhof beschossen wurde, kann man auch daran erkennen, dass der Pfarrhof drei Treffer abbekam und 30 Granaten in den Pfarrgarten einschlugen, die meisten davon sehr nah am Pfarrhof. Das Haus der Neumanns bekam Treffer im Giebel und einen Granateneinschuss in die Waschküche, gleich links neben dem Hauseingang (siehe Abb. 89). (JS1, 94; EH)

Es gab immer wieder Diskussionen, ob Konnersreuth zuerst von der SS oder von den Amerikanern beschossen wurde. Pfarrer Naber notierte, was ihm ein Bote des Amerikanischen Kommandanten am Tag nach dem Einzug mitgeteilt hat: „*… Am 20. April schickten wir einen Flieger in der Richtung Konnersreuth, der nicht mehr zurückgekehrt ist. Wir schickten einen zweiten, der meldete, um Konnersreuth seien Geschützstellungen, in Konnersreuth viel Militär … wir warteten, bis wir Schießen*

Abb. 89: Granaten-Einschussloch im Haus der Familie Neumann. (Foto: Unbekannter amerikanischer Soldat)

Abb. 90: Resl mit amerikanischen GIs. (Foto: Guy Moews)

auf Konnersreuth hörten und den Ort brennen sahen. Zuletzt wurde auch auf uns geschossen und wir erhielten nunmehr Befehl, mehrere Schüsse in der Richtung Konnersreuth abzugeben." (AN 179)

Viele Zeugen und Indizien sprechen eindeutig dafür, dass die Aussagen des Amerikanischen Kommandanten zutreffen. Dass die SS Konnersreuth beschossen hat, steht außer Zweifel. Auch eine Erzählung meines Vaters bestätigt dies: Eine Granate schlug östlich des Hauses der Familie Härtl, ganz nah neben dem Dach des in einen Hang hineingebauten Wohnhauses ein. Dabei wurde Erde auf das Ostdach geschleudert. Wäre die Granate von den Amerikanern, die von Westen her auf Konnersreuth einrückten, abgefeuert worden, wäre es unmöglich gewesen, dass sie so nah am Haus einschlug, ohne das Dach zu treffen. Die SS beschoss Konnersreuth aus dem Steinbruch bei Groppenheim, also aus Richtung Nordosten. Das Dach war hier also nicht im Weg. (EH)

Die von einigen diskutierte Frage, wer mit dem Beschuss von Konnersreuth begann, ist eigentlich nebensächlich. Vielmehr muss gefragt werden, warum die SS Konnersreuth überhaupt beschossen hat, obwohl sie festgestellt hatte, dass dort keine Feinde, sondern nur Einheimische und deutsche Soldaten getroffen werden konnten.

Nachdem das 358. Infanterieregiment der Amerikaner am 21. April 1945 in Konnersreuth eingezogen war, besuchte dessen Kommandeur Theres und zeigte ihr eine strategische Karte, auf der Konnersreuth rot eingekreist war. Dieser Kreis bedeutete, dass die Amerikaner die

Anweisung hatten, den Ort nach Möglichkeit zu schonen, weil dort Theres Neumann lebte. (AN, 182; AP32; EH)

Da mit Attentaten von versprengten SS-Angehörigen auf Theres gerechnet wurde, ließen die Amerikaner zum Schutz von Konnersreuth das 2. Bataillon ihres Regiments in Konnersreuth zurück. Darüber, dass die GIs Resl beschützten, wurde sogar in Zeitungen in den USA berichtet. Unter der Überschrift „Americans Give Guards to Stigmatized Theresa" erfuhr man: „*Amerikanische Armeebehörden haben zwei spezielle Wachen zur Verfügung gestellt, um Theresa Neumann zu schützen … Sie stellten einen Maschinengewehrposten unter ein Fenster ihrer Wohnung.*" Dies deckt sich mit Berichten aus anderen Quellen, nach denen die GIs einen Doppelposten aufstellten, der Resl und das Haus der Neumanns Tag und Nacht bewachte. (Z-09-07; AN, 182)

Im eben zitierten Artikel wurde auch darüber informiert, wie sich Resl über die Ankunft der Amerikaner freute: „*‚Endlich können wir wieder frei atmen.' Sie erzählte es einem NCWC-Korrespondenten.*"

Die amerikanischen Soldaten waren sehr freundlich zu den Konnersreuthern. Sie halfen der Bevölkerung und unterstützten Theres mit Medikamenten, Verbandszeug und Seife. Das konnte sie gut brauchen, da sie in dieser Zeit viel unterwegs war, um Kranke zu pflegen und zu trösten, worüber schon im Kapitel „Resl im alltäglichen Leben" berichtet wurde. (Z-09-07; AN, 193)

In den Jahren nach dem Krieg kamen Tausende von Amerikanern nach Konnersreuth, um Resl während ihrer Leidensvision zu sehen oder um sie zu besuchen. Zwischen Resl und Soldaten der US-Armee entwickelten sich enge Freundschaften, die bis zu Resls Lebensende anhielten. (AP, 117, 42)

Zu den Verehrern der Resl zählten auch hohe Offiziere der US-Armee, die ihr immer wieder ihre Hilfe anboten. Für sich selbst nahm Resl derartige Angebote nicht in Anspruch, außer wenn sie die Möglichkeit bekam, in einem amerikanischen Auto einen Ausflug zu machen. (AP, 117)

Als Resl zweimal die Hilfe der Amerikaner in Anspruch nahm, war das nicht für sie persönlich. Wie im Kapitel „Spuren der Resl in Konnersreuth" beschrieben, benötigte sie die Vermittlung der Amerikaner, um 1951 das Geld zu organisieren, das die Salesianer zum Erwerb des Schlossgutes Fockenfeld benötigten, um dort eine Spätberufenenschule zu eröffnen. Fünf Jahre später, im Jahr 1957, erfuhren Resls amerikanische Freunde, dass ein neues Kreuz auf den Konnersreuther Kirchturm gebracht werden musste. Sie stellten dafür zwei Militärhubschrauber zur Verfügung. Über diese spektakuläre Aktion wurde in Zeitungen und Magazinen in Deutschland und Amerika berichtet. Im Nachrichtenmagazin „Der Spiegel" erschien ein großes Foto (siehe Abb. 91).

Es gab Nazis, die Resl geholfen haben

Von Adam Vogl, dem Vorstand des Bezirksamtes Tirschenreuth, war bereits die Rede. In ihm hatte Resl einen wichtigen und einflussreichen Beschützer. Vogl war von 1933 bis Ende 1938 Vorstand des Bezirksamts,

Therese Neumann, 59, die „Stigmatisierte von Konnersreuth", die seit 31 Jahren karfreitags die „Kreuzigungswundmale Christi" zur Schau trägt, überwachte gemeinsam mit dem amerikanischen Generalleutnant **Francis W. Farrell,** 57 (M.), die Montage eines neuen Kreuzes auf dem Kirchturm von Konnersreuth. Sie geleitete das 100 Kilogramm schwere vergoldete Kreuz zum Startplatz eines amerikanischen Armee-Hubschraubers, mit dem es auf die Kirchturmspitze gehoben wurde.

Abb. 91: Beitrag in „Der Spiegel" vom 6. November 1957. Das neue Kirchturmkreuz wurde getragen von Hans Schaumberger (vorne) und meinem Vater Englbert Härtl an der Turmkugel. (Z-09-08)

nachdem am 1. Januar 1939 die Bezirke in Landkreise umbenannt worden waren, war er bis 1942 Landrat von Tirschenreuth.

Obwohl Vogl NSDAP-Mitglied und SA-Sturmführer war, bemühte er sich während seiner gesamten Amtszeit in Tirschenreuth darum, dass Resl und ihrer Familie nichts passierte. Eine besonders kritische Situation war entstanden, als am 23. Juli 1935 die Bayerische Politische Polizei (BPP) den schon genannten „*umgehenden, zusammenfassenden Bericht*" über die politischen Zusammenhänge in Konnersreuth von ihm forderte [Anmerkung: Chef der BPP war Heinrich Himmler, der Führer der SS]. In seiner 10-seitigen Antwort entkräftete Vogl viele Angriffe und Strafanzeigen ge-

Aufstand in Konnersreuth

Katholiken erzwingen Wiederherbeischaffung eines aus der Schule entfernten Kreuzes — Uebergriffe untergeordneter Stellen

—ss— In Konnersreuth, dem allen Egerländern als Wohnort der stigmatisierten Therese Neumann bekannten oberpfälzischen Städtchens, hatte der der Deutschen nationalsozialistischen Arbeiterpartei angehörende Lehrer Arnold ein Kreuz aus dem Klassenzimmer der katholischen Schule entfernen lassen. ...

Daraufhin begaben sich etwa hundert Personen, zum größten Teil Männer, zur Wohnung des Lehrers. Drei Männer von ihnen ersuchten den Lehrer um die Herausgabe des Kreuzes, die der Lehrer verweigerte.

Inzwischen trat die Polizei in Aktion. Sie forderte die Menge zum Auseinandergehen auf, doch ergebnislos. ...

... Kaum eine Stunde später traf ein Polizeiauto mit sechs Polizisten und später noch andere auf Motorrädern ein. Nach ihnen kam Oberamtmann Vogl aus Tirschenreuth, der sich nach den Wünschen der Demonstranten erkundigte und in der Bürgermeisterei verhandelte. Schließlich traf in einem Auto auch noch der Kreisleiter der NSDAP. in Konnersreuth ein.

Nach einer Beratung der in Konnersreuth versammelt gewesenen Staats- und Parteifunktionäre erschien plötzlich der Gemeindediener und brachte das verlangte Kreuz an seinem Platz in der Schule.

Damit war der Aufstand in Konersreuth beendet.

Abb. 92: Artikel über einen „Aufstand", nachdem das Schulkreuz in Konnersreuth entfernt worden war (gekürzt). (Z-09-09)

gen die Familie Neumann und die Resl. Er machte klar, dass von der Resl nichts zu befürchten war: „*Sie ... steht mit beiden Füßen fest auf dem Boden der Wirklichkeit. ... Ich halte sie deshalb für viel zu klug, als daß sie sich auf aussichtslose politische Konspiration, auf eine Greuelhetze oder auf ähnliche unsaubere Dinge einlassen würde. ... Ich sehe daher keinen Anlaß, warum die Sache jetzt nochmals aufgegriffen und neuerdings eine polizeiliche Aktion gegen die Resl unternommen werden sollte.*" Vogl riet aufgrund des internationalen Interesses eine gewisse Umsicht mit Resl an und sagte zu, dass er die Verhältnisse in Konnersreuth weiterhin aufmerksam beobachten würde. (StAAm1, 138, 144)

Auch als 1937 ein Nazi-Lehrer das Konnersreuther Schulkreuz entfernen ließ, war es Adam Vogl, der so erfolgreich verhandelte, dass dem Wunsch der Konnersreuther stattgegeben und „*der Aufstand in Konnersreuth beendet*" wurde, ohne dass die Konnersreuther belangt worden wären (siehe Abb. 92).

Resl wusste, was Vogl für sie getan hatte. Die „Mittelbayerische Zeitung" vom 4. Dezember 1948 berichtete über ihre Aussage für Adam Vogl in dessen Entnazifizierungsprozess: „*... Auf die Frage des Senatspräsidenten, ob sie es dem Betroffnen zu verdanken habe, daß sie nicht in ein KZ gekommen sei, antwortete sie: ‚Ganz gewiß.' Dem Betroffenen habe sie auch zu verdanken, daß der Wunsch des Reichsgesundheitsführers Dr. Conti, sie einer staatlichen ärztlichen Untersuchung zu unterziehen, nicht Wirklichkeit geworden sei.*" (Z-09-10)

Von einem anderen Funktionär des NS-Regimes erzählte Resl im August 1947 einem Spiegel-Reporter. Der SS-Brigadeführer wollte „*die Theresen-Legende zerstören*". Nachdem er Resl persönlich kennengelernt hatte, änderte er seinen Sinn und half ihr, als sie in Schwierigkeiten geriet. „*‚Jetzt hat er mir einen Brief geschrieben', erinnert sich Therese, ‚er hat Sorgen wegen der Entnazifizierung.'*" (Z-09-11)

Der Konnersreuther Kreis – Widerstand gegen Hitler

Um Theres Neumann bildete sich ein Freundeskreis, der schon bald als „Konnersreuther Kreis“ bezeichnet wurde. Dabei handelte es sich um keine feste Personengruppe, sondern um einen wechselnden Freundeskreis, deren *„Ruhepol und geistige Heimat“* die Resl war. Das Zentrum dieser Gruppe war nicht in Konnersreuth, sondern im Haus von Professor Wutz in Eichstätt. Zum Konnersreuther Kreis gehörten Personen aus den verschiedensten Bevölkerungsschichten, wie der Publizist Dr. Fritz Gerlich, Fürst Erich von Waldburg-Zeil, mehrere Professoren-Kollegen von Dr. Wutz, die Metzgereiverkäuferin Anni Spiegl sowie Nonnen und Patres aus den Eichstätter Klöstern. Bei den Letztgenannten sind besonders Pater Ingbert Naab aus dem Kapuzinerkloster und Äbtissin Benedikta von Spiegel aus dem Benediktinerinnenkloster St. Walburg zu nennen. (AN 169-171)

Die Bezeichnung „Konnersreuther Kreis“ wurde wahrscheinlich von Gegnern der Resl geprägt. Mehrmals taucht die Bezeichnung in Mitteilungen des Stationsführers der örtlichen Gendarmeriestation auf. Gendarmeriehauptwachtmeister Raml berichtete über den „Konnersreuther Kreis“ als *„Brutstätte für Greuelnachrichten“* an das Bezirksamt in Tirschenreuth, die Außenstelle des Reichspropagandaministeriums in Bayreuth und an die Bayerische Politische Polizei (BPP) in München. Die BPP, die, wie schon erwähnt, ab 1936 in „Gestapo“ umbenannt wurde, übernahm die Bezeichnung des Freundeskreises und forderte 1935 Auskünfte über die *„politischen Verhältnisse in Konnersreuth“*, speziell über den *„sogen. ‚Konnersreuther Kreis‘, in dessen Mittelpunkt die Familie Neumann steht“* (siehe Abb. 93). (StAAm1, 138; 145)

Adam Vogl, der Vorstand des Bezirksamtes Tirschenreuth, unterschied bei seiner Antwort zwei Bedeutungen des „Konnersreuther Kreises“: *„Als ‚Konnersreuther Kreis‘ wurde … eine Reihe von unentwegten Anhängern der Resl bezeichnet, die die Echtheit der bei ihr auftretenden Erscheinungen auch öffentlich und literarisch verteidigen. … Der Gendarmeriehauptwachtmeister Raml hat die Bezeichnung ‚Konnersreuther Kreis‘ in einem andern Sinn angewendet. Er bezeichnet damit in seinen Berichten und Anzeigen die Resl, ihre nähere und weitere Umgebung und überhaupt alle Personen, von denen er annimmt, daß sie sich im gegenseitigen geheimen Einverständnis an politischen Umtrieben gegen den neuen Staat beteiligen. Er … versteht darunter einen Kreis von Personen, die sich um die Resl geschart haben, um den neuen Staat auf alle mögliche Art und Weise zu bekämpfen.“* (StAAm1, 144)

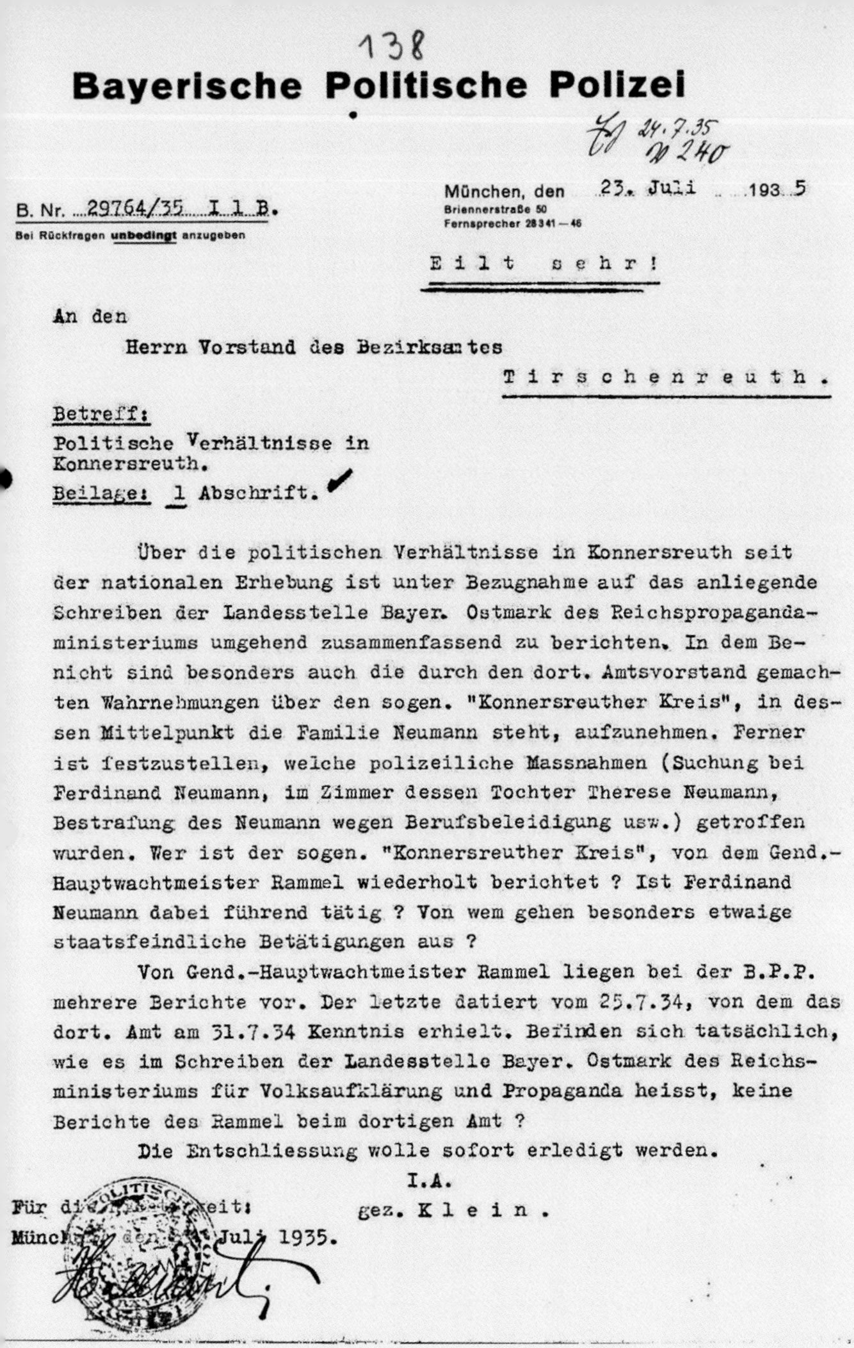

138

Bayerische Politische Polizei

B. Nr. 29764/35 I 1 B.
Bei Rückfragen unbedingt anzugeben

München, den 23. Juli 1935
Briennerstraße 50
Fernsprecher 28341 – 46

24.7.35
240

E i l t s e h r !

An den
Herrn Vorstand des Bezirksamtes
T i r s c h e n r e u t h .

Betreff:
Politische Verhältnisse in Konnersreuth.
Beilage: 1 Abschrift.

Über die politischen Verhältnisse in Konnersreuth seit der nationalen Erhebung ist unter Bezugnahme auf das anliegende Schreiben der Landesstelle Bayer. Ostmark des Reichspropagandaministeriums umgehend zusammenfassend zu berichten. In dem Bericht sind besonders auch die durch den dort. Amtsvorstand gemachten Wahrnehmungen über den sogen. "Konnersreuther Kreis", in dessen Mittelpunkt die Familie Neumann steht, aufzunehmen. Ferner ist festzustellen, welche polizeiliche Massnahmen (Suchung bei Ferdinand Neumann, im Zimmer dessen Tochter Therese Neumann, Bestrafung des Neumann wegen Berufsbeleidigung usw.) getroffen wurden. Wer ist der sogen. "Konnersreuther Kreis", von dem Gend.-Hauptwachtmeister Rammel wiederholt berichtet ? Ist Ferdinand Neumann dabei führend tätig ? Von wem gehen besonders etwaige staatsfeindliche Betätigungen aus ?

Von Gend.-Hauptwachtmeister Rammel liegen bei der B.P.P. mehrere Berichte vor. Der letzte datiert vom 25.7.34, von dem das dort. Amt am 31.7.34 Kenntnis erhielt. Befinden sich tatsächlich, wie es im Schreiben der Landesstelle Bayer. Ostmark des Reichsministeriums für Volksaufklärung und Propaganda heisst, keine Berichte des Rammel beim dortigen Amt ?

Die Entschliessung wolle sofort erledigt werden.

I.A.
gez. K l e i n .

Für d[illegible]eit:
Münc[illegible] Juli 1935.

Abb. 93: Nachfrage der Bayerischen Politischen Polizei zum „Konnersreuther Kreis". (StAAm1, 138)

Die Nationalsozialisten schenkten den Aussagen des Gendarmeriehauptwachtmeisters Raml über die staatsfeindlichen Aktivitäten des Freundeskreises Glauben. Das führte dazu, dass Mitglieder des Konnersreuther Kreises massiv von den Nazis verfolgt wurden. Es kam immer wieder zu Hausdurchsuchungen, zu Verhaftungen und sogar zum Mord. Einige derartige Maßnahmen der Nazis werden im Verlauf dieses Kapitels aufgezeigt.

Die Hauptmotivation des Freundeskreises war unpolitisch, wie der Journalist Albert Panzer aus Mitterteich es beschrieben hat: „*Dieser ‚Kreis' hegte keine vordergründig politischen Ambitionen. Es handelte sich vielmehr um Persönlichkeiten, die sich von den mystischen Vorgängen in Konnersreuth zutiefst betroffen wußten und um theologische oder wissenschaftliche Deutung jener Phänomene bemüht waren.*" (AP, 40)

Die Vermutung der Gestapo, vom Konnersreuther Kreis würden staatsfeindliche Betätigungen ausgehen, die von Theres unterstützt wurden, war aber nicht unbegründet. Darüber wird im Kapitel „Das Dritte Reich, eine gefährliche Zeit" und auf den Folgeseiten, auf denen die wichtigsten Mitglieder des Konnersreuther Kreises vorgestellt werden, informiert.

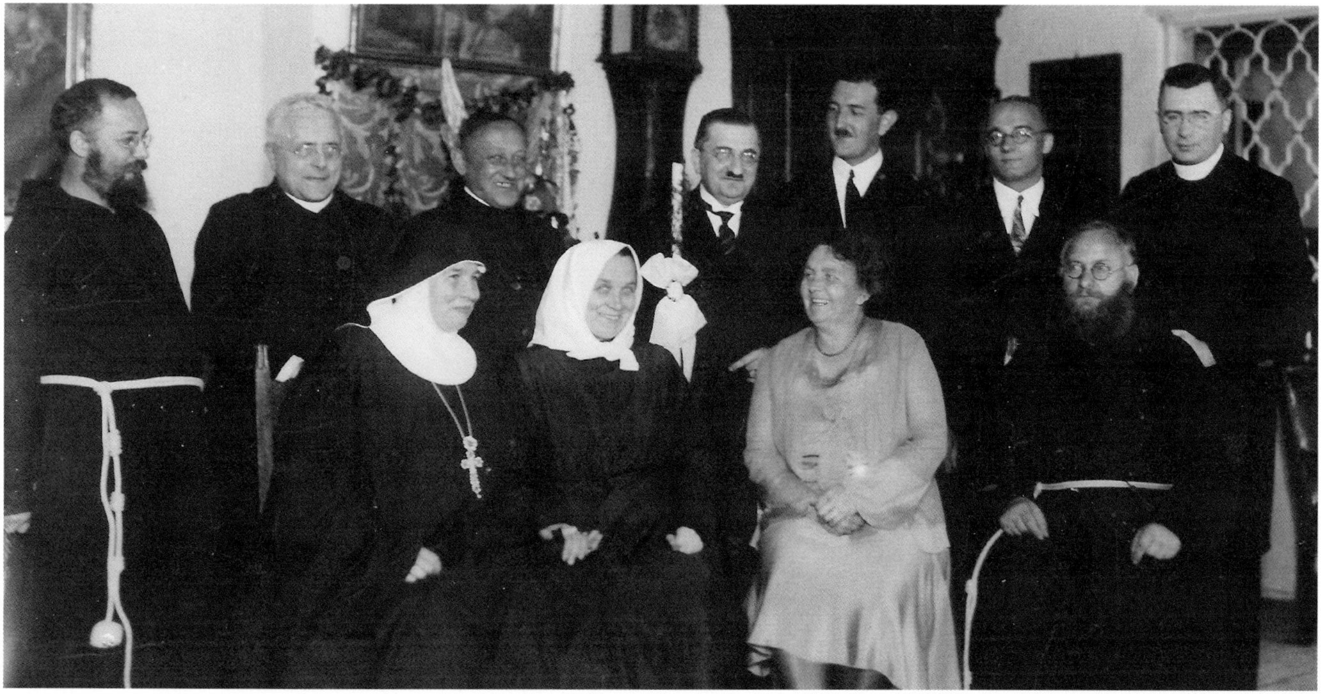

Abb. 94: Mitglieder des Konnersreuther Kreises bei der Feier der Konversion von Dr. Fritz Gerlich am 29. September 1931 in Eichstätt (Konversion ist der Übertritt zu einer anderen Konfession, hier zur katholischen Kirche).
Von links, vordere Reihe: Äbtissin von Spiegel, Theres Neumann, Sophie Gerlich, Pater Ingbert Naab.
Von links, hintere Reihe: Pater Cosmas Behr, Pfarrer Naber, Professor Wutz, Dr. Fritz Gerlich, Fürst von Waldburg-Zeil, Dr. Ludwig Weitmann, Professor Joseph Lechner. (Foto: Ferdinand Neumann)

Pfarrer Joseph Naber

Joseph Naber wurde 1870 in Neukirchen-Balbini als Sohn eines Webers geboren. Er empfing 1895 die Priesterweihe und war dann Kaplan in Schönthal bei Rötz. Im Jahr 1900 wurde er Expositus, das ist ein Seelsorger ohne Amtsvollmacht, in Warzenried, einem Dorf mit 400 Einwohnern zwischen Eschlkam und der tschechischen Grenze.

Von 1909 bis 1960 war Naber Pfarrer in Konnersreuth, wo er am 23. Februar 1967 im Alter von 96 Jahren im Status eines „Bischöflichen Geistlichen Rats" starb. (AN)

Dr. Karel Kašpar, Erzbischof von Prag, der 1935 zum Kardinal ernannt wurde, beschrieb den Pfarrer als ganz besonderen Menschen: *„Pfarrer Joseph Naber! Welch edle Erscheinung! Wahrhaftig, Gott erweckt nach*

Abb. 95: Pfarrer Naber und Resl nach dem Krieg. (Foto: Ferdinand Neumann)

seinem eigenen zweckentsprechenden Ratschluß seinen auserwählten Seelen ihre Seelsorger. Ein Muster von Frömmigkeit, Geduld, Zuvorkommenheit, Aufopferung und Eifer für die Ehre Gottes – dies ist der Eindruck, den wir von dem Pfarrer von Konnersreuth empfangen haben.“ (KK, 33)

Aus politischen Angelegenheiten hielt sich Pfarrer Naber weitgehend heraus. Weil er aber nicht mit „Heil Hitler“ grüßte, wurde er, wie im Kapitel „Das Dritte Reich, eine gefährliche Zeit“ beschrieben, von den Nazis schikaniert und denunziert.

Für religiöse Ziele setzte sich Pfarrer Naber mit Nachdruck ein. Als im Jahr 1920 einflussreiche Personen in Konnersreuth ein Kriegerdenkmal für die Gefallenen des Ersten Weltkriegs bauen wollten, hatte Pfarrer Naber ganz andere Vorstellungen. Er musste einige Widerstände überwinden, schaffte es aber, dass zum Andenken an die Gefallenen ein Benefiziatenhaus errichtet wurde. Dort wohnte ein Benefiziat, der in jeder Messe der Gefallenen gedenken und an Allerseelen eine Messe für die Gefallenen feiern sollte. Benefiziat nennt man einen Kaplan, der nicht im Haushalt des Pfarrers wohnt, sondern einen eigenen Hausstand unterhält. (AN, 78-79)

Pfarrer Naber lernte Resl kennen, als er die Pfarrstelle in Konnersreuth antrat. Er war fünf Jahre lang ihr Religionslehrer. Zunächst zwei Jahre in der Volksschule, auch „Werktagsschule“ genannt, dann drei Jahre in der damals üblichen Sonntagsschule. Damals war Theres für Pfarrer Naber ein Mädchen wie jedes andere. Während der langen Krankheit der Resl von 1918 bis 1925 war Pfarrer Naber Resls Krankenseelsorger. Dabei entwickelte er zu ihr eine tiefe geistige Verbundenheit. (AN, 224)

Ab Karfreitag 1926 machte sich Pfarrer Naber Notizen über die Vorgänge um Theres, und führte von April 1928 bis Ende 1932 regelmäßige Tagebücher über die Ereignisse um die Resl und ihre Visionen. Dr. Johannes Steiner hat diese Tagebücher veröffentlicht.

Resls Schwester Maria war von 1924 bis zu ihrem Tod 1963, also 39 Jahre lang, die Haushälterin von Pfarrer Naber. Im Jahr 1956 zog Pfarrer Naber ins Haus der Familie Neumann. Dafür wurden der ehemalige Stall und der Stadel zu einer Wohnung umgebaut.

Um im Umlauf befindlichen falschen Meldungen entgegenzutreten, informierte Pfarrer Naber Ende April 1926, wie im Kapitel „Viele wollten Resl sehen“ beschrieben, die Öffentlichkeit über die Vorgänge in Konnersreuth.

Seine Rolle in Bezug auf die Resl beschreibt Pfarrer Naber in einem Brief an den Hauptschriftleiter der Wiener Wochenzeitung „Schönere Zukunft“: *„Ich habe mich – dies Zeugnis werden mir alle ausstellen, die mich kennen – stets größter Nüchternheit befleißigt und, außer einer kurzen Feststellung zur Steuer der Wahrheit im Anfang der Ereignisse, nicht geschrieben, obwohl das für mich ein sehr einträgliches Geschäft hätte sein können. Mein Grundsatz war von Anfang an: Genau obachtgeben bei diesen außerordentlichen Erscheinungen, ob nicht etwas gegen kirchliche Lehre oder Sitte Verstoßendes sich zeige. Wenn ja, dann sofort unerbittlich einschreiten; wenn nicht, dann den Dingen einfach ihren Lauf lassen, damit man nicht schließlich störend in die Pläne Gottes eingreift. … ohne jegliches Besinnen würde ich für die Wahrheit der außerordentlichen Erscheinungen bei Therese Neumann, wie ich sie beobachtet, insbesondere für die Nahrungslosigkeit, mein Leben daran setzen.“* (Z-10-01)

Abb. 96: Fürst Erich von Waldburg-Zeil mit Resl. (Foto: Ferdinand Neumann)

Fürst Erich von Waldburg-Zeil

Erich August Fürst von Waldburg zu Zeil und Trauchburg, geboren im August 1899 in Stuttgart, war Oberhaupt eines oberschwäbischen Adelsgeschlechts mit Stammsitz auf Schloss Zeil in Leutkirch im Allgäu. Er hatte umfangreichen land- und forstwirtschaftlichen Grundbesitz und Unternehmensbeteiligungen.

Der Wiener Pfarrer Wegmann beschrieb, warum der Fürst 1928 das erste Mal nach Konnersreuth gekommen war: „*Noch ein außergewöhnliches Vorkommnis wird aus Konnersreuth berichtet: Im Vorjahr hatte sich Graf Waldburg mit seiner Gemahlin dort eingefunden, um von der Begnadeten den Einschluß in ihr Gebetsleiden zu erbitten, da sie bisher des Kindersegens entbehren mußten. Nun ist nach mehrjähriger kinderloser Ehe der ersehnte Stammhalter eingetroffen.*" Insgesamt hatte das Fürstenpaar dann sieben Kinder. (Z-10-02)

Der Fürst war in den Folgejahren oft zu Gast in Konnersreuth und Eichstätt. Er unterstützte Theres und ihre Freunde auf unterschiedlichste Weise.

Im Dritten Reich brachte er von Konnersreuth aus Personen in Sicherheit. Über einen derartigen Fall berichtete der Vorstand des Bezirksamts Tirschenreuth im Juli 1933 an „das Präsidium der Regierung in Regensburg": „*Am 19.7.33 fuhr ein Personenkraftwagen von Konnersreuth über Seedorf nach Pechtnersreuth und überschritt dort die Grenze nach der Tschechoslowakei. Er mied also die Zollstraße und das Zollamt Hundsbach. … Er war mit einem Fahrer und einer jüngeren Frauensperson besetzt. Aus der Beschreibung des Fahrers und … dem Kennzeichen schließt die Gend. Stat. Konnersreuth, daß es sich um den Fürsten Waldburg gehandelt haben dürfte.*" (StAAm1, 125)

Im Juni 1938 nahm der Fürst eine 800 km lange Autofahrt auf sich, um Freiherr von Aretin im Auftrag der Resl vor einer Hausdurchsuchung der Gestapo zu warnen. (FA, 27)

Fürst von Waldburg-Zeil und seine Frau Monika gehörten zu den wenigen Freunden, die Pfarrer Naber im Jahr 1950 zur Feier seines 80. Geburtstags eingeladen hatte. Der Fürst schätzte sich glücklich, dass er zum Konnersreuther Freundeskreis gehören durfte. (AP, 141)

Im Mai 1953 starb Erich von Waldburg-Zeil bei einem Autounfall.

Drei für Resl sehr wichtige Anliegen wären ohne den Fürsten beziehungsweise ohne seine Witwe nicht möglich gewesen:

- Dr. Fritz Gerlichs Kampf gegen Hitler, zu dem Resl Gerlich motiviert hatte und über den auf einigen Seiten später berichtet wird, wäre ohne das Engagement von Fürst von Waldburg-Zeil nicht möglich gewesen. Nachdem der Fürst schon eine Zeitung gekauft hatte, die zum Kampfblatt gegen die Nazis umfunktioniert wurde, gab er aufgrund eines Ekstasewortes der Resl für den Betrieb dieser Zeitung ein Vermögen aus.
- Auf Bitte der Resl gewährte der Fürst den Salesianern 1950 ein zinsloses Darlehen zum Erwerb von Schloss Fockenfeld, damit diese dort eine Spätberufenenschule eröffnen konnten.
- Die Witwe des Fürsten, Fürstin Monika, sorgte für den finanziellen Grundstock zum Bau des Anbetungsklosters Theresianum in Konnersreuth.

Weitere Informationen über die beiden letztgenannten Projekte der Resl findet man im Kapitel „Spuren der Resl in Konnersreuth".

Professor Wutz – Resls Sprachphänomen

Franz Xaver Wutz kam 1882 in Eichstätt zur Welt, studierte dort Theologie und empfing 1907 die Priesterweihe. Er wurde 1911 Professor für Exegese [= Auslegung von Texten des Alten und Neuen Testaments] an der Philosophisch-theologischen Hochschule Eichstätt und war ein hervorragender Kenner des Hebräischen und Aramäischen. (I-10-01)

Professor Wutz erzählte Erzbischof Dr. Teodorowicz von seinem ersten Besuch in Konnersreuth. Er war in Waldsassen, um sich die dortige Basilika anzusehen, als ihm ein Bekannter vorschlug, nach Konnersreuth zu fahren, weil dort ein Mädchen sei, das *„blutige Stigmen und Schauungen habe und auch eine unbekannte Sprache spreche"*. Wutz fuhr nach Konnersreuth, schenkte den Gerüchten über die sonderbare Sprache aber keine Beachtung. *„Als aber die einzelnen Worte hörbar wurden, die Therese mit einem gewissen Widerwillen hersagte, erkannte Professor Wutz zu seinem Erstaunen ganz deutlich das Aramäische. Er sagte niemandem etwas davon, kam jetzt aber öfters nach Konnersreuth, und er schrieb sich das Gehörte auf, ohne weiter mit Therese Neumann zu sprechen und ohne sie nach der Ekstase merken zu lassen, was er von diesen Worten halte. Erst nachdem er sichergestellt hatte, daß er es hier in diesem Falle mit einer sehr ernsten Spracherscheinung zu tun habe, versuchte er, näher darin einzudringen."* (JT, 492-493)

In den folgenden Jahren entwickelte sich eine Freundschaft zwischen Resl und Professor Wutz. Resls Schwester Ottilie wurde Pfarrhaushälterin beim Professor, Resls Brüder Ferdinand und Hans wohnten während ihres Studiums im Wutzhaus. Das Haus von Professor Wutz in Eichstätt wurde zu Resls zweiter Heimat. Der plötzliche Tod des Professors am 19. März 1938 traf Resl schwer. (AS, 19, 26)

Abb. 97: Resl mit Professor Wutz in seinem Haus in Eichstätt. (Foto: Ferdinand Neumann)

Wie auch andere Mitglieder des Konnersreuther Kreises wurde Professor Wutz von der Gestapo überwacht. Anni Spiegl erzählte von einer Durchsuchung im Wutzhaus: *„Eines Tages war auch dort Hausdurchsuchung vom Keller bis zum Speicher. Herr Professor Wutz fragte die Gestapo, was sie eigentlich sucht und was sie wollten? ‚Hier im Haus muß eine Geheimdruckerei sein!' Da öffnete der Professor lachend die 00-Türe und sagte: ‚Dies ist meine Geheimdruckerei, eine andere habe ich nicht.'"* Der

Verdacht der Gestapo war nicht unbegründet. Wie im Kapitel „Das Dritte Reich, eine gefährliche Zeit" geschildert, warnte Resl ihre Freunde im Wutzhaus einmal gerade noch rechtzeitig, damit diese das Material für eine Flugblattaktion verbrennen konnten. (AS, 26, 50)

Professor Wutz befragte Resl nach ihren Visionen oft nach dem Gesehenen und legte dabei speziellen Fokus auf die von ihr gehörten Sprachen. Er beschrieb, dass Resl anderes Aramäisch sprach, als dies bisher bekannt war: „*... daß sie ferner das Aramäische in der Eigenart ausspricht, die für alle Aramäisten etwas Neues ist, denn keiner von uns hat das Aramäische auf diese Weise konstruiert, wie sie es getan hat.*" (JT, 494)

Resl hat nicht nur „das Aramäische anders konstruiert", sie hat auch aramäische Worte wiedergegeben, die Professor Wutz nicht kannte. Manchmal stritt sie sich mit Professor Wutz darüber, welche Worte Jesus benutzt hatte. Von einem solchen Wortstreit erzählte Professor Wutz dem Erzbischof Dr. Teodorowicz: Es ging dabei darum, wie Christus am Kreuz „*Mich dürstet*" gesagt hatte. Als Professor Wutz ihr einreden wollte, Jesus müsste „Sachana" gesagt haben, widersprach Resl: „*‚Nein', erhielt er zur Antwort, ‚so hat er nicht gesagt.'*" Als Professor Wutz nachfragte, was Jesus gesagt hätte, antwortete Resl: „*Eh, er hat so albern gesagt: Esche.*" Der Professor fand später heraus, dass damals bei den Judäern „esche" das gebräuchlichere Wort für „ich dürste" war. (JT, 488-489)

Resl hörte auch Worte, die nicht in der Bibel stehen. Als sie Professor Wutz bat zu übersetzen, was die Lästerer dem Heiland bei der Geißelung zugerufen hatten, kam der Professor in große Verlegenheit. Es handelte sich dabei um sehr drastische Spottworte. (Z-10-03)

Das Aramäisch-Phänomen der Resl wurde auch von anderen Spezialisten überprüft. Professor Johannes Bauer von der Universität Halle war einer der wenigen Aramäisch-Spezialisten seiner Zeit. Er kam 1927 nach längerer eingehender Prüfung in Konnersreuth zu dem Ergebnis: „*Es handelt sich zweifellos um richtiges Aramäisch, wie es wohl zu Christi Zeiten gesprochen werden konnte.*" (JT, 485-486)

Der Wiener Orientalist Dr. Wessely hielt 1929 einen wissenschaftlichen Vortrag über das Sprachphänomen der Theres Neumann. Dr. Wessely begründete darin, warum die von Resl wiedergegebenen aramäischen Begriffe und Sätze weder auf Suggestion noch auf Gedankenlesen zurückzuführen sein konnten. (Z-10-04)

Bischof Alexander Chulaparambil von Kottyam in Indien sprach gut aramäisch, da Syrisch-Aramäisch die Liturgiesprache in seiner syro-malabarischen Kirche war. Im Jahr 1932 besuchte er Resl. Als der Bischof Worte wiederholte, die Resl nach eine Vision wiedergegeben hatte, korrigierte sie ihn: „*Du sprichst es vielleicht aus wie es geschrieben wird, aber ich hörte es so!*" Der Bischof und sein Begleiter erkannten, welchen Fehler sie gemacht hatten. (FRL6, 153)

Auch Erzbischof Joseph Parecattil von Ernakulam in Indien (ab 1969 Kardinal) gehörte der syro-malabarischen Kirche an. In einem langen Brief an Dr. Johannes Steiner beschrieb er seine Erlebnisse während seiner Besuche im Mai 1958 und im Dezember 1960. Er erklärte, dass die damalige liturgische Sprache seiner Kirche die Sprache sei, die der Apostel Thomas mit dem christlichen Glauben nach Indien brachte. Das in seiner Kirche gesprochene Aramäisch dürfte also der Sprache, die zu Christi Zeiten gesprochen wurde, recht nah kommen. Parecattil konnte Resls aramäische Worte und Sätze verstehen. Er zählte in seinem Brief an Dr. Steiner viele Beispiele solcher Wörter auf. Bei einem Wort Jesu, das Resl beim Letzten Abendmahl gehört hatte, war ihm die Bedeutung nicht bekannt. Nach drei Jahren bekam der Erzbischof heraus, dass es das von Resl genannte Wort gab, was das Wort bedeutet und warum Jesus dieses Wort benutzt hatte. Am Ende seines Briefes fasste Erzbischof Joseph Parecattil zusammen: „*Was mich anbetrifft, so ist u. a. die Tatsache, daß Therese jene Sätze in aramäischer oder syro-chaldäischer Sprache* [chaldäisch ist eine Sprachstufe des Aramäischen] *wiederholen konnte, einer Sprache, die sie weder gelernt noch bei irgendeiner Gelegenheit gehört hatte, ein zwingendes Argument für ihren Vorteil.*“ (JS1, 286-292)

Auf Grundlage von Tonbandaufnahmen, die Resls Bruder Ferdinand gemacht hatte, verfasste der evangelische Theologe und Aramäischforscher Dr. Günther Schwarz in den 1990er Jahren das Buch „Schauungen der Therese Neumann“. Darin bestätigte er, dass Resl die Personen in ihren Visionen aramäisch sprechen gehört hat und einzelne Wörter, kurze Satzteile oder Sätze, mehr oder weniger durch ihren Dialekt verfälscht, wiedergegeben hat. Dr. Schwarz widerlegte die These, Professor Wutz hätte Resl die aramäischen Ausdrücke suggeriert oder Resl hätte seine Gedanken gelesen mit dem Argument, dass Resl nach dem Tod des Professors viele neue aramäische Wörter gesprochen hatte. (GS, 315-316)

Theres Neumann hat nicht nur aramäisch, sondern viele andere Sprachen gehört und zum Teil auch verstanden.

Bei der Pfingstvision hörte sie Petrus im Oberpfälzer Dialekt. Dabei hat Petrus mit der Zunge angestoßen. Wenn Resl davon erzählte, lispelte sie selbst, wenn sie die Worte „mit der Zunge angestoßen“ aussprach. (EH)

Nach einer Lourdes-Vision, bei der Resl beobachtet hatte, wie die Gottesmutter der damals 14-jährigen Bernadette Soubirous erschien, wiederholte Resl die Worte, die Bernadette zur Jungfrau Maria gesagt hatte. Wie Dr. Fritz Gerlich feststellte, gab Resl Worte im örtlichen Dialekt wieder, der in den französischen Pyrenäen, also in der Gegend von Lourdes, gesprochen wird. (FG1, 296)

Als sich der brasilianische Bischof Malan in Resls Zimmer mit seinem Begleiter unterhielt, erkannte Resl deren Sprache als die gleiche, die sie bei den Visionen des heiligen Antonius gehört hatte. Resl verstand sogar, was sie sprachen und sie mischte sich ins Gespräch der beiden ein (siehe Abb. 98).

Der Wiener Pfarrer Wegmann, der diese Portugiesisch-Kenntnisse der Resl bezeugte, berichtete auch darüber, dass Resl andere Sprachen verstand. Amerikanische Priester stellten Resl Fragen in lateinischer und englischer Sprache und erwarteten, dass Pfarrer Naber übersetzt: „*Therese … in vollkommener Unkenntnis der*

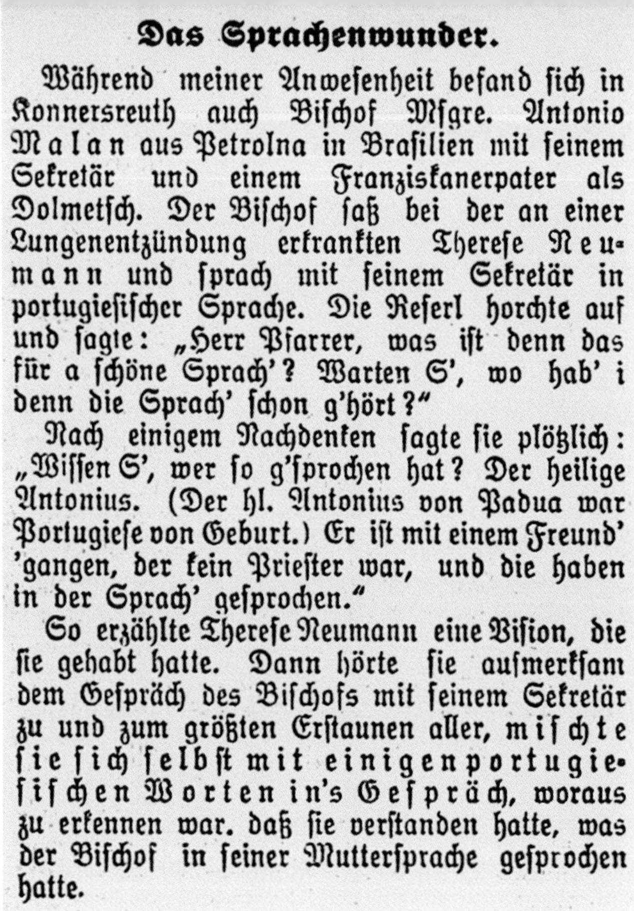

Das Sprachenwunder.

Während meiner Anwesenheit befand sich in Konnersreuth auch Bischof Msgre. Antonio Malan aus Petrolna in Brasilien mit seinem Sekretär und einem Franziskanerpater als Dolmetsch. Der Bischof saß bei der an einer Lungenentzündung erkrankten Therese Neumann und sprach mit seinem Sekretär in portugiesischer Sprache. Die Reserl horchte auf und sagte: „Herr Pfarrer, was ist denn das für a schöne Sprach'? Warten S', wo hab' i denn die Sprach' schon g'hört?"

Nach einigem Nachdenken sagte sie plötzlich: „Wissen S', wer so g'sprochen hat? Der heilige Antonius. (Der hl. Antonius von Padua war Portugiese von Geburt.) Er ist mit einem Freund' 'gangen, der kein Priester war, und die haben in der Sprach' gesprochen."

So erzählte Therese Neumann eine Vision, die sie gehabt hatte. Dann hörte sie aufmerksam dem Gespräch des Bischofs mit seinem Sekretär zu und zum größten Erstaunen aller, mischte sie sich selbst mit einigen portugiesischen Worten in's Gespräch, woraus zu erkennen war. daß sie verstanden hatte, was der Bischof in seiner Muttersprache gesprochen hatte.

Abb. 98: Pfarrer Wegmann war Zeuge, als Resl Portugiesisch erkannte und sprach. [Z-10-05]

beiden Sprachen, hörte aufmerksam zu und plötzlich, zum Erstaunen aller, antwortete sie den beiden Herren in deutscher Sprache ganz zutreffend auf die betreffende Frage.“ (Z-10-06)

Auch der schon oben genannte Bischof Chulaparambil sprach in Gegenwart der Resl lateinisch in der Erwartung, Pfarrer Naber würde übersetzen. Wie der Begleiter des Bischofs an Ritter von Lama berichtete, verstand Resl die lateinischen Worte des Bischofs und antwortete absolut treffend. (FRL6, 154)

Dr. Fritz Gerlich – Der gerade Weg, Kampfblatt gegen Hitler

Dr. Fritz Gerlich war neben Resl das prominenteste Mitglied des Konnersreuther Kreises. Am 15. Februar 1883 wurde er als ältester Sohn eines Fischgroßhändlers in Stettin geboren. Er wuchs in einem streng calvinistisch geprägten Elternhaus auf und studierte an der Universität in München, wo er 1907 den Doktortitel erwarb. Seine Prüfungsleistungen waren so überragend, dass man ihm Betrug unterstellte. Gerlich legte freiwillig die Prüfung ein zweites Mal mit andern Themen ab und hatte wieder die bei weitem besten Prüfungsergebnisse seines Jahrgangs. Mit diesem guten Abschluss wurde er sofort beim „Königlich Bayerischen Geheimen Staatsarchiv“ angestellt. (FA2, 17, 19-25)

Gerlich war zunächst politisch im rechten Spektrum aktiv. Als er 1923 miterlebte, wie Hitler und andere Nationalsozialisten den Münchner Bürgerbräukeller stürmten [was als Hitlerputsch bekannt ist], wurde er zu einem erbitterten Gegner Hitlers und der Nazis. (FA2, 38-39)

Von 1920 bis 1928 war Dr. Gerlich Chefredakteur („*Hauptschriftleiter*“) der „Münchner Neuesten Nachrichten“ (MNN). Die MNN waren damals die größte Tageszeitung in Süddeutschland. (FA2, 37 ff)

Erwein Freiherr von Aretin, Ressortleiter Innenpolitik bei den MNN, wollte nach einem Besuch in Konnersreuth einen Artikel über Theres Neumann schreiben. Sein Chefredakteur Dr. Gerlich zweifelte deswegen an den geistigen Fähigkeiten seines Ressortleiters. Trotzdem stellte man Erwein von Aretin am 3. August 1927 eine ganze Nummer der wöchentlich in den MNN erscheinenden Beilage „Die Einkehr“ für seinen Artikel „Die Erscheinungen von Konnersreuth“ zur Verfügung. Gerlich ließ es keine Ruhe, dass er in seiner Zeitung vielleicht über etwas berichtet hatte, das sich als Schwindel herausstellen könnte. Um die eventuellen Folgen für die Zeitung zu mildern, machte sich Gerlich am 14. September 1927 auf den Weg nach Konnersreuth und verabschiedete sich von Erwein von Aretin mit den Worten: *„Ich garantiere Ihnen,* ***dem*** *Schwindel komme ich schon auf die Spur!“* (FA2, 51-52)

Gerlich blieb fünf Tage in Konnersreuth. Durch die Erlebnisse mit der Resl war *„sein Weltbild umgestürzt worden“*. In den folgenden vier Wochen fuhr er noch zweimal für einige Tage nach Konnersreuth und war in der Folgezeit oft bei der Familie Neumann zu Gast. Dabei stellte er Resl immer wieder mit den unterschiedlichsten Methoden auf die Probe. Dr. Gerlich wurde zu Resls glühendem Anhänger und machte es zu seiner Aufgabe, ihre Glaubwürdigkeit nachzuweisen. (FA2, 54-55)

Im Jahr 1929 schrieb Dr. Gerlich das Buch „Die stigmatisierte Therese Neumann von Konnersreuth, Erster Teil – Die Lebensgeschichte der Therese Neumann“. Noch im gleichen Jahr erschien der zweite Teil „Die Glaubwürdigkeit der Therese Neumann“, in dem er, wie er erklärte, die Quellen, die er für den ersten Teil nutzte, *„historisch-kritisch untersuchte“*. Am Ende

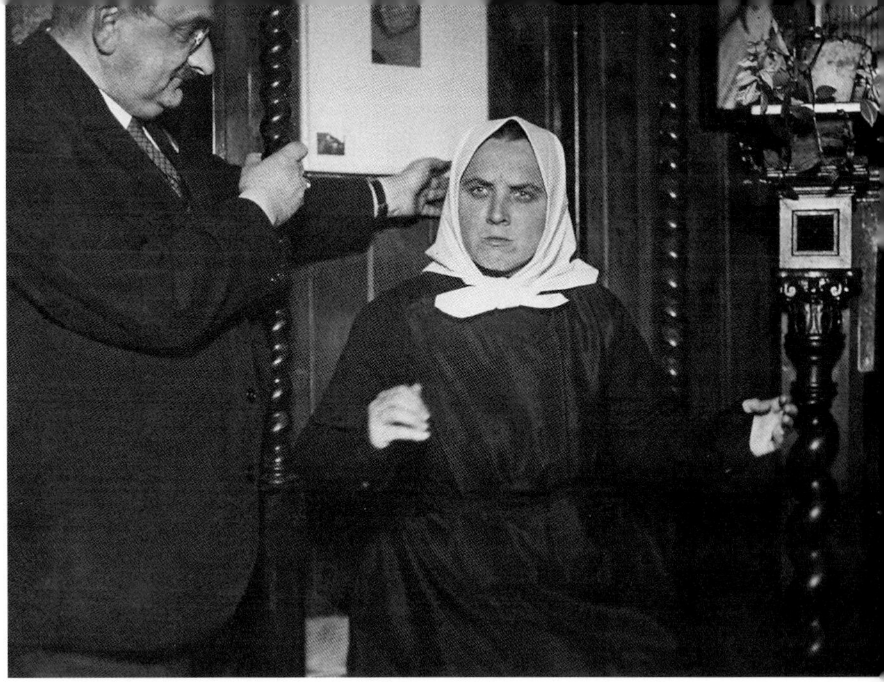

Abb. 99: Dr. Fritz Gerlich beobachtet Resl während einer Vision im Haus von Professor Wutz. (Foto: Ferdinand Neumann)

seines zweiten Buches fasste Dr. Gerlich zusammen: *„Meine Untersuchung der Glaubwürdigkeit der Therese Neumann ist also zu folgendem Ergebnis gelangt: Ein ernsthafter Grund, sie für eine Hysterikerin und damit für eine bewußte oder unbewußte Lügnerin zu halten, besteht nicht. Vielmehr haben wir ihr von vorneherein die Glaubwürdigkeit des seelisch und geistig gesunden Menschen zuzubilligen. ... Daraus ergibt sich für mich die Überzeugung, daß der Gesamtfall Therese Neumann nicht natürlich erklärbar ist.“* (FG2, 1, 405-406)

Dr. Gerlich war einer von vielen Konvertiten, die aufgrund der Gespräche, die sie mit der Resl geführt haben, zum katholischen Glauben übergetreten sind. Die Konversion von Dr. Gerlich und seiner Frau Sophie fand am 29. September 1931 in Eichstätt statt und wurde durch das Sakrament der Taufe vollzogen. Dabei empfing Dr. Gerlich auch die Erstkommunion. Das Gruppenbild mit Mitgliedern des Konnersreuther Kreises am Anfang dieses Kapitels entstand aus diesem Anlass. Direkt nach der Taufe wurden Gerlich und seine Frau Sophie, die bisher nur standesamtlich verheiratet waren, kirchlich getraut. Wenige Tage später erfolgte in München Gerlichs Firmung durch Kardinal Michael von Faulhaber. (FA2, 66)

Die Tatsache, dass der sehr intelligente und äußerst skeptische Dr. Gerlich nach gründlicher Prüfung so von der Resl überzeugt war, dass er sein ganzes Leben änderte, ihr jahrelang absolut vertraute und sich intensiv für sie einsetzte, ist für mich ein eindeutiger Beweis dafür, dass die Vorgänge um Theres Neumann wirklich wahr sind.

Dr. Gerlich lernte im Konnersreuther Kreis viele Freunde kennen, die ihn bei seinen weiteren Aktivitäten unterstützten. Einer davon war der bereits genannte Fürst Erich Waldburg-Zeil. Gerlich und der Fürst hielten eine Zeitung für notwendig, die auf Grundlage des Christentums gegen Radikalismus von links und rechts kämpfte. Sie gründeten die „Natur-Verlag GmbH", und der Fürst kaufte im September 1930 den „Illustrierten Sonntag", eine kleine, politisch farblose Münchner Wochenschrift. Fritz Gerlich wurde gleichberechtigter Teilhaber, Herausgeber und Chefredakteur der Zeitung. Fürst Waldburg-Zeil brachte nicht nur den Kaufpreis für die Zeitung auf, sondern hat aufgrund des Ekstaseworts der Resl *(es hängen Hunderte von Seelen dran)* für den Betrieb der Zeitung eine halbe Million Mark ausgegeben. (FA2, 72-73; JS1. 91)

Nach und nach bauten Gerlich und Fürst Waldburg-Zeil die Zeitung zu einem Kampfblatt gegen Hitler und den Bolschewismus um, wobei die Artikel, die sich gegen die Nationalsozialisten richteten, bald die wesentlichen Bestandteile der Zeitung bildeten.

Dr. Gerlich kannte Hitler schon seit vielen Jahren. Im Frühling 1923, als Gerlich noch Chefredakteur bei den „Münchner Neuesten Nachrichten" war, wollte Hitler die Presse für sich gewinnen und besuchte deshalb Gerlich in seiner Wohnung. Freiherr Erwein von Aretin schrieb, wie Gerlich diesen Besuch schilderte: „*Hitler sei zu jeder sachlichen Diskussion unfähig gewesen. Es kam daher zu gar keinem Dialog. … Gerlich hielt von den geistigen Qualitäten Adolf Hitlers nicht das Geringste.*" Seine Meinung über Hitler brachte Gerlich in vielen Artikeln im „Illustrierten Sonntag" beziehungsweise im „geraden Weg" zum Ausdruck. In Abb. 100 sind Passagen aus einem Artikel nachzulesen, in denen Dr. Gerlich über Hitlers Machtbesessenheit und seinen fehlenden Wirklichkeitssinn berichtete. (FA2, 82)

Nachdem die Zeitung zu einem politischen Kampfblatt umgebaut worden war, passte der Name „Illustrierter Sonntag" nicht mehr zu der neuen, politischen Ausrichtung. Dr. Gerlich und Fürst Waldburg-Zeil benannten sie mit dem Jahreswechsel 1931/1932 um. Der neue Name war: „Der gerade Weg – Deutsche Zeitung für Wahrheit und Recht". In einer Beilage zum „Illustrierten Sonntag“ vom 15. Dezember 1931 beschrieben sie das Ziel des „geraden Wegs“: *„Der Weg, den wir uns vorgenommen haben, soll aufgebaut sein auf dem unerschütterlichen Fundament christlicher Weltanschauung und soll gepflastert sein mit den Granitsteinen der Ehrlichkeit, klaren Denkens, mitfühlenden Wollens und lebensbejahender Opferfreudigkeit.“* (FA2, 82; I-DGW)

Vor allen wichtigen Entscheidungen bezüglich Verlag und Zeitung holte Dr. Gerlich den Ratschlag von Theres Neumann ein. Kurz vor der Verlagsgründung schickte er den Geschäftsführer des Verlags, Dr. Johannes Steiner, mit einem Fragenkatalog nach Konnersreuth. Auch später bekam Steiner mehrmals den Auftrag, nach Konnersreuth zu fahren und Resl im erhobenen Ruhezustand Fragen bezüglich des weiteren Vorgehens zu stellen. Johannes Steiner berichtete: *„Diese Ekstaseantworten, die ich ihm überbrachte und auch die, die er bei eigenen Besuchen erhielt, haben ihn im Kampf gegen den Nationalsozialismus und auch gegen den Bolschewismus immer wieder ermutigt.“* (RM, 172; JS1, 91)

Welche Rolle Theres bei der journalistischen Arbeit von Fritz Gerlich spielte, beschrieb auch Professor Dr. Rudolf Morsey in seinem Buch über Fritz Gerlich: *„Wie schon bisher ließen Gerlich und Waldburg-Zeil zur Erfüllung der ihnen zugeteilten ‚Missionsaufgabe zur Volkserziehung‘ auch künftig alle Unternehmungen des Verlags und den Kurs ihrer Zeitung von Therese Neumann billigen (das ergibt sich aus Gerlichs Schreiben vom 25. August 1930 an Waldburg-Zeil). Sie holten von ihr zudem Auskünfte über private Lebensumstände ein. Gerlich fragte sein ‚himmlisches Auskunftsbüro‘ … jedoch nicht wegen des Inhalts seiner Artikel.“* (RM, 174)

In den ersten Monaten gab sich Gerlich in seiner Zeitung nicht als Herausgeber und Redakteur zu erkennen. Erst nach Ermutigung durch Theres und ihrem Rat, er solle *„schön langsam herausgehen und nicht gleich mit der Tür ins Haus fallen“*, gab Gerlich am 8. Februar 1931 erstmals seinen Namen als Verfasser von *„zwei Aufsätzen“* im „Illustrierten Sonntag“ an. (RM, 177)

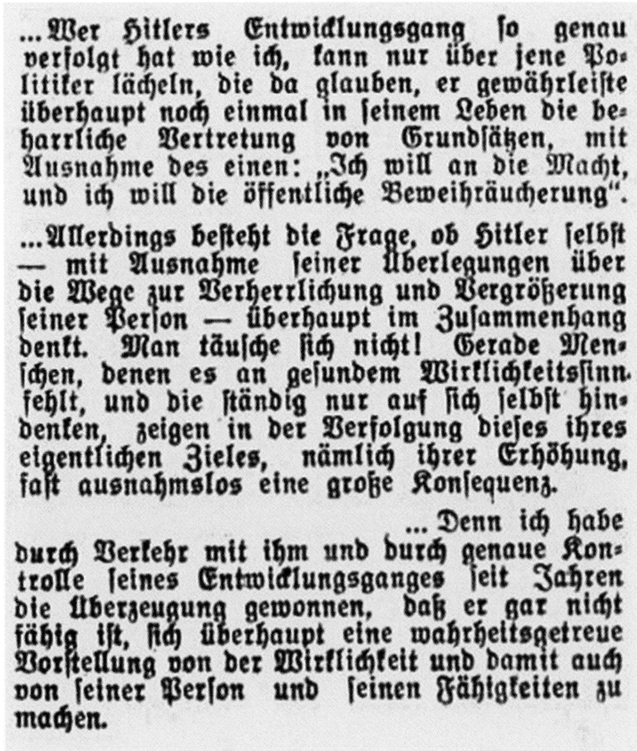

...Wer Hitlers Entwicklungsgang so genau verfolgt hat wie ich, kann nur über jene Politiker lächeln, die da glauben, er gewährleiste überhaupt noch einmal in seinem Leben die beharrliche Vertretung von Grundsätzen, mit Ausnahme des einen: „Ich will an die Macht, und ich will die öffentliche Beweihräucherung“.

...Allerdings besteht die Frage, ob Hitler selbst — mit Ausnahme seiner Überlegungen über die Wege zur Verherrlichung und Vergrößerung seiner Person — überhaupt im Zusammenhang denkt. Man täusche sich nicht! Gerade Menschen, denen es an gesundem Wirklichkeitssinn fehlt, und die ständig nur auf sich selbst hindenken, zeigen in der Verfolgung dieses ihres eigentlichen Zieles, nämlich ihrer Erhöhung, fast ausnahmslos eine große Konsequenz.

...Denn ich habe durch Verkehr mit ihm und durch genaue Kontrolle seines Entwicklungsganges seit Jahren die Überzeugung gewonnen, daß er gar nicht fähig ist, sich überhaupt eine wahrheitsgetreue Vorstellung von der Wirklichkeit und damit auch von seiner Person und seinen Fähigkeiten zu machen.

Abb. 100: Dr. Gerlich beschrieb Hitler im „Illustrierten Sonntag“ vom 19. Juli 1931. (I-DGW)

Heute 2 neue Moskauer Geheimberichte!

Der gerade Weg

Deutsche Zeitung für Wahrheit und Recht.

HERAUSGEBER: DR. FRITZ GERLICH
Schriftleitung und Verlag: München, Hofstatt 5, 2. Stock
Postscheckkonto München Nr. 2426 / Telephon 93378/93379

Illustrierter Sonntag

uf: 20 Pf., 30 Oesterr. Gr., 30 Schw. Rappen
monatlich 90 Pfennig einschließlich Zustellge-
kostenloser Unfall- und Sterbegeldversicherung

Nummer 17 — München, den 24. April 1932 — 4. Jahrgang

Hitler der Bankrotteur

Deutschlands „Befreiung“ im Anmarsch

Stalin: Mit nationalsozialistisch. Sieg beginnt Europ. Krieg!

Neuorganisierung der KPD. unter Radeks Leitung

Zu Beginn unserer heutigen Nummer legen wir unseren Lesern zwei neue Geheimberichte aus Moskau vor. Sie beschäftigen sich mit den Erwägungen der Moskauer Machthaber und der Leitung der internationalen Organisation des Bolschewismus über den endgültigen Ausgang der deutschen Reichspräsidentenwahl. Daran anschließend berichten wir unsere intimen Informationen über den derzeitigen Stand der Bestrebungen in der Hitlerpartei und ihre Bedeutung für die Landtagswahlen am ... April

schen Partei Deutschlands den zu erwartenden Ereignissen Herr werden wird. Ich habe mir bereits über die Frage, wie diesem unglücklichen Umstand abgeholfen werden kann, einige Gedanken gemacht und werde sie Ihnen jetzt mitteilen.

Die gestrigen Wahlergebnisse in Deutschland zeigen uns, daß die Nationalsozialisten noch in weiterem Wachsen begriffen sind. Sie beweisen also die Richtigkeit unserer Auffassung über die Aussichten dieser Bewegung. Wir müssen heute aber außerdem konstatieren, **daß die augenblickliche Leitung der Kommunistischen Partei Deutschlands unfähig ist, unsere Direktiven, die sich auf dieser Erkenntnis der Lage aufbauen, auszuführen.** Wir müssen ferner feststellen, daß sie auch unfähig ist, mit ... nötigen ... kraft in diese Entwicklung ...

aufzubauen, der im entscheidenden Moment zur Durchführung der nötigen Maßnahmen bereitstehen muß.

Daß dieser neue Apparat nicht etwa auch unter die Führung des augenblicklichen Zentralkomitees geraten darf, ...

Abb. 101: Titelseite des „geraden Wegs“, in dem Dr. Gerlich schon 1932 einen Krieg voraussagte. (I-DGW)

Adolf Hitler war über die Artikel, die ihn im „geraden Weg“ bloßstellten, immer zeitnah auf dem Laufenden. Als Gerlich am 14. Februar 1932 den Artikel *„Hetzer, Verbrecher und Geistesverwirrte – Führertum und Presse der Hitlerbewegung“* geschrieben hatte, kam Hitler in den Besitz der Korrekturfahnen und tauchte wutentbrannt beim Leiter der Druckerei auf, die den „geraden Weg“ produzierte. Gerlich und Waldburg-Zeil mussten sich daraufhin eine neue Druckerei suchen. (FA2, 84)

Der Nationalsozialismus in Deutschland wurde immer stärker. Man befürchtete Übergriffe der Nazis nach der Reichstagswahl am 5. März 1933. Deshalb gab Fürst Waldburg-Zeil Dr. Gerlich den Rat, sich in der kritischen Nacht nach der Wahl in Sicherheit zu bringen, worauf dieser nach Innsbruck fuhr. Obwohl ihn Theres gewarnt hatte, kam Gerlich, nachdem die Nacht ruhig verlaufen war, zurück nach München. Zusammen mit Fürst Waldburg-Zeil und ihrem Mitstreiter Georg Bell fuhren sie nach Stuttgart, um den württembergischen Staatspräsidenten für Aktionen gegen Hitler zu gewinnen. (FA2, 114)

Am 9. März 1933 übernahmen die Nationalsozialisten die Macht in Bayern. Darauf hatten die SA-Schläger nur gewartet. Am Abend des gleichen Tags verwüsteten etwa 50 SA-Männer die Redaktion des „geraden Wegs“. Sie schlugen Fritz Gerlich und brachten ihn ins Polizeigefängnis, wo er weiter schwer misshandelt wurde. Von den Misshandlungen Gerlichs wusste Resl im Ekstasezustand. Als ihr Dr. Steiner im Sommer 1933 im Zustand der Eingenommenheit das Taschentuch an die Fingerspitzen hielt, mit dem er Gerlich am Abend der Gefangennahme das Blut abgewischt hatte, sagte Resl spontan: *„Ja gell, dein Kamerad, den hams so behandelt; aber weißt, das, was ihr erlebt habt, war noch lang nicht das Schlimmste. Da drin erst! Da hams’n erst zug’richt’! – Heb dir’s nur gut auf.“* (FA2, 117, 120, 124-125)

Versuche, die Freilassung von Dr. Gerlich zu bewirken, blieben erfolglos. Er blieb ohne Anklage über 15 Monate lang in „Schutzhaft“. Am 30. Juni 1934, kurz vor Mitternacht, holten SS-Leute ihn aus seiner Zelle und fuhren mit ihm ins KZ Dachau, wo er am 1. Juni 1934 erschossen wurde. Über die genauen Umstände seines Todes gibt es verschiedene Versionen. Freiherr von Aretin berichtet, dass ein Gefangener namens Lübben, der im SS-Casino arbeitete, dort gehört hatte, wie

Abb. 102: Fritz-Gerlich-Denkmal in der Gerlichstraße in Regensburg. (Foto: Johann Härtl)

der Arrestverwalter Kantschuster mit entsprechenden Gebärden mit der Ermordung Gerlichs prahlte: „*Na ham mir 'n außi aus 'm Wag'n und in die Zelln eini, und na ham mir draufbrennt, und zsammgsackt is 'r wiar a Mehlsack!*" (FA2, 139, 141, 142)

Eine andere Version stammt von Josef Eckstein, „*Plastiker aus Selb*", der aufgrund seiner Aktivitäten in der Kommunistischen Partei im KZ Dachau in „Schutzhaft" war. Im Jahr 1936 schrieb er einen erschütternden Bericht über die Zustände im Konzentrationslager, der auch eine Passage über die Ermordung von Fritz Gerlich, den er als „Gerlach" bezeichnete, enthält: „*Nachmittag gegen 5 Uhr kamen schon 2 Personen im Lager an. Sie waren Opfer der Rache, der ehemalige Ministerpräsident Kahr, 75 Jahre alt, und der ehemalige Chefredakteur der Münchner Neuesten Nachrichten, Dr. Gerlach. Vom Drahtzaun des Lagers aus konnte alles beobachtet werden. Dr. Gerlach musste vom Kommandantengebäude bis zum Arresttor laufen, während die SS-Posten mit allen möglichen Gegenständen auf ihn einschlugen. Auf einmal krachte ein Schuss und Gerlach fiel zu Boden. Der SS bemächtigte sich ein Blutrausch, sie johlten, klatschten in die Hände und benahmen sich wie Wahnsinnige. Es wurde ein Strick geholt, dem Dr. Gerlach um die Füße gebunden und dann schleiften sie ihn cirka ¼ Stunde umher. Dabei wurde sein hilfloser Körper verhöhnt, bespuckt und -.-.- das wiederzugeben sträubt sich die Feder.*" (KZ-Gedenkstätte Dachau)

Dr. Gerlich war einer der ersten und engagiertesten Widerstandskämpfer gegen Hitler. Kurz nach dem Zweiten Weltkrieg benannte man in mehreren Städten Straßen nach ihm. Im Jahr 1949 erschien eine Gerlich-Biografie. Dann wurde es ruhig um Dr. Fritz Gerlich.
Erst seit etwas mehr als zehn Jahren wird sein mutiger Kampf gegen Hitler gewürdigt. Mehrere Bücher über ihn wurden veröffentlicht. In München, Regensburg und Konnersreuth errichtete man Gerlich-Denkmale.

Seit 2012 wird beim Filmfest München der Fritz-Gerlich-Filmpreis an zeitgenössische Spiel- und Dokumentarfilme verliehen, die sich für die Menschenwürde und gegen alle Formen des totalitären Machtmissbrauchs, der Verfolgung und Erniedrigung einsetzen. (I-10-02, -03) Das Erzbistum München eröffnete im Dez. 2017 das Verfahren zur Seligsprechung des „journalistischen Märtyrers" Dr. Fritz Gerlich, da die Aktivitäten, die zu seiner Ermordung führten, von seiner christlichen Weltanschauung geprägt waren. Gerlich ertrug seinen Gefängnisaufenthalt nach Aussagen von Mitgefangenen *„im Gebet und vertieft in religiöse Lektüre"*. (I-10-04)

Abb. 103: Resl mit Pater Ingbert Naab. (Foto: Ferdinand Neumann)

Pater Ingbert Naab

Pater Naab wurde 1885 als Karl Borromäus Naab in Dahn in Rheinland-Pfalz geboren. Als 20-Jähriger trat er in den Kapuzinerorden ein und bekam den Ordensnamen „Ingbert". Nach dem Studium in Eichstätt wurde er 1910 zum Priester geweiht. Im Lauf der Zeit hatte er verschiedene Funktionen inne, viele davon in der Jugendarbeit. Er war Direktor eines Knabenseminars in Regensburg, Konvent-Vorsteher in Klöstern in Passau und Eichstätt, Präses der Marianischen Studenten-Kongregation und leitete verschiedene Jugendzeitschriften. Für Pater Naab war es ein Herzensanliegen, die Liebe zur Kirche weiterzugeben. (I-10-05)

Professor Wutz, der mit den Kapuzinerpatres in Eichstätt befreundet war, hatte Pater Naab wiederholt nach Konnersreuth eingeladen. Naab stand den dortigen Ereignissen sehr zurückhaltend gegenüber, fuhr dann aber doch im Juli 1928 mit Professor Wutz nach Konnersreuth. Bei seiner Rückkehr erzählte er: *„Man kann jetzt ganz anders beten. Man lernt da viel mehr mit dem lieben Gott vereint zu sein."* Naab hinterfragte die Geschehnisse weiterhin kritisch. Nachdem er mehrmals in Konnersreuth gewesen war, verblassten seine Bedenken. (HW, 44-45)

Pater Naab lernte in Konnersreuth Dr. Fritz Gerlich kennen und unterstützte ihn dabei, die Angriffe von Gegnern auf die Resl abzuwehren. Auch gegen die Nationalsozialisten kämpften die beiden gemeinsam. Als Dr. Gerlich und Pater Naab überlegten, was sie gegen Hitler unternehmen könnten, wurden sie von Resl motiviert: *„Ja, ihr beide müsst kämpfen! Helfen wird es wohl nichts, aber ihr müsst es dennoch tun.“* (HW, 44; AN, 172)

In Gerlichs Zeitung, die damals noch „Illustrierter Sonntag“ hieß, veröffentlichte Pater Naab immer wieder Beiträge, die offen gegen Hitler gerichtet waren. Einige seiner Beiträge erschienen dort auf der Titelseite.

Im März 1932 erschien in Gerlichs Zeitung, die inzwischen in „Der gerade Weg“ umbenannt worden war, ein offener Brief von Pater Naab an Hitler. Darin erinnerte Pater Naab Hitler *„an sein Gewissen und an Gott“*. Dieser offene Brief wurde in über 1000 Zeitungen mit einer Gesamtauflage von etwa 20 Millionen Exemplaren nachgedruckt und als Plakat angeschlagen (siehe Abb. 105). (FA2, 91)

Aufgrund seines offenen Vorgehens gegen die Nationalsozialisten ist es nicht verwunderlich, dass diese Pater Naab nicht wohlgesinnt waren. Mehrmals wollte die Geheime Staatspolizei ihn verhaften, aber jedes Mal schickte Resl ihren Bruder Ferdinand, damit dieser Pater Naab an einem anderen Ort in Sicherheit bringen konnte. Als Resl erklärte, dass es für ihn in Deutschland keine Sicherheit mehr gebe, besorgte ihr Bruder Ferdinand falsche Pässe und Zivilkleider. Pater Naab rasierte sich den Bart ab und Ferdinand brachte ihn, zur Tarnung in Begleitung einer jungen Frau, über die Schweizer Grenze. Der Pater flüchtete weiter in die Tschechoslowakei, nach Italien und schließlich ins Kloster Königshofen im Elsass, wo er am 30. März 1935 an Krebs verstarb. Damit erfüllte sich die Vorhersage der Resl, dass Pater Naab in dem Kloster sterben sollte, in dem er in den Orden eingetreten war. (LR, 156-157: HW, 158ff)

Nr. 44
München,
1. Nov. 1931
Herausgeber Dr. Fritz Gerlich

Ab 1. Januar 1932 erscheint der „J. S.“ unter dem Namen
Der gerade Weg
Löst das 150 Mk.-Preisausschreiben! Seite 6

Illustrierter Sonntag
Das Blatt des gesunden Menschenverstandes

20 Pfennig
30 Oestr. Gr.

Schwere Vorwürfe gegen Hitler

Pater Ingbert Naab, einer der bekanntesten deutschen Kapuziner, setzt sich in den nachstehenden Ausführungen in seiner temperamentvollen und tiefgründigen Art mit Hitler und dem „Völkischen Beobachter“ auseinander

Unsere Anklage

Dr. Fr. Gerlich: Zur Weltlage . . . . S. 1
Was verteuert d. deutsche Produktion? S. 3
Das Märchen von der Erbfeindschaft S. 4
Das kleinere Übel? . . . . S. 5

Abb. 104: Aufmacher von Pater Naab im „Illustrierten Sonntag“ vom 1. November 1931 (kurz vor Umbenennung der Zeitung in ‚Der gerade Weg‘). (I-DGW)

Adolf Hitler erwache!
P. Ingbert Naab, O. Min. Cap., erinnert mit tiefem Ernst Adolf Hitler an sein Gewissen und an Gott.
Sonderdruck aus Nr. 12 der deutschen Wochenzeitung „Der gerade Weg“, München, Hofstatt 5/2. Herausgeber Dr. Fritz Gerlich, München.

Sehr geehrter Herr Hitler!

Herr Hitler, wer hat Sie denn gewählt?

Wer hat Sie gewählt?

Abb. 105: Kopf des Plakates mit dem Inhalt des offenen Briefes von Pater Naab an Hitler. (I-10-03)

Resl hat geholfen

Resl gab Rat und Trost

An verschiedenen Stellen dieses Buches wurde bereits berichtet, wie Resl den Menschen geholfen hat. Sie sollen hier kurz in Erinnerung gerufen werden:

- **Bei der Beschreibung der Resl im alltäglichen Leben**

Resl las Tausende von Briefen, in denen man sie um Rat und Hilfe bat. Aufgrund der riesigen Mengen konnte sie nur einen Teil der Briefe beantworten, versuchte aber, soweit es ihr möglich war, den Bittstellern gerecht zu werden. In Konnersreuth pflegte Resl jahrelang Kranke und begleitete Sterbende in ihren letzten Stunden.

- **Im Kapitel „Viele wollten Resl sehen"**

Viele Menschen kamen mit ihren Anliegen und Nöten nach Konnersreuth und erhielten von Resl Rat und Trost.

- **Im Kapitel „Weitere Ekstasezustände"**

Im erhobenen Ruhezustand, in dem Resl die innersten Geheimnisse ihrer Besucher kannte und das Wissen um die Zukunft hatte, gab sie vielen Menschen wertvolle Ratschläge.

- **In den Kapiteln über das Dritte Reich und den Konnersreuther Kreis**

Besonders hilfreich waren für Resls Freunde ihre Unterstützung und ihre Warnungen in der Zeit des Widerstandes gegen den Nationalsozialismus.

Resl litt stellvertretend für andere

Leiden für andere bezeichnete Resl als „ihren Beruf". Mehrmals pro Woche litt sie, um für Verfehlungen Lebender oder bereits Verstorbener zu büßen, oder übernahm stellvertretend Krankheiten von ihr bekannten und auch von ihr nicht bekannten Menschen. (FG1, 298)

Resl sagte, dass sie für andere leiden „durfte". Wie sie Fritz Gerlich erklärte, bedeutete das nicht, dass sie das gerne machte: *„Sieh mal! Das Leiden kann niemand gern haben. Auch ich hab es nicht gern. Kein Mensch hat Schmerzen gern, und ich bin auch ein Mensch. Ich hab den Willen des Heilands gern. Und wenn er ein Leiden schickt, so nehme ich es an, weil er es will. Aber das Leiden hab ich nicht gern."* (FG1, 300)

Resls Leiden für andere wird oft als „Sühneleiden" bezeichnet. Eigentlich trifft diese Bezeichnung nur für die Leiden zu, bei denen sie für die Verfehlungen anderer gebüßt hat. Resl beschrieb derartige Leiden als: *„Hilfe, die sie verstorbenen Menschen leisten darf, um ihr Fegefeuer abzukürzen, oder Lebenden, um ihnen die Lasten und Verfehlungen zu mildern oder beim Sterben zu helfen."* (FG1, 298)

Dabei spielte es keine Rolle, welchem Stand die jeweiligen Menschen angehörten. Resl litt für Priester und für einfache Leute, ja sogar für ihre Gegner. Pfarrer Naber berichtete, wie Resl mehrmals für einen Mann leiden musste, der ihr eine Spottkarte geschrieben hatte, die Pfarrer Naber als „*Blasphemie im schlimmsten Sinne*“ bezeichnete. (JN, 89-100)

Die betroffenen Personen waren Resl nicht immer persönlich bekannt. Oft wurde sie schriftlich um Hilfe gebeten oder litt für Anliegen beziehungsweise Verfehlungen auch für Menschen, von denen sie weder mündlich noch schriftlich Kenntnis erlangt hatte. Es kam vor, dass solche Personen in Konnersreuth erschienen, um sich bei Resl zu bedanken (siehe Abb. 106).

... Es sind — wie auch aus dem Tagebuch des Pfarrers ersichtlich ist — schon Personen in Konnersreuth erschienen, die sich bei ihr für eine Hilfe bedankten, welche sie in größter Gewissensnot erfahren hatten und die sie Therese Neumanns Sühneleiden zuschrieben. Darunter befanden sich auch solche, von denen Therese Neumann vorausgesagt hatte, daß sie vorher für sie wegen genau bezeichneter Anlässe leiden werde und die dann nachher kommen und die Anlässe bei ihrem Dank auch erzählen würden. Aus solchen Berichten späterer Besucher konnte dann der Pfarrer die Richtigkeit der Voraussagen feststellen.

Abb. 106: Resl litt für Menschen, die sie nicht kannte. Einige bedankten sich später dafür. (FG1, 300)

Nicht zu den „Sühneleiden“ zählten Leiden, bei denen Resl Krankheiten anderer stellvertretend für diese übernahm.

Berichtet wird unter anderem von einem Halsleiden, das sie stellvertretend für einen angehenden Priester bekommen hatte, von einem schweren Rheumatismus der oberen Gliedmaßen, den sie anstelle ihres Vaters durchlitt, einer Blutvergiftung, die sie für einen Priester durchmachte und einer Bindegewebegeschwulst, mit der ein Schlesier schon 10 Jahre zu kämpfen hatte, die in dem Augenblick verschwand, in der Resl sie übernommen hatte. (FG1, 71-74; JN, 74; MB, 37)

Auch Pfarrer Naber konnte Resl auf diese Art helfen. Er hatte Anfang Mai 1931 einen „*bedrohlichen und bewegungshemmenden Rheumatismus*“. Die Versuche Resls, die Krankheit mit natürlichen Mitteln zu bekämpfen, schlugen fehl. Pfarrer Naber schrieb am 9. Mai 1931 in sein Tagebuch: „ … *während der Nacht ging sie* [Resl] *zur Kirche, um sich dem Heiland zur Übernahme des Leidens anzubieten und ihm zu versprechen, sie wolle den Juni hindurch ganz besonders gut zu den sie Besuchenden sein. Am Morgen vermochte Theres nicht aufzustehen …, sie hatte den Rheumatismus gerade dort und mit den Behinderungen wie ich ihn gehabt, nur doppelt schmerzhaft. … Ich aber konnte mich wieder anstandslos bewegen und fühlte kaum mehr eine Spur von Schmerz.*“ (JN, 119)

Eine ganz besondere Hilfe gewährte Resl so manchem Sterbenden oder mancher Sterbenden. Sie erleichterte ihnen die letzten Stunden, indem sie für deren Vergehen büßte oder die schweren Krankheiten dieser zumindest teilweise übernahm. Dr. Fritz Gerlich beschrieb, wie Beobachter derartige „Sterbehilfen“ der Resl wahrnahmen (siehe Abb. 107). (JN, 60, 64, 65, 68, 82)

> … Hat sie einem Menschen beim Sterben helfen dürfen, so meint der Beobachter, sie stürbe selbst vor seinen Augen in dem Augenblicke, wo der Mensch, dem ihre Hilfe bestimmt ist, sterben soll. Ich weiß von einem Fall, wo ihr Körper die Krankheitserscheinungen des Sterbenden, wie Wassersucht, Asthma und Atemnot usw. zeigte. Therese Neumanns Körper schwoll ebenfalls auf. Sofort nach dem Tode der betreffenden Person kam Therese Neumann in einen erhobenen Zustand, während die Krankheitserscheinungen bei ihr zugleich verschwanden. …

Abb. 107: Dr. Gerlich beschrieb, wie Resl die Krankheit eines Menschen übernimmt, um ihm beim Sterben zu helfen. (FG1, 299)

Für Dr. Fritz Gerlich waren die Sühneleiden der Resl *„etwas völlig Neues und gedanklich nicht recht Faßbares“*, deshalb sprach er sie im erhobenen Ruhezustand darauf an. Resl antwortete ihm: *„Sieh mal! Der Heiland ist gerecht. Deswegen muß er strafen. Er ist aber auch gütig und will helfen. Die Sünde, die geschehen ist, muß er bestrafen. Wenn aber ein anderer das Leiden übernimmt, so geschieht der Gerechtigkeit genüge, und der Heiland erhält Freiheit für seine Güte.“* (FG1, 300)

Resls Erklärung fand ich zunächst befremdend. Kann Gott es wollen, dass ein Mensch Leiden in Vertretung für andere Menschen auf sich nimmt? Dann fielen mir die Geheimnisse des schmerzhaften Rosenkranzes ein, wie zum Beispiel „der für uns das schwere Kreuz getragen hat“. Das Leiden und Sterben Jesu war, wie an mehreren Stellen der Bibel nachzulesen, ein Sühneleiden für die ganze Menschheit, Jesus hat sich *„unsere ganze Schuld aufgeladen“*. Warum sollte Gott dann nicht auch Leiden annehmen, die Resl für einzelne Menschen auf sich genommen hat? (Jes 53 4, 5)

Resl hat für die Anliegen der Menschen gebetet

Wie bereits erwähnt, sprach Resl mit sehr vielen Besuchern und verbrachte so manche Nacht damit, Stöße von Briefen zu lesen. Oft wurde sie in Gesprächen oder schriftlich gebeten, für die Anliegen der Menschen zu beten. (JS1, 84)

Bei seiner Grabrede für die Resl nannte es der damalige Konnersreuther Pfarrer Josef Schuhmann *„das besondere Wesensmerkmal der Resl, dass Tausende von Kreuzträgern und Leidbeladenen, Menschen mit Kummer und Sorgen ihre Anliegen und ihre Not ihrem Fürbittgebet empfohlen haben“*. (Z-05-01)

Auf die „Kreuzträger“ bezog sich auch Johannes Steiner, als er berichtete, dass *„Dutzende von Briefen von Kardinälen und Bischöfen vorhanden sind … mit denen diese eine wohlwollende Aufnahme oder bestimmte Anliegen oder auch ihre ganze Diözese dem Gebet der Theres Neumann empfehlen.“* Steiner teilte auch mit, dass einer dieser Briefe aus dem Jahr 1935 die Unterschrift *„Pacelli, Kardinalstaatssekretär“* trägt. Pacelli wurde vier Jahre später zum Papst gewählt. (JS1, 84-85)

Manchmal hatte Resl mit ihrem Beten „Erfolg“. Zeitzeugen berichteten von Fällen, bei denen Resls Fürbitten erhört und den Bittstellern geholfen wurde. Einer dieser Zeitzeugen war der Wiener Pfarrer Ludwig Wegmann. Er war oft in Konnersreuth und hatte meist Briefe mit den verschiedensten Bitten an die Resl dabei. Zurück in Wien berichtete er von seinen Reisen nach

Konnersreuth. Am 5. September 1928 berichtete er seinen Zuhörern von der Heilung einer Frau, die beim Vortrag des Pfarrers anwesend war (siehe Abb. 108).

Derartige Gebetserhörungen sprachen sich herum. Deshalb kamen viele Menschen mit Problemen und Krankheiten nach Konnersreuth und erwarteten, dass Resl ihnen half ihre Probleme zu lösen beziehungsweise, dass sie durch Resl geheilt würden. Wenn sie dann zu ihnen sagte: *„‚Ich bet' schon für Sie, daß Sie es in Geduld tragen können', wurde sie fassungslos angeschaut und ihr erwidert, sie solle doch beten, daß die Krankheit, das Leid von ihnen genommen werde. Zum Weitertragen seien sie nicht nach Konnersreuth gekommen.*" Resl, die in ihrem Leben selbst so viel gelitten hatte, konnte es nicht verstehen, *„daß niemand mehr opfern und leiden will … sie blieb eine deutliche Antwort nicht schuldig*". (AS1, 69)

Gebetserhörungen nach Resls Tod

Nachdem Resl gestorben war, häuften sich Berichte von Menschen, die erklärten, dass *„Therese Neumann im Jenseits ihre Gebete erhört und ihnen in verzweifelten Situationen, in Not und Krankheit auf wundersame Weise geholfen habe.*" (Z-11-02)

Viel Aufsehen erregte die Heilung der Bäuerin Bertha Meuleberg aus Stein, einer Gemeinde im Süden der

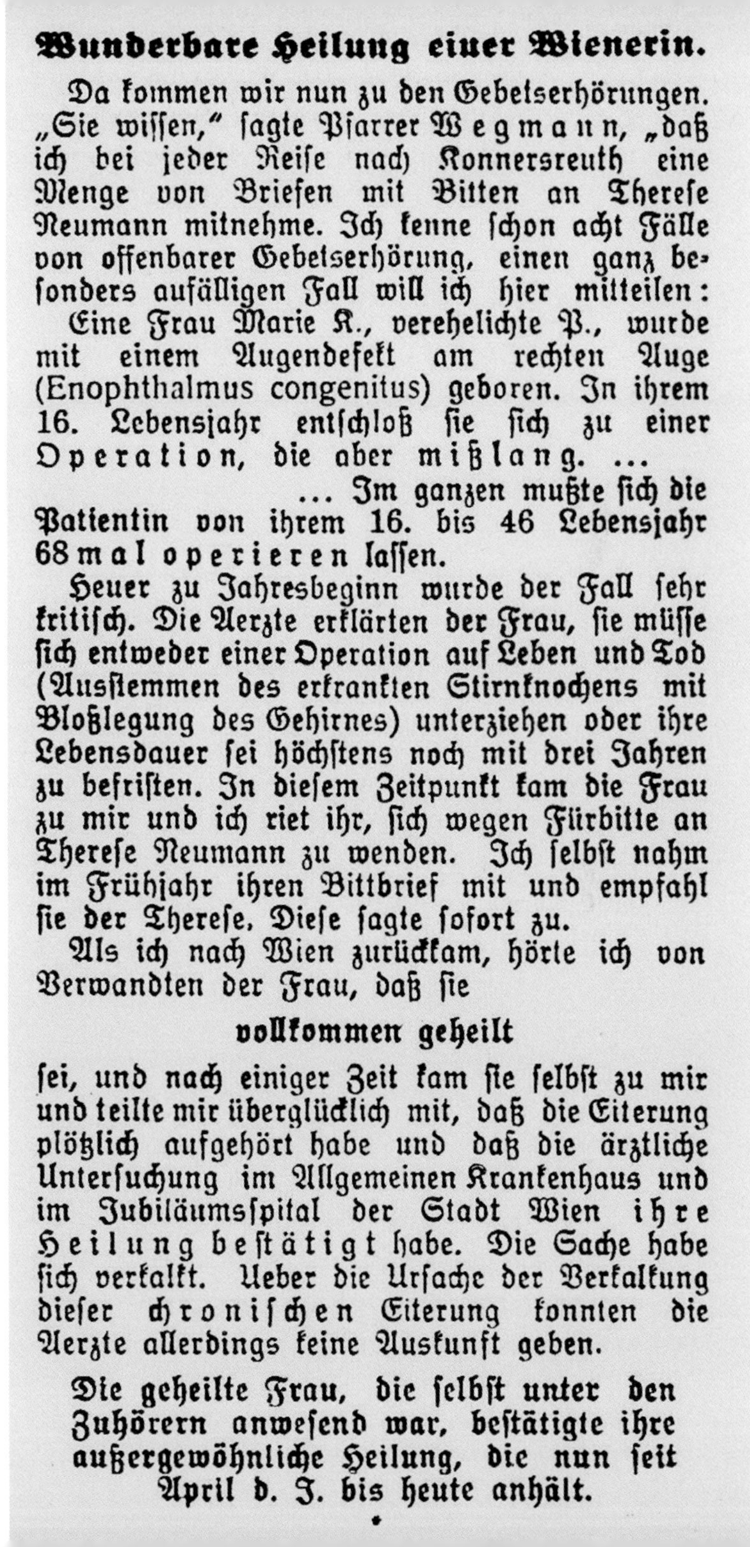

Wunderbare Heilung einer Wienerin.

Da kommen wir nun zu den Gebetserhörungen. „Sie wissen," sagte Pfarrer Wegmann, „daß ich bei jeder Reise nach Konnersreuth eine Menge von Briefen mit Bitten an Therese Neumann mitnehme. Ich kenne schon acht Fälle von offenbarer Gebetserhörung, einen ganz besonders auffälligen Fall will ich hier mitteilen: Eine Frau Marie K., verehelichte P., wurde mit einem Augendefekt am rechten Auge (Enophthalmus congenitus) geboren. In ihrem 16. Lebensjahr entschloß sie sich zu einer Operation, die aber mißlang. ...

... Im ganzen mußte sich die Patientin von ihrem 16. bis 46 Lebensjahr 68mal operieren lassen.

Heuer zu Jahresbeginn wurde der Fall sehr kritisch. Die Aerzte erklärten der Frau, sie müsse sich entweder einer Operation auf Leben und Tod (Ausstemmen des erkrankten Stirnknochens mit Bloßlegung des Gehirnes) unterziehen oder ihre Lebensdauer sei höchstens noch mit drei Jahren zu befristen. In diesem Zeitpunkt kam die Frau zu mir und ich riet ihr, sich wegen Fürbitte an Therese Neumann zu wenden. Ich selbst nahm im Frühjahr ihren Bittbrief mit und empfahl sie der Therese. Diese sagte sofort zu.

Als ich nach Wien zurückkam, hörte ich von Verwandten der Frau, daß sie

vollkommen geheilt

sei, und nach einiger Zeit kam sie selbst zu mir und teilte mir überglücklich mit, daß die Eiterung plötzlich aufgehört habe und daß die ärztliche Untersuchung im Allgemeinen Krankenhaus und im Jubiläumsspital der Stadt Wien ihre Heilung bestätigt habe. Die Sache habe sich verkalkt. Ueber die Ursache der Verkalkung dieser chronischen Eiterung konnten die Aerzte allerdings keine Auskunft geben.

Die geheilte Frau, die selbst unter den Zuhörern anwesend war, bestätigte ihre außergewöhnliche Heilung, die nun seit April d. J. bis heute anhält.

Abb. 108: Bericht von Pfarrer Ludwig Wegmann über eine Gebetserhörung. (Z-11-01)

Abb. 109–112: Die Votivgaben an Resls Grab werden in einer nach vorne offenen Votivkapelle gesammelt. Nachdem die drei Innenseiten voll waren, wurde auch eine Außenseite genutzt. (Fotos: Johann Härtl)

Niederlande. Nach mehr als vier Jahren mit chronischem Gelenkrheumatismus war sie nahezu gelähmt und von den Ärzten aufgegeben worden. Eine Freundin hatte ihr ein Buch über Theres Neumann gegeben. „*Bertha Meuleberg begann eine Novene (9-tägiger Gebetszyklus) an die Stigmatisierte und versprach, eine Wallfahrt nach Konnersreuth zu machen und eine Kapelle zu bauen, wenn es ihr besser geht.*“ Am Ende der Novene, am Freitag, den 3. September 1965, stand sie von ihrem Bett auf, fühlte sich ganz geheilt und machte ihre Versprechen wahr. [Z-11-03]

Die gelobte Wallfahrt nach Konnersreuth trat Frau Meuleberg mit ihrem Mann noch im September 1965 an. Dort traf sie mit dem Journalisten Albert Panzer zusammen. Ihm erzählte Frau Meuleberg, dass Resl während der Novene mehrmals zu ihr gesprochen hatte und sie deshalb schon am vierten Tag der Novene wusste, dass sie geheilt werden würde. [AP, 133-135]

Es dauerte einige Jahre, bis Frau Meuleberg die notwendigen Genehmigungen von der Gemeinde Stein und von ihrem Bischof für die Errichtung der Kapelle bekam. Im September 1973 wurde die „*Theresia Neumann geweihte Kapelle ‚Das bittere Leiden Jesu und Mariens‘*“ vollendet. Sie ist aus gelben Backsteinen und teilweise Glassteinen gebaut, hat ein Flachdach und fasst etwa 200 Personen. Neben dem Altar hängt, zwischen der Statue „Unserer Lieben Frau von Fatima“ und der Statue des hl. Josef, das Porträt von Theres Neumann. Es dauerte bis zum Jahr 2012, bis die Kapelle auch offiziell von der Diözese Roermond anerkannt wurde. [I-11-01]

Im Oktober 1979 wurde in der Illustrierten „BUNTE" über die Heilung von Annemarie Gradl, Inhaberin einer Fischküche in Grafenwöhr, berichtet: *„Nach zwei schweren Unterleibsoperationen hatte sie monatelang im Krankenhaus gelegen. Jetzt sollte sie zum dritten Mal operiert werden. Annemarie Gradl hatte keine Hoffnung mehr. Sie tat, was Menschen in solchen Lagen zu tun pflegen: Sie betete. Sie betete zu Gott, zur Jungfrau Maria, zur heiligen Bernadette von Lourdes und schließlich zu Therese von Konnersreuth. ‚Wenn ich gesund werde', gelobte sie, ‚werde ich eine Gedenktafel an ihrem Grab aufstellen.' – Sie wurde gesund.*" Frau Gradl ließ sich vom Steinmetz eine Tafel aus schwarzem Marmor mit Goldschrift anfertigen und stellte sie am Grab der Resl auf. (Z-11-04)

Viele Votivtafeln mit Danksagungen an die Resl zeugen davon, dass es immer wieder derartige Gebetserhörungen gegeben hat. Auf die an Resls Grab abgelegten Dank-Bekundungen komme ich im Kapitel „Spuren der Resl in Konnersreuth" zurück.

Im Zusammenhang mit dem Seligsprechungsprozess der Resl, über den im letzten Kapitel dieses Buches mehr zu lesen ist, sammelt die dafür zuständige bischöfliche Behörde alle Informationen zu Gebetserhörungen, die auf die Fürbitte der Resl zurückzuführen sind.

Bischöfe – Kardinäle – Päpste – Yogananda

Bischöfe gingen bei Resl ein und aus

Besonders der klerikale Stand interessierte sich für die Vorgänge in Konnersreuth. Unter den Besuchern der Resl waren viele Priester und Ordensleute. Auch aus den entferntesten Ländern reisten Bischöfe an, um mit Resl zu sprechen und sie in ihrem Leiden zu sehen. Die weitesten Wege nach Konnersreuth dürften die Bischöfe aus Brasilien, Namibia und Papua-Neuguinea gehabt haben.

In den Jahren 1927 bis 1934 wurde in Zeitungen und Büchern berichtet, wenn Bischöfe in Konnersreuth waren. Für diesen Zeitraum fand ich Berichte über Besuche von 59 Bischöfen. Einige davon waren zweimal, andere öfter bei der Resl. Von manchen Bischöfen wurde sie auch in deren Diözese eingeladen. Für die Zeit nach 1934, als in der Zeit des Nationalsozialismus die Berichterstattung über Theres Neumann stark eingeschränkt worden war, erfuhr man nicht mehr, wer die Resl besucht hatte.

Alle Bischöfe, die Resl besuchten, waren von ihr beeindruckt. Es sind nur positive Aussagen über deren Gespräche mit der Resl überliefert. Von folgenden Bischöfen war in diesem Buch bereits die Rede:

- Erzbischof Dr. Józef Teodorowicz aus Lemberg, dessen Buch „Konnersreuth im Lichte der Mystik und Psychologie“ Ende 1936 der Auslöser für einen Feldzug von Dr. Josef Deutsch gegen die Resl war.
- Bischof Michael Rackl von Eichstätt, der Resls Vater darin bestärkte, nicht in eine neue Untersuchung einzuwilligen. Während einer 7-tägigen Bettlägerigkeit der Resl im Jahr 1940 ließ er ihre Nahrungslosigkeit überprüfen und bestätigte diese.
- Bischof Joseph Schrems von Cleveland/Ohio, den die Offenbarungen der Resl in Tränen auflösten. Er hielt in den USA Vorträge, in denen er für den übernatürlichen Charakter der bei der Resl erlebten Vorgänge eintrat.
- Bischof Alexander Chulaparambil von Kottyam in Indien, dessen Aramäisch-Aussprache Resl korrigierte.
- Bischof Antônio Malan von Petrolina in Brasilien, bei dem Resl die Sprache, mit der er sich mit seinem Begleiter unterhielt, als die gleiche Sprache erkannte, in der sie in ihren Visionen den heiligen Antonius hatte reden hören.
- Bischof Dr. Ludwig Sebastian von Speyer, der Resls Nahrungslosigkeit bestätigte, nachdem er sie während ihrer Aufenthalte in seinem Haus genau beobachtet hatte.

Über Bischof Michael Buchberger, der 1950 zum Erzbischof ernannt wurde, findet man viele Informationen im Kapitel „Überprüfung der Nahrungslosigkeit". Er leitete das für Konnersreuth zuständige Bistum Regensburg vom 12. März 1928 bis zu seinem Tod am 10. Juni 1961.

Zehn Tage nach seinem Amtsantritt, am 22. und 23. März 1928, war er in Konnersreuth, um sich selbst über die Vorgänge um die Resl zu informieren. Da er sich nur bei Pfarrer Naber angemeldet hatte und diesen zum Stillschweigen verpflichtete, fragte ihn Resls Vater nach seiner bischöflichen Besuchserlaubnis. Der Bischof war in Begleitung einer bischöflichen Kommission, der Weihbischof Hierl, Domkapitular Reichenberger und vier Wissenschaftler angehörten. In der Nacht vom Donnerstag auf Freitag beobachteten zwei Kommissionsmitglieder die Resl abwechselnd bei ihrer Leidensekstase. Am Freitag früh erschien der Bischof mit den anderen Mitgliedern der Kommission. Sie beobachteten gemeinsam Resls Leidensekstase bis zu deren Ende um drei Uhr nachmittags.(FRL3, 47, 48)

Professor Dr. Martini aus Berlin, das Kommissionsmitglied, das als erstes zur Beobachtung eingeteilt war, kam zu spät, um den Beginn der Blutungen zu beobachten. Um dies nachzuholen, schickte der Bischof acht Tage später noch einmal den Domkapitular Reichenberger in Begleitung des Stadtpfarrers von Waldsassen nach Konnersreuth. (FRL3, 48; JH2, 499)

Die bei diesen Besuchen gewonnenen Erkenntnisse waren die Grundlage für einen Bericht, den Bischof Buchberger am 20. Oktober 1928 Papst Pius XI. in einer Privataudienz übergeben hat. (FRL3, 48, 157)

Während einer Firmungsreise in die nördliche Oberpfalz machte Bischof Buchberger zwei unangekündigte Kontrollbesuche in Konnersreuth. Am 7. Juni 1929 war er dabei Zeuge einer besonders heftigen Leidensvision, da Resl an Herz-Jesu-Freitagen noch mehr leiden musste als an anderen Freitagen. Vier Tage später, am 11. Juni 1929, kam er wieder vorbei. In Zeitungen wurde gemeldet, dass er an diesem Tag zu den Bewohnern von Konnersreuth sagte: *„Der Ruf von Konnersreuth ist in die weite Welt gedrungen … Ihr habt die Anordnung der Freisinger Bischofskonferenz gut befolgt … Bleibt auch weiterhin so, befolgt die Worte eures Bischofs und gebt ein gutes Beispiel der ganzen Welt und allen Fremden, die hierherkommen."* (Z-12-01)

Seine Besuche und die ihm vorliegenden Dokumente überzeugten den Bischof von der Glaubwürdigkeit der Resl und ihrer Phänomene. Als Beleg dafür zitierte der Jesuitenpater Dr. Carl Sträter, der von Bischof Rudolf Graber, dem Nachfolger von Bischof Buchberger, mit der Vorbereitung der Seligsprechung der Resl beauftragt worden war, ein Schreiben Buchbergers. Dieser hatte am 21. Januar 1931 an Monsignore Brunelli, den engsten diplomatischen Mitarbeiter des Nuntius in München, geschrieben: *„Es ist wohl kaum ein begründeter Zweifel an der Angabe, daß Therese Neumann nichts ißt und trinkt und zwar jetzt schon ein paar Jahre lang. Auch die Stigmata sind nach fachmännischem Urteil, darunter dem des Herrn P. Gemelli, wohl sicher echt. Dazu ist am Leben der Therese Neumann bisher in religiös-sittlicher Hinsicht nichts auszusetzen; immerhin gute Gründe, an eine wunderbare Begnadigung zu denken."* (CS, 12)

Noch eindeutiger sind die Aussagen von Bischof Buchberger über die Resl in einem bereits an anderer Stelle zitierten Beitrag in dem von ihm herausgegebenen „Lexikon für Theologie und Kirche". Darin bestätigte er: „*Ein vernünftiger u. berechtigter Zweifel an der Tatsache der Nahrungslosigkeit* [ist] *ausgeschlossen*" und „*Die Stigmata wurden von einwandfreier ärztlicher Seite für echt erklärt, entstanden u. erhalten ohne künstliches Zutun*". (JH2, 481)

Was jedoch dann dazu führte, dass Bischof Buchberger ab 1931 zweiundzwanzig Jahre lang nicht in Konnersreuth war, dass er auf Kritiker der Resl hörte, die nie in Konnersreuth waren, und dass er, wie berichtet, die Familie Neumann 1937 unter Druck setzte, einer Klinikuntersuchung zuzustimmen, darüber könnte nur spekuliert werden.

Kardinäle besuchten die Resl

Auch von Kardinälen sind vor allem Besuche, die zwischen 1927 und 1934 erfolgt sind, dokumentiert. An verschiedenen Stellen dieses Buches sind Erlebnisse von einigen der folgenden Kardinäle geschildert:

◆ Kardinal Mundelein

Wiener Zeitungen meldeten, dass Kardinal George Mundelein von Chicago am Freitag, dem 22. Juli 1927, von seiner Kur im nahegelegenen Karlsbad aus inkognito in Konnersreuth war. (Z-12-02)

◆ Kardinal von Faulhaber

Am 6. November 1927 hielt Kardinal Dr. Michael von Faulhaber, Erzbischof von München, im vollbesetzten Münchner Dom eine vielbeachtete, einstündige Rede über Theres Neumann. Darin berichtete er darüber, dass Resls Nahrungslosigkeit überwacht worden war, dass „*das arme Mädchen von einer gaffenden Menge umlagert gewesen*" sei und dass Millionen für Filmaufnahmen gezahlt worden wären. (FRL3, 3-4)

Der Kardinal stellte fest: „*Heute schon, vor dem Endurteil, ist eine große Botschaft und Gnade von Konnersreuth ausgegangen: Menschen der Neuzeit und der neuzeitlichen Not, kehrt zurück zur Andacht zum Leiden Christi …!*". (FRL3, 5)

Vom 22. bis 24. August 1928 besuchte Kardinal Faulhaber Konnersreuth und war dort über viele Stunden lang Zeuge der Leidensekstase der Resl. Ein Besucher berichtete, wie ergriffen Kardinal Faulhaber Resl dabei beobachtete (siehe Abb. 113). Am Samstagmorgen zelebrierte der Kardinal eine heilige Messe am Hausaltar in Resls Zimmer. (FG1, 291, FRL3, 126)

◆ Kardinal Piffl

Der Besuch des Kardinals Dr. Friedrich Gustav Piffl, Erzbischof von Wien, im November 1927 wurde geheim gehalten. Nur Pfarrer Naber und die Neumanns wussten, dass es sich bei dem als einfacher Landpfarrer gekleideten Herren um den Kardinal handelte. Kardinal Piffl bezeichnete Resl als „*seelisch kerngesundes Wesen*" (siehe Abb. 114).

◆ Kardinal Karel Kašpar

Ein für Resl sehr wichtiger Kirchenfürst war Kardinal Dr. Karel Kašpar, Erzbischof von Prag, der in der deutschsprachigen Literatur auch Karl Kaspar genannt wird. Er besuchte Resl das erste Mal von Donnerstag, den 21. März 1929, bis Samstag, den 23. März 1929. Damals war er noch Bischof der böhmischen Stadt Königgrätz. (KK, 39)

Karel Kašpar schrieb ein Buch über seinen ersten Besuch in Konnersreuth. Darin schilderte er auf 32 Seiten sehr eindrucksvoll den Verlauf und die Inhalte der Teilvisionen von Resls Leidensekstase. Karel Kašpar war noch oft bei Resl zu Gast, woraus sich eine Freundschaft entwickelte. Als man Resl in der Nazizeit zwingen wollte, in ein Krankenhaus zu gehen, setzte er sich in Rom erfolgreich für sie ein.

Aufgrund seiner Freundschaft zur Resl wollten tschechische Politiker verhindern, dass er 1931 zum Erzbischof von Prag ernannt wird. (Z-12-04)

- **Kardinal Hlond**

Der Primas von Polen, Kardinal Dr. August Hlond war am 21. Juni 1929 gemeinsam mit Bischof Amandus Bahlmann aus Brasilien bei der Freitagsekstase der Resl anwesend. (FS, 86)

- **Kardinal Graf von Preysing**

Konrad Graf von Preysing, ein enger Vertrauter des Nuntius Eugenio Pacelli, war von 1932 bis 1935 Bischof in Eichstätt. Als Freund von Professor Wutz traf er im Wutzhaus öfter mit Resl zusammen. Als Vater Neumann als Voraussetzung für eine Klinkeinweisung der Resl auf die von ihm geforderten Sicherheiten bestand, freute sich Konrad von Preysing, dass Resls Vater *„einen so harten Kopf hat“*. (AS1, 23; JS1, 72)

- **Kardinal Parecattil aus Indien**

Joseph Parecattil, Erzbischof von Ernakulam, besuchte Resl in den Jahren 1958 und 1960. Sein besonderes Interesse galt der Tatsache, dass Resl aramäische Worte und Sätze wiedergeben konnte. Deshalb wurde über ihn in Zusammenhang mit Resls Aramä-

> ... Gegen 6 Uhr abends machte er einen ersten, über eine Stunde währenden Besuch im Hause Neumann und kehrte dann nachts zurück, um den Eintritt der Ekstase zu beobachten. Gegen 3 Uhr früh begab sich Se. Eminenz in den Pfarrhof, zelebrierte dort früh 7 Uhr und kehrte dann an das Leidensbett zurück, um dort bis gegen 3 Uhr nachmittags zu verweilen. Ein Besucher jenes Freitags schreibt darüber: „Oben stand bereits die Türe des Leidenszimmers wegen der im Stübchen herrschenden Schwüle offen. Beim Eintritt fiel jedoch der Blick auf das gegenüberliegende Bett im weißen Überzug in der Ecke am Fenster. Am Fußende saß der Kardinal, den Blick unverwandt auf die Ekstatische gerichtet und dazwischen sich Aufzeichnungen machend.“ Er war außerordentlich ergriffen und erklärte den Besuchern die einzelnen Leidensszenen und als Therese jammerte, sie müsse so schwer leiden, weil jemand im Zimmer sei, der den Heiland schwer beleidigt habe, bat der Kardinal alle, die eben zugegen waren, wegzugehen.

Abb. 113: Kardinal Faulhaber beobachtete 1928 die Leidensvision der Resl. (FRL3, 126)

> Kardinal Piffl erzählte einmal im Kreis einiger Priester von seinem inkognito erfolgten Besuch bei der berühmten Therese Neumann in Konnersreuth. Er gab sich nicht zu erkennen. Als Monate nachher der seither auch verstorbene Bischof Groß von Leitmeritz zu Therese Neumann kam, sagte er zu ihr: „Es war ja auch der Kardinal von Wien einmal hier?“ Sie antwortete ihm: „Ja, aber ausgeschaut hat er wie ein alter Landpfarrer.“ Diese für die beispiellose Schlichtheit des Verewigten so treffende Antwort, die ihm der Bischof brieflich mitteilte, machte ihm sichtlich Spaß. Der Kardinal urteilte über die vielbesprochene Seherin sehr gut. Nein, das sei ganz bestimmt keine „überspannte“ oder „hysterische Person“, sondern ein seelisch kerngesundes Wesen.

Abb. 114: Kardinal Piffl erzählte von seinem Besuch bei der Resl. (Z-12-03) isch-Phänomen berichtet. Zur Zeit seiner Besuche bei der Resl war Joseph Parecattil Erzbischof von Ernakulam. Zum Kardinal der römischen Kirche wurde er 1969 berufen.

Parecattil ließ das Buch von Dr. Johannes Steiner über das „Lebensbild“ der Theres Neumann in seine Heimatsprache Malayalam übersetzen.

◆ Kurienkardinal Bea

Zur Vorbereitung der Errichtung eines Anbetungsklosters in Konnersreuth war Resl im August 1962 nach Weingarten gefahren. Dort traf sie Kurienkardinal Augustin Bea. Kardinal Bea leitete das „Sekretariat für die Förderung der Einheit der Christen“, das Papst Johannes XXIII. zur Vorbereitung des Zweiten Vatikanischen Konzils eingerichtet hatte. Er sprach mit Resl über das bevorstehende Konzil und schilderte ihr dessen theologische und kirchengeschichtliche Bedeutung. Der Kardinal verabschiedete sich von der Resl mit der Bitte: *„Ich rechne mit ihrem Gebet für das Konzil.“* Wie aus einem Brief des Kardinals an Pfarrer Naber hervorgeht, war er auch später noch *„stark beeindruckt von dem Versprechen, das ihm die Resl in Weingarten gegeben hatte“*. (AP 51, 150)

Päpste waren an Resl interessiert

In der Zeit, als die Phänomene der Resl auftraten, war Papst Pius XI. Oberhaupt der katholischen Kirche. Sein Nachfolger, Papst Pius XII., hatte dieses Amt von 1939 bis 1958 inne. Beide waren über die Vorgänge in Konnersreuth auf dem Laufenden.

Papst Pius XI.

Um detaillierte Informationen über die Resl zu bekommen, schickte Papst Pius XI. im März 1928 Professor Agustin Gemelli, Arzt und Rektor der päpstlichen Herz-Jesu-Universität in Mailand, nach Konnersreuth. Nach eingehender Untersuchung *„erklärte er* [Gemelli] *auf das bestimmteste: von Hysterie ist keine Spur.“* Es schien, der Papst war mit dem Bericht von Professor Gemelli zufrieden, da er Resl und Pfarrer Naber seinen päpstlichen Segen sandte (siehe Abb. 115). (JH1, 72)

Sieben Monate, nachdem Papst Pius XI. von Professor Gemelli unterrichtet worden war, reiste Bischof Buchberger nach Rom. Wie bereits erwähnt, erstattete der Regensburger Bischof dort dem Papst einen Bericht über die Resl.

In Zeitungen wurde gemeldet, dass Pius XI. Ende 1928 den Nervenarzt Sanitätsrat Dr. Paul Bergmann aus Cleve in einer besonderen Audienz empfing und sich dabei über Theres Neumann Bericht erstatten ließ. (Z-12-05)

Bischof Sigismund Waitz von Feldkirch/Österreich wollte dem Papst Ende 1928 sein kleines Buch „Die Botschaft von Konnersreuth“ übergeben. Bei der Überreichung erfuhr er, dass der Papst sein Buch über die Resl schon gelesen hatte. (FRL3, 157; Z-12-06)

Pfarrer Naber erzählte dem Mitterteicher Journalisten Albert Panzer, Papst Pius XI. hätte Therese Neumann sogar zu sich eingeladen. Als der Papst von der geplanten Reise eines Österreichers aus der päpstlichen Garde nach Konnersreuth erfuhr, ließ er diesen rufen und gab ihm eine Reliquie des Franz von Assisi für die Resl mit. (AP, 81)

Anders als die deutschen Kirchenbehörden war Pius XI. der Meinung, man sollte Resl nicht weiter behelligen. Ein Bischof, der zu Besuch in Konnersreuth war, erzählte Pfarrer Naber, Pius XI. hätte zu ihm gesagt: „*Konnersreuth überlassen wir der göttlichen Vorsehung.*" Zu Kardinal Alfredo Ildenfenso Schuster von Mailand sagte der Papst, als das Gespräch auf Theres kam: „*Laßt mir das Kind in Ruhe.*" An diesen Ausspruch des Papstes erinnerte Pfarrer Naber den Regensburger Bischof Buchberger, als dieser im Jahr 1937 mit Nachdruck die Einweisung der Resl in eine Klinik forderte. (JS1, 72; JH2, 484)

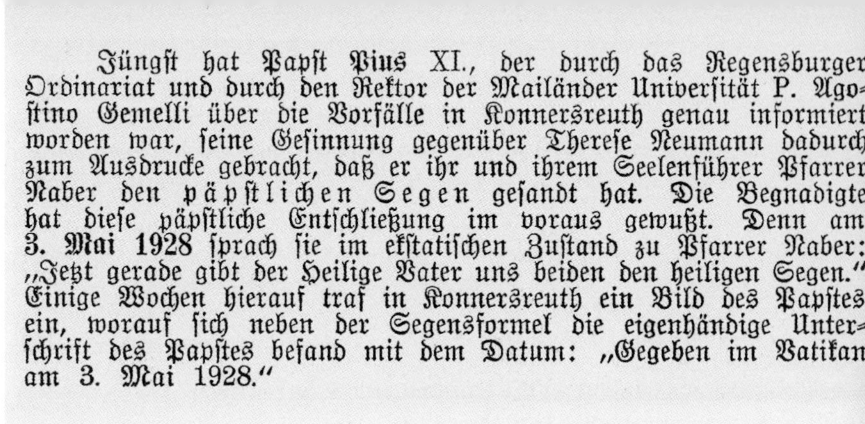

Jüngst hat Papst Pius XI., der durch das Regensburger Ordinariat und durch den Rektor der Mailänder Universität P. Agostino Gemelli über die Vorfälle in Konnersreuth genau informiert worden war, seine Gesinnung gegenüber Therese Neumann dadurch zum Ausdrucke gebracht, daß er ihr und ihrem Seelenführer Pfarrer Naber den **päpstlichen Segen** gesandt hat. **Die** Begnadigte hat diese päpstliche Entschließung im voraus gewußt. Denn am **3. Mai 1928** sprach sie im ekstatischen Zustand zu Pfarrer Naber: „Jetzt gerade gibt der Heilige Vater uns beiden den heiligen Segen." Einige Wochen hierauf traf in Konnersreuth ein Bild des Papstes ein, worauf sich neben der Segensformel die eigenhändige Unterschrift des Papstes befand mit dem Datum: „Gegeben im Vatikan am 3. Mai 1928."

Abb. 115: Papst Pius XI. schickte Resl und Pfarrer Naber den päpstlichen Segen. (FS, 86)

Friedrich Ritter von Lama berichtete von Briefen an den Papst, die Resl während der Ekstase diktiert hat. Am 28. Juli 1928 entstand so ein Brief, den der brasilianische Bischof Antônio Malan mit nach Rom nahm. Am 22. März 1929 vertraute Resl Bischof Henri-Jean-Maria Prud'homme aus Saskatchewan in Kanada eine Mitteilung für den Hl. Vater an. Über den erstgenannten Brief schrieb Friedrich Ritter von Lama: „*Bezüglich des Briefes an den Hl. Vater … können wir mitteilen, daß er die Beantwortung einer Frage enthielt, die ein Kardinal an Therese im Auftrag seiner Heiligkeit gerichtet hatte.*" (FRL3, 112, 157; FRL7, 249; FRL8, 58)

Zunächst fand ich die Meldungen, Resl hätte dem Papst geschrieben, eher unwahrscheinlich. Glaubhaft wird dies, wenn man den Bericht von Bischof Karel Kašpar über sein Gespräch mit der Resl im März 1929 liest: „*Ich erzählte ihr nun, ich würde im nächsten Monat nach Rom reisen, und fragte sie, was ich dem Hl. Vater ausrichten solle. Sie schämte sich daraufhin wie ein Kind und legte die Hände vors Gesicht. ‚Ich trau mi net.' Als ich ihr dann versprach, für sie den Segen zu erbitten, rief sie: ‚Ja!' und fügte bei: ‚… und daß ich täglich eigens für den Hl. Vater bete.*'" Den Inhalt der Nachricht an den Papst teilte Karel Kašpar nicht mit. (KK, 89)

Papst Pius XII.

Nach dem Tod von Papst Pius XI. wurde Eugenio Pacelli zum Papst gewählt und gab sich am 2. März 1939 den Namen Pius XII. Eugenio Pacelli war schon seit Ende 1927 über Theres Neumann im Bilde. Damals war er Nuntius in Berlin und damit ständiger diplomatischer Vertreter beziehungsweise Botschafter des Papstes im Deutschen Reich.

Wie bereits im Kapitel „Viele wollten Resl sehen" erwähnt, leitete Eugenio Pacelli am 26. Oktober 1927 einen Brief des Reichsarbeitsministers Dr. Heinrich Brauns an das Bistum Regensburg weiter, in dem dieser die Befürchtung äußerte, die Vorgänge in Konnersreuth könnten von den Gegnern politisch ausgenutzt werden. Weitere Informationen zu diesem Brief und zur Antwort des Regensburger Kapitularvikars an Eugenio Pacelli enthält das folgende Kapitel über die Gegner der Resl.

Am 12. November 1927 unterrichtete auch Dr. Fritz Gerlich Eugenio Pacelli über die Vorgänge in Konnersreuth. Er schickte ihm dazu einen von ihm verfassten Artikel über die Resl. Der Entwurf des Antwortschreibens, den Eugenio Pacelli eigenhändig mit der Schreibmaschine verfasste, ist im Archiv des Vatikans zu finden. Eine handschriftliche Ergänzung und eine nachträgliche Streichung sind im folgenden Text unterstrichen bzw. durchgestrichen dargestellt: „*Euer Hochwohlgeborenen bitte ich, meinen ergebensten Dank entgegennehmen zu wollen für Ihren mir freundlichst zugestellten Bericht über Ihre ‚Erlebnisse in Konnersreuth'. … ich habe ihn mit ganz besonderem Interesse gelesen. ~~Ich gebe der Hoffnung Ausdruck, der Konnersreuther Fall werde sich als echt erweisen und religiös auferbauend wirken~~. Mit dem Ausdruck stets gleicher Hochachtung und Verehrung Euer hochwohlgeboren Ergebenster (Pacelli).*" Den Satz, in dem er „der Hoffnung den Ausdruck gibt", strich er vermutlich deshalb, weil er als Vertreter der Papstes neutral bleiben wollte. [(I-06-01)]

In den darauffolgenden Wochen schickte Dr. Gerlich noch zweimal Artikel über die Resl an Eugenio Pacelli. Dieser bedankte sich jedes Mal dafür und teilte Dr. Gerlich mit, dass er die Berichte mit besonderem Interesse gelesen habe. [(I-06-01)]

Der Autor und Journalist Michael Hesemann stieß im vatikanischen Geheimarchiv im Zusammenhang mit der Erstellung einer Biografie über Papst Pius XII. auf eine Akte „Therese Neumann". Nachdem er die 25-seitige Akte, die auch die oben genannten Briefe enthält, gesichtet hatte, kam er zur Ansicht: „*Wir können wohl davon ausgehen, dass sein* [Eugenio Pacellis] *Interesse an Konnersreuth ein Leben lang anhielt*." [(I-06-01)]

Das Interesse Eugenio Pacellis an Theres Neumann bezeugte auch Erwein Freiherr von Aretin. Er hatte am 3. August 1927 einen vielbeachteten Bericht über die Resl in der Beilage zu den „Münchener Neuesten Nachrichten" veröffentlicht. Daraufhin wurde er von verschiedenen Seiten scharf angegriffen. Der katholische Presseverein denunzierte ihn in Rom. Um sich zu rechtfertigen, fuhr Erwein von Aretin 1929 in den Vatikan, wo er „*besonders bei Kardinal Pacelli viel Verständnis fand*". Im Jahr 1938 ließ Eugenio Pacelli Erwein von Aretin wissen, er würde ihn gerne wegen Konnersreuth sprechen. Da Erwein von Aretin von den nationalsozialistischen Behörden kein Ausreisevisum erhielt, kam kein Treffen zustande. Ein Jahr später wurde Eugenio Pacelli zum Papst gewählt. [(FA1, 15)]

Wie im Kapitel „Spuren der Resl in Konnersreuth" nachzulesen, konnte Resl 1955 ihren Wunsch nach einem Friedhofskreuz verwirklichen. Papst Pius XII. schickte ihr für dieses Friedhofskreuz eine Kreuzreliquie in einer mit dem päpstlichen Siegel versehenen silbernen Kapsel.

Abb. 116: Resl in der Werkstätte, in der das Friedhofskreuz hergestellt wurde, für das ihr Pius XII. eine Kreuzreliquie geschickt hat. (Foto: Ferdinand Neumann)

Auch der engste Mitarbeiter von Eugenio Pacelli, Pater Robert Leiber, interessierte sich sehr für Theres Neumann. Er war Ende 1927 von Berlin nach Konnersreuth gefahren, sprach mit Professor Wutz, erhielt Unterlagen von Fritz Gerlich und nahm beim Ordinariat in Regensburg Einsicht in die Akten über die 15-tägige Beobachtung der Resl. In seinem Buch „Konnersreuth – Tatsachen und Grundsätze“ beleuchtet er das Leben und die Phänomene der Resl. (RoL, III ff.)

Der Jesuitenpater Leiber war ab 1924 persönlicher Mitarbeiter von Eugenio Pacelli. Zusammen mit ihm ging er 1929 nach Rom. Als Pacelli zum Papst gewählt worden war, wurde Robert Leiber dessen Privatsekretär. Es ist davon auszugehen, dass Pater Leiber mit Eugenio Pacelli beziehungsweise dem Papst über die Resl gesprochen und ihn über sie informiert hat.

Besuch von Paramahansa Yogananda (PY, 462 ff)

Paramahansa Yogananda war und ist noch immer der berühmteste Yogi der Welt. Die „Los Angeles Times“ nannte ihn *„den ersten ‚Superstar Guru des 20. Jahrhunderts‘“*. Der 1893 in Indien geborene Yoga-Meister, Philosoph und Schriftsteller Yogananda reiste 1920 in die USA, wo er bis zu seinem Lebensende als Yoga-Lehrer, Vortragender und Schriftsteller tätig war. Er füllte die Carnegie Hall in New York und das Philharmonic Auditorium in Los Angeles bis auf den letzten Platz. (I-12-01)

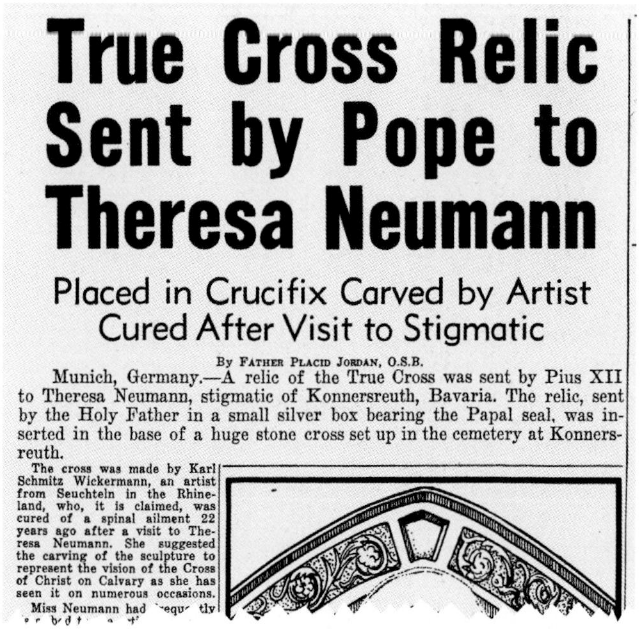
True Cross Relic Sent by Pope to Theresa Neumann

Placed in Crucifix Carved by Artist Cured After Visit to Stigmatic

By Father Placid Jordan, O.S.B.

Munich, Germany.—A relic of the True Cross was sent by Pius XII to Theresa Neumann, stigmatic of Konnersreuth, Bavaria. The relic, sent by the Holy Father in a small silver box bearing the Papal seal, was inserted in the base of a huge stone cross set up in the cemetery at Konnersreuth.

The cross was made by Karl Schmitz Wickermann, an artist from Seuchteln in the Rhineland, who, it is claimed, was cured of a spinal ailment 22 years ago after a visit to Theresa Neumann. She suggested the carving of the sculpture to represent the vision of the Cross of Christ on Calvary as she has seen it on numerous occasions.

Miss Neumann had [illegible]

Abb. 117: Bericht in den USA über die Kreuzreliquie von Papst Pius XII. (Z-12-07)

Sein Buch „Autobiographie eines Yogi" zählt weltweit zu den Klassikern der esoterischen und spirituellen Literatur. Es ist seit fünfundsiebzig Jahren im Druck und in 52 Sprachen übersetzt worden. Ein Kapitel seiner Autobiografie ist dem Besuch bei Theres Neumann gewidmet. Paramahansa Yogananda bezeichnet Resl darin mehrmals als Heilige: (I-12-02)

Im Jahr 1935 reiste Yogananda über Europa nach Indien. Sein erstes Ziel war Großbritannien. Über seine Weiterreise berichtete er: „ … *später überquerten wir den Ärmelkanal, der uns zum europäischen Kontinent führte, denn ich beabsichtigte, eine Pilgerfahrt nach Bayern zu machen. Ich fühlte, daß dies die einzige Gelegenheit für mich sein würde, die große katholische Mystikerin Therese Neumann von Konnersreuth zu besuchen.*"

Im „*altertümlichen Dorf Konnersreuth*" angekommen, erregte der aus Amerika mitgebrachte Ford des Yogi lebhaftes Interesse. Das Haus der Neumanns „*lag leider stumm und verriegelt da*". Yogananda und seine Begleiter warteten zwei Stunden bei Regen in ihrem Auto, bis ihnen ein Mann den Hinweis gab, Theres könnte in Eichstätt bei Professor Wutz sein. In Eichstätt angekommen, wurden die Reisenden herzlich von Professor Wutz begrüßt. Obwohl der Bischof Resl gebeten hatte, mit niemandem ohne Erlaubnis zu sprechen, empfing sie den „*Gottesmann aus Indien*". Schon bei der Begrüßung spürte Paramahansa Yogananda eine Seelenverwandtschaft: „*Therese begrüßte mich mit einem freundlichen Händedruck. Wir lächelten uns in stillem Einvernehmen an, und jeder wußte vom anderen, daß er Gott liebte.*"

Der Verlauf des darauffolgenden Gesprächs, bei dem Resl „*intuitiv erkannt hatte, daß er aus einem geistigen Grunde zu ihr gekommen war*", war eine erste Prüfung durch den Yogi-Meister, die Resl nach dessen Worten bestanden hatte.

Da der Yogi bei Resls nächster Vision dabei sein wollte, schickte sie ihn zum Bischof nach Regensburg, damit ihm dieser eine Besuchserlaubnis ausstellt. Bischof Buchberger war zwar etwas erstaunt über das lange, wallende Haar des Yogi, erstellte ihm aber bereitwillig die notwendige Bescheinigung.

Am folgenden Freitag, vor dem Haus der Neumanns, war der Yogi einer von *„etwa zwanzig Besuchern, die alle eine Bescheinigung in der Hand hielten*“. Paramahansa Yogananda wollte Resl nicht nur in ihrem Freitagsleiden sehen. Er stellte sie dabei wieder auf die Probe. Dabei bezeugte er die Vision der Resl: *„Meine zweite Prüfung bestand darin, daß ich mich – kurz ehe ich in ihr Zimmer hinaufging – in einen Yoga-Trancezustand versetzte, um mich auf telepathischem und ‚fernsehendem‘ Wege mit ihr in Verbindung zu setzen. Dann betrat ich ihr Zimmer … Da ich mich innerlich auf sie eingestellt hatte, begann nun auch ich die Szenen ihrer Vision zu erblicken. Sie beobachtete Jesus, wie er inmitten der höhnenden Menge die Balken seines Kreuzes trug. Plötzlich hob sie entsetzt den Kopf: Der Herr war unter dem grausamen Gewicht des Kreuzes zu Boden gestürzt. Die Vision verschwand. Von brennendem Mitleid erfüllt, sank Therese erschöpft auf ihr Kissen zurück. …*“

Abb. 118: Resl mit Paramahansa Yogananda in Eichstätt. (Foto: Ferdinand Neumann)

Gegner der Resl

Theres Neumann hatte viele Verehrer, aber auch viele, teils hartnäckige Gegner. Eine Erklärung, warum diese gegen die Resl vorgegangen sind und warum es noch immer Menschen gibt, die hinter den Vorgängen in Konnersreuth Betrug wittern, lieferte der Starnberger Autor und Journalist Harvey T. Rowe. Im Oktober 1979 schrieb er in der Illustrierten „BUNTE“: *„Ein Jahrhundert wie das unsere, das die Wissenschaft vergöttert, das sich bemüht, nach Möglichkeit das ganze Universum mit einer einzigen Formel zu erklären, das Glauben allzu schnell mit Aberglauben identifiziert – ein solches Jahrhundert hat es in der Tat schwer mit der Beurteilung von Phänomenen der Konnersreuther Art. Und da man schon nicht mehr mit Folter und Scheiterhaufen drohen kann, wie einst im Mittelalter, gibt man das Unerklärliche zwar humaner, doch nicht minder tödlich, der Lächerlichkeit preis. Man spricht bei der stigmatisierten Therese Neumann von ‚Autosuggestion‘, von ‚Hysterie‘ oder unterstellt Schwindel und Betrug.“* (Z-13-01).

Die meisten hartnäckigen Gegner der Resl waren nie in Konnersreuth, um sich persönlich dort zu informieren. Das teilte Pfarrer Naber Anfang 1938 auch dem Redakteur der Wiener Zeitung „Schönere Zukunft“ mit. Die diesbezügliche Passage aus dem Brief von Pfarrer Naber an den Redakteur ist in Abb. 119 nachzulesen. (Z-10-01)

Die linke Presse – die Neumanns haben sich gewehrt

Am aggressivsten wurde Resl von kommunistischen und linkssozialistischen Zeitungen angegriffen. Schlagzeilen waren: *„Der Schwindel von Konnersreuth – Ein Fall bewußten Betruges“*, *„Das Wunder von Konnersreuth – Aberglaube, Skrupellosigkeit und Dummheit“* und weitere, in ähnlicher Machart. (Z-13-02, -03)

In derartigen Artikeln wurde nicht nur die Resl, sondern auch die Kirche angegriffen. Mit einem bereits erwähnten Brief vom 22. Oktober 1927 warnte der damalige Reichsarbeitsminister Dr. Heinrich Brauns den für Deutschland zuständigen Nuntius Eugenio Pacelli vor der Reaktion der kirchenfeindlichen Presse auf den *„Rummel um die Stigmatisierte“*: *„Für religions- und kirchenfeindliche Richtungen sind solche Erscheinungen dann die ‚neuen Beweise für die kulturelle Minderwertigkeit des Katholizismus‘. Solche Möglichkeiten sollte man gerade in der gegenwärtigen so überaus schweren Zeit den Gegnern und Andersdenkenden nicht geben.“* Nuntius Pacelli gab das Schreiben des Ministers an das Bistum

Regensburg weiter und erhielt von dort die Auskunft, man habe dafür gesorgt, „*dass sich der Rummel lege … Außerdem wurden in der Öffentlichkeit schamlose Lügen der Linkspresse über Therese Neumann richtig gestellt und an dieselbe wie deren Eltern die Anregung gegeben, dass sie gegen die betr. Zeitungen Klage stellen sollten.*“ (I-06-01)

Die Familie Neumann setzte die Anregung des bischöflichen Ordinariats „*Klage zu stellen*“ um und ging gegen die schlimmsten Anschuldigungen und Beleidigungen gerichtlich vor.

In Köln wurde im Januar 1928 der Redakteur des kommunistischen Blattes „Sozialistische Republik“ zu einer Strafe von 150 Mark verurteilt, weil er unter anderem geschrieben hatte: „*Wir werden … beweisen, daß das Mysterium von Konnersreuth ein geschickter Hochstaplertrick der katholischen Kirche ist.*“ (Z-13-04)

In verschiedenen deutschen kommunistischen Zeitungen erschien im Frühjahr eine mehrteilige Artikelserie über den „*Volksbetrug von Konnersreuth*“, in der „*Therese Neumann und darüber hinaus der Katholischen Kirche Lug, Trug und Terror gegen Andersdenkende*“ vorgeworfen wurde. Der Redakteur des kommunistischen „Roten Echos“ in Halle wurde im Mai 1928 für diese Artikelserie vor dem Schöffengericht in Erfurt zu 600 Mark Geldstrafe oder 60 Tagen Gefängnis verurteilt. (Z-13-05, -06)

Am infamsten war die Pressemeldung „*Die heilige Jungfrau von Konnersreuth hat ein uneheliches Kind*“, die Ende 1927 von vielen linken Zeitungen abgedruckt

Gegner — ohne gesehen zu haben

Es ist leider gegen den oft geäußerten Willen der Therese Neumann und ihrer Eltern sehr viel über Konnersreuth geschrieben worden, darunter gar manches Entstellte, Unrichtige und Abgeschmackte. Ausgerechnet dies suchen gewisse Herren zusammen, um daraus ein Zerrbild von Konnersreuth zu machen — einen Pfaffenspiegel gegen Konnersreuth. Das verdenke ich keinem, wenn er nicht ohne weiteres an Konnersreuth glaubt, das aber verdenke ich jedem, wenn er, ohne sich genau zu orientieren, darüber urteilt. ...

Dr. Deutsch war niemals hier. Auch Dr. Heermann, P. Masoin und der so eifrig gegen Konnersreuth wirkende P. Richstätter S. J. waren nicht hier. Der M. S. (er wird lächeln, wenn er sich als Michael Schmaus bezeichnet findet) ist im Jahre 1926 ganz kurz einmal dagewesen und hat hernach behauptet, der Therese Neumann damals eine Vision suggeriert zu haben. ...

Seit einem Jahrzehnt wird von den Gegnern Konnersreuths der alte Lügenschmarren immer wieder aufgewärmt, einer schreibts dem andern nach, und das nennt sich dann Wissenschaft.

Abb. 119: Auszug aus einem langen Brief Pfarrer Nabers an die Zeitung „Schönere Zukunft“. (Z-10-01)

wurde. Mit Berufung auf eine eidesstattliche Erklärung einer Frau Fink aus Marktredwitz, die eine vom Standesamt Bamberg erstellte Geburtsurkunde für Resls Kind gesehen haben wollte und eine eidesstattliche Erklärung eines Schriftstellers namens Curt C. Rodin wurde behauptet, Resl hätte am 7. Januar 1921 ein Mädchen geboren, das seitdem bei den Ursulinerinnen in Bamberg lebte. Der Vater des Kindes sollte ein Feuerschlucker namens Löwenich aus dem Rheinland gewesen sein. (Z-13-07)

Wegen dieses Artikels führten die Neumanns an die 20 Prozesse gegen verschiedene Zeitungen. Da in dem

Artikel auch die katholische Kirche angegriffen worden war, stellte das bischöfliche Ordinariat die Rechtsanwälte. (Z-13-08)

Das erste diesbezügliche Verfahren wurde Ende 1927 vor dem Landgericht Breslau gegen diejenige Zeitung eingeleitet, die den Artikel als erste veröffentlicht hatte. Welche Zeitung das war, ist in der Quelle nicht genannt. Kurz darauf, im Dezember 1927, wurde aus dem gleichen Grund eine Klage in Gleiwitz gegen den Redakteur der Wochenzeitung „Der Blitz im Osten" eingereicht. In Leipzig gab das Justizministerium die Anweisung, die „Sächsische Arbeiterzeitung" wegen dieses Artikels anzuklagen. Im Februar 1928 musste der Schriftleiter der „Nordbayerischen Volkszeitung" für einen Monat ins Gefängnis, weil auch er diese Meldung veröffentlicht hatte. Im April 1928 verurteilte das Krefelder Schöffengericht den Redakteur der „Freien Presse" zu einer Geldstrafe von 300 Mark. Die gleiche Strafe verhängte das Amtsgericht Düsseldorf gegen den Redakteur der Kommunistischen Zeitung „Freiheit". Dabei stellte das Gericht fest, dass es die Personen, welche die eidesstattlichen Erklärungen abgegeben haben sollen, und die angebliche Geburtsurkunde nie gab. Auch existierten in Bamberg keine Ursulinerinnen, bei denen laut Artikel Resls Kind leben sollte. (Z-13-07, -10, -11, -12, -13, -14)

Dr. Josef Deutsch

Dr. Josef Deutsch, Chefarzt und Facharzt für Chirurgie und Frauenkrankheiten am Dreifaltigkeitskrankenhaus in Lippstadt, war der gefährlichste Feind der Resl. Seine Forderungen, Resl müsse zur Untersuchung in eine Klinik eingewiesen werden, und seine Kontakte zu kirchlichen Behörden waren mutmaßlich dafür ausschlaggebend, dass die kirchlichen Behörden zweimal massiv die Einweisung der Resl in eine Klinik forderten. Hätte sich Dr. Deutsch durchgesetzt und Resl wäre im Dritten Reich in eine Klinik gekommen, hätte sie diese wohl kaum wieder lebend verlassen können.

Im Kapitel „Überprüfung der Nahrungslosigkeit" wurde über die beiden Feldzüge berichtet, die Dr. Deutsch in den Jahren 1932 und 1936/1937 gegen Theres und ihr Umfeld führte.

Im Jahr 1932 griff er mit seinem Manuskript „Um Konnersreuth", das er an viele Mandatsträger der Kirche verschickt hatte, Dr. Fritz Gerlich und seine Bücher über die Resl massiv an. Im Kapitel „Überprüfung der Nahrungslosigkeit" wurde erläutert, warum davon auszugehen ist, dass dieses Manuskript der Auslöser für die Forderung der bayerischen Bischofskonferenz nach einer Untersuchung in einer Universitätsklinik war. (FRL6, 155)

In seinem Manuskript, das er auch unter dem Titel „Konnersreuth in ärztlicher Beleuchtung" als Buch veröffentlichte, stellte Dr. Deutsch absurde Ferndiagnosen. Er behauptete, die Familie Neumann könne sich als einfache Bauersleute nichts Besseres wünschen, als von Tausenden angestaunt zu werden und dass sich das ganze Dorf „*im Strahlenglanz der Neumanns sonnte*". (JD2, 26)

Viele Berufskollegen kritisierten, dass Dr. Deutsch über Resl urteilte und Diagnosen stellte, ohne sie je gesehen zu haben. Professor Kehrer, Professor für Neurologie und Psychiatrie an der Universität Münster und *„eine erste Autorität in ganz Deutschland*“, wies ausdrücklich darauf hin, dass man, um die von Dr. Deutsch behauptete *„auf Hysterie anzielende Vorgeschichte*“ zu erheben, ein *„guter Historiker am lebenden Objekt*“ sein müsse. (I-DGW, 26.2.1933)

In seiner Zeitung „Der gerade Weg“ widerlegte Dr. Fritz Gerlich von September 1932 bis Februar 1933 in vielen Artikeln detailliert die Anschuldigungen des Dr. Deutsch.

Seinen zweiten Feldzug gegen die Resl startete Dr. Deutsch Ende 1936. Sein „offener Brief“ gegen das von Erzbischof Teodorowicz veröffentlichte Resl-Buch war der Auslöser für neue massive Forderungen nach einer Einweisung der Resl in eine Klinik.

Wie schon in seinem Manuskript gegen Fritz Gerlich war auch die Tonart seines „offenen Briefes“ sehr aggressiv. Der Lemberger Arzt Dr. Peter Radlo fasste zusammen, wie Dr. Deutsch darin Resl und die Neumanns angriff: *„Konnersreuth wurde von Dr. Deutsch mit leidenschaftlicher Wut, mit Hohn und beißender Ironie angefahren und in ein gotteslästerliches Betrugsmilieu verwandelt.*“ Besonders ärgerte es Dr. Radlo, dass Dr. Deutsch *„vorgeblich im Namen katholischer Ärzte Deutschlands die Ansichten des Erzbischofs Teodorowicz in gehässiger Weise bekämpfte*“. Deshalb fühlte er sich *„als katholischer Arzt verpflichtet, der Wahrheit ein Zeugnis auszustellen und … dem katholischen Arzt Antwort zu geben*“. Dr. Peter Radlo fuhr für mehrere Tage nach Konnersreuth, führte mit Erlaubnis von Theres

… Was mich in Erstaunen setzte, war der Inhalt des offenen Briefes:

1. Ich war höchst verwundert, daß jemand, der auf einem wissenschaftlichen Gebiete (Mystik) seine völlige Unkenntnis gesteht, wie Dr. Deutsch es tut, zugleich eine autorative Beurteilung mystischer Erscheinungen unternimmt. Vom wissenschaftlichen Standpunkte aus muß ein solches Verfahren entsprechend gekennzeichnet werden, denn das Buch des Herrn Erzbischofs befaßt sich ja hauptsächlich mit mystischen Problemen.

2. Ich war weiter erstaunt, daß jemand, der mit dem Titel eines wissenschaftlichen Forschers auftritt, an Stelle objektiver Beweise so viel Leidenschaft, Ironie und Verdächtigungen in die Diskussion hineinträgt, daß diese durch einen Ton überwuchert wird, der an theatralisches Pathos erinnert.

3. Ich war erstaunt, daß sich jemand erlauben konnte, Worte, Gedanken und beste Absichten seines Gegners derart zu verunstalten, wie dies Dr. Deutsch in seiner Arbeit getan hat. Das Buch des Erzbischofs erscheint darin einfach in Karikatur.

4. Als Arzt war ich erstaunt, von einem Arzte bei ärztlichen Behandlungen Normen angewandt zu sehen, die den in der Medizin geltenden Grundsätzen nicht nur widersprechen, sondern diese geradezu herausfordern.

Abb. 120: Dr. Radlo äußerte sein „Erstaunen" über den offenen Brief des Dr. Deutsch. [PR, 2]

und ihrer Familie medizinische Untersuchungen durch und verfasste 1938, als Antwort auf den „offenen Brief“ des Dr. Deutsch, sein 338-seitiges Buch „Trug oder Wahrheit?“. (PR, 224, 1, 3)

Im Vorwort seines Buches fasste Dr. Radlo zusammen, was ihm am „offenen Brief“ des Dr. Deutsch *„in Erstaunen setzte*“ (siehe Abb. 120). In den Kapiteln seines Buches widerlegte Dr. Radlo die Anschuldigungen des Dr. Deutsch Punkt für Punkt. Er bezeichnete dessen Ausdrucksweise als *„lautes, gellendes Geschrei*“ und *„unanständigen, brutalen Ton*“. Das Vorgehen von Dr. Deutsch nannte Dr. Radlo *„Verletzung der Berufspflicht*“ und *„Verunstaltung der Wahrheit*“. (PR, 2, 3, 211, 247, 298)

Im Mai 1938, kurz vor seinem Tod, veröffentlichte Dr. Deutsch ein weiteres Buch: „Ärztliche Kritik an Konnersreuth!". Darin griff er „Konnersreuth" wieder aggressiv an. Er schrieb von „*Konnersreuther Posse*", „*vielen tausenden Traktätchen von Konnersreuth*", „*Satyrspiel*" und „*Trauerspiel*" und bezeichnete Aussagen von Ärzten, die nicht seiner Meinung waren, als „*unannehmbar*". (JD3)

Man fragt sich, welchen Grund hatte Dr. Deutsch, der nie in Konnersreuth war, für seinen verbissenen Kampf gegen Theres, Ärzte, Bischöfe, Freunde und Unterstützer der Resl?

Aus handschriftlichen Aufzeichnungen von Pfarrer Naber geht hervor, dass Dr. Deutsch sein Vorgehen gegen die Resl bereut haben soll. Ein Zeuge berichtete Pfarrer Naber, Dr. Deutsch hätte vor seinem Tod gesagt, er fürchte, seinen Kampf gegen Konnersreuth vor Gott verantworten zu müssen. Er soll bestimmt haben, dass alles, was er gegen Konnersreuth geschrieben hat, ihm mit ins Grab gegeben werden soll. Ob dies tatsächlich der Fall war, ist umstritten, ebenso wie die Vermutung, Dr. Deutsch wäre aus nationalsozialistischer Gesinnung gegen Konnersreuth aktiv geworden.

Dass die Familie Deutsch nationalsozialistisch eingestellt war, deutete der Zeuge gegenüber Pfarrer Naber an, als er ihm von einem Vorfall erzählte, der später auch von einem Weihbischof namens Rintelen berichtet wurde: Der Lippstätter Vikar Grebe hatte bei einem Hausbesuch bei der Witwe des Dr. Deutsch gesagt, die militärische Lage sei hoffnungslos. Die Tochter von Dr. Deutsch ging mit dieser Information zur Gestapo und sagte vor dem Volksgerichtshof gegen den Vikar aus. Der kurze Prozess endete mit einem Todesurteil. Nachdem er monatelang auf seine Hinrichtung gewartet hatte, wurde der Vikar zu sieben Jahren Zuchthaus begnadigt. Die Tochter von Dr. Deutsch soll deshalb nach dem Krieg zu mehreren Jahren Zuchthaus verurteilt worden sein. (JN 141-142)

Dr. Eduard Aigner

Dr. Eduard Aigner, der sich als Ed. Aigner bezeichnete, war Nervenarzt in Freiburg. Er hatte sich einen Namen als „Lourdes-Gegner" gemacht. Seine Beziehung zur Resl war zwiespältig, was Luise Rinser sogar zur Aussage bewegte: „*Therese stand zudem – wider ihren Willen – unter der besonderen Protektion eines nationalsozialistischen Wissenschaftlers, des Freiburger Psychologen Dr. Aigner.*" (LR, 160)

Im Unterschied zu anderen Gegnern der Resl hatte sich Dr. Aigner eingehend vor Ort informiert. Im Oktober 1927 war er vier Tage in Konnersreuth, traf mehrmals mit Resl zusammen und hatte ein Vier-Augen-Gespräch mit ihr. Bei seinen Begegnungen fielen ihm an Resl „das freundliche Wesen, der offene, völlig unbefangene Gesichtsausdruck, das ungezwungene Mienenspiel und die sofort eingeleitete ungezwungene Unterhaltung" auf. Als Dr. Aigner stundenlang bei einer Leidensvision dabei war, erkannte er, „*daß hier etwas vorgeht, das – sagen wir es offen – der Arzt der Gegenwart nicht kennt*". (EA, 86-92)

Dr. Aigner hielt die Nahrungslosigkeit und die Stigmen für echt. Für ihn war allerdings beides wissenschaftlich erklärbar. Wie berichtet, erläuterte er das auch den Zuhörern bei seinen horrend teuren Vorträgen über Konnersreuth (siehe Abb. 121).

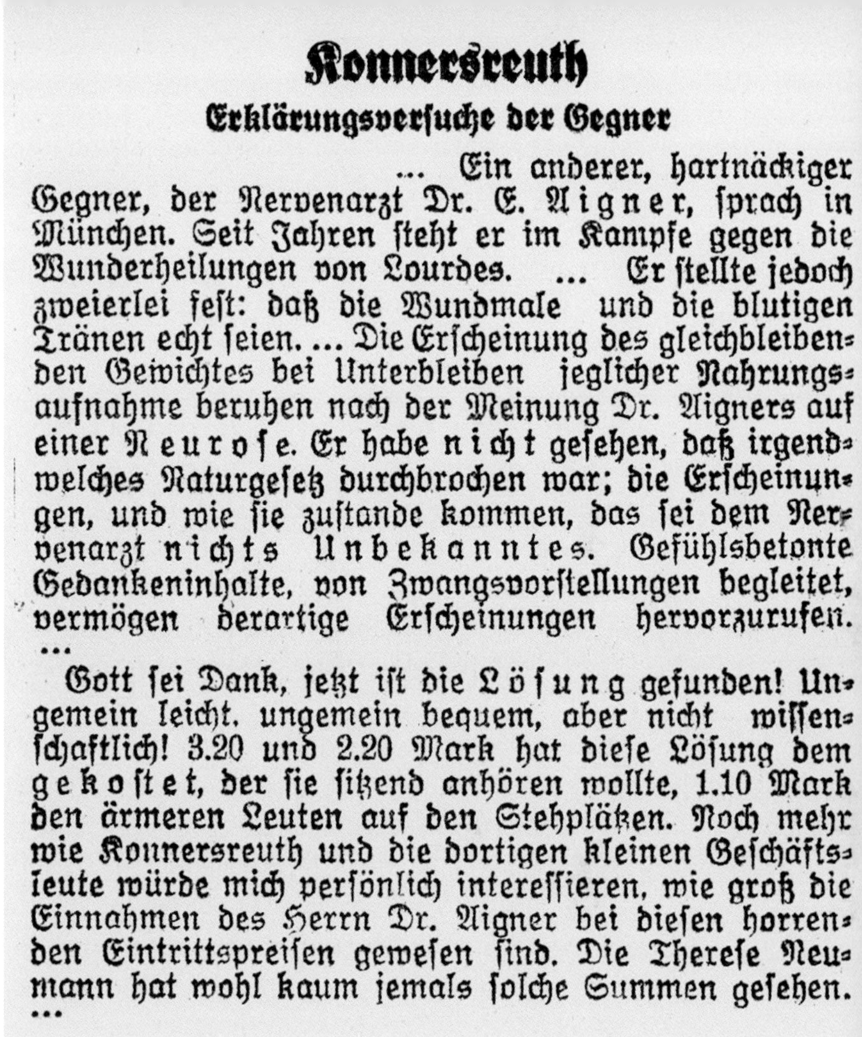

Konnersreuth

Erklärungsversuche der Gegner

... Ein anderer, hartnäckiger Gegner, der Nervenarzt Dr. E. Aigner, sprach in München. Seit Jahren steht er im Kampfe gegen die Wunderheilungen von Lourdes. ... Er stellte jedoch zweierlei fest: daß die Wundmale und die blutigen Tränen echt seien. ... Die Erscheinung des gleichbleibenden Gewichtes bei Unterbleiben jeglicher Nahrungsaufnahme beruhen nach der Meinung Dr. Aigners auf einer Neurose. Er habe nicht gesehen, daß irgendwelches Naturgesetz durchbrochen war; die Erscheinungen, und wie sie zustande kommen, das sei dem Nervenarzt nichts Unbekanntes. Gefühlsbetonte Gedankeninhalte, von Zwangsvorstellungen begleitet, vermögen derartige Erscheinungen hervorzurufen. ...

Gott sei Dank, jetzt ist die Lösung gefunden! Ungemein leicht, ungemein bequem, aber nicht wissenschaftlich! 3.20 und 2.20 Mark hat diese Lösung dem gekostet, der sie sitzend anhören wollte, 1.10 Mark den ärmeren Leuten auf den Stehplätzen. Noch mehr wie Konnersreuth und die dortigen kleinen Geschäftsleute würde mich persönlich interessieren, wie groß die Einnahmen des Herrn Dr. Aigner bei diesen horrenden Eintrittspreisen gewesen sind. Die Therese Neumann hat wohl kaum jemals solche Summen gesehen. ...

Abb. 121: Bericht über den Inhalt und die Preise eines Vortrags von Dr. Aigner über Theres Neumann. (Z-13-15)

Am 10. Februar 1928 sprach Dr. Aigner auf einer Versammlung der „Allgemeinen ärztlichen Gesellschaft für Psychotherapie“ in Gießen über Konnersreuth. Auch dort bestätigte er die Echtheit der Stigmen. Für ihn waren sie *„die Projektion einer Vorstellung auf die Haut“*, völlig gleichgeartet wie *„bei Fischen und Amphibien, die die Farbe und Zeichnung der Umgebung auf ihre Körperoberfläche übernehmen“*. Auch Resls Nahrungslosigkeit war für ihn wissenschaftlich erklärbar: *„Der Organismus scheint in einer einzigartigen ökonomischen Haushaltung mit der niedrigsten Tourenzahl des Motors auszukommen – zu vegetieren. Wie weit die Atmung als Ersatz für Nahrung hierbei eine Rolle spielen kann, kann ich nicht entscheiden … Die Kranke steht unter der alles beherrschenden Wirkung eines nahezu körperlich entäußerten Glaubens und lebt in restloser Hingabe an eine verklärende Idee.“* (SAÄZ, 341, 342)

Der Bericht über seinen Vortrag in Gießen endete mit einer abfälligen Aussage über die Resl: *„Wichtig ist, daß die Th. N. nach Aigners Darstellung nicht einem degenerativen, sondern einem primitiven Menschentypus angehört, dessen Biologie möglicherweise sehr verschieden von der naturentfremdeten des Durchschnittszivilisationsmenschen ist.“* Bei seinem Vier-Augen-Gespräch mit der Resl schien Dr. Aigner einen anderen Eindruck von ihr gehabt zu haben. Er beschrieb sie als unbefangen, ungekünstelt und gewandt in der Wahl der Worte. Dabei bemerkte er, dass Resl ihn rasch durchschaute und die Absicht seiner Fragen erkannte. (SAÄZ, 344; EA, 88-89)

Einige Wochen nach seinem ersten Besuch, im März 1928, kam Dr. Aigner wieder nach Konnersreuth, um Untersuchungen an Theres durchzuführen. Er wurde nicht mehr zu ihr vorgelassen. Den Grund dafür schilderte Dr. Aigner selbst: „*Resl hatte in den Morgenstunden am Freitag, den 28. März 1928, Zustände* [Ekstase], *in denen sie – wie Pfarrer Naber sagte – alles wisse. Sie äußerte sich darin abfällig über meine Person und meinen Besuch, worauf mir von den Eltern jedes weitere Betreten des Hauses untersagt wurde.*“ (EA, 93)

Obwohl Dr. Aigner in Konnersreuth nicht mehr gern gesehen wurde, trat er weiter für die Echtheit von Resls Stigmen ein. Als er 1928 in einem „Resl-Prozess“ in Erfurt als Sachverständiger vernommen wurde, sagte er dort aus: „*Schon der Umstand, dass bei Therese Neumann die Wunden zuerst am Handrücken und erst später an der Innenseite der Hand erschienen seien, sei ein Beweis dafür, daß beabsichtigter Betrug ausgeschlossen sei.*“ (FS, 28)

Noch deutlicher war sein Bekenntnis zur Resl in einem beiderseitigen Beleidigungsprozess zwischen Dr. Aigner und Friedrich Ritter von Lama vor dem Amtsgericht in München. Über seine Aussagen am ersten Prozesstag wurde berichtet: „*Dr. Aigner erklärte ausdrücklich, daß ein beabsichtigter Betrug weder vonseiten der Therese Neumann, noch vonseiten der Kirche vorliege.*“ Ein anderer Bericht zitierte das Schlusswort Dr. Aigners vor dem Amtsgericht: „*Ich habe meine Knie gebeugt vor dem Konnersreuther Phänomen, vor dieser Majestät der Gottesnatur. Es ist das Phänomen der Subordination, der Hingabe, das nicht besser als mit dem Namen „Glaube“ bezeichnet werden kann. Ich stelle mich vor das Konnersreuther Madchen. …*“ (Z-13-16, -17)

Aber warum behandle ich Dr. Aigner im Kapitel „Gegner der Resl“? Wie Dr. Deutsch forderte der überzeugte Nationalsozialist Dr. Aigner in der Nazi-Zeit vehement, dass Resl in eine Klinik eingewiesen werden müsse.

Um dies zu erreichen, kontaktierte er auch Resls Bruder Ferdinand. Wie Ferdinand erzählte, wollte sich Dr. Aigner mit der Untersuchung der Resl einen Namen machen: „*Er meinte allen Ernstes, die Vorsehung – wie man es damals nannte – habe dem Deutschen Volk die Resl geschickt, damit es von ihr lernt, wie man ohne Nahrung leben könne. Er fühlte sich dazu berufen, dieses geheime Wissen zu erschließen und an das ganze Volk weiterzuvermitteln.*“ (Z-13-18)

Als der Regensburger Bischof Buchberger 1937 forderte, Resl müsse in eine Klinik eingewiesen werden, verwies er dabei auf Dr. Aigner: „*Es verlangt auch der Katholikenfeind Dr. med. Aigner, daß die Regierung und Öffentlichkeit gegen Therese Neumann einschreite.*“ (JH2, 476)

Im Januar 1937 verfasste Dr. Aigner einen Brief an viele deutsche Ärzte, in dem er sie aufforderte, „*Dr. Deutsch in seinem Kampfe für die Wahrheit*“ zu unterstützen (siehe Abb. 122). Interessant ist, dass er auch in diesem Brief von der „*zweifellosen Echtheit … der Stigmatisation und der Blutungen*“ berichtete. (RMH, 17-18)

Wie nah Dr. Aigner dem NS-Regime stand, wird dadurch offenkundig, dass er im März 1938 den zweiteiligen Bericht „Zehn Jahre Konnersreuth“ in der Zei-

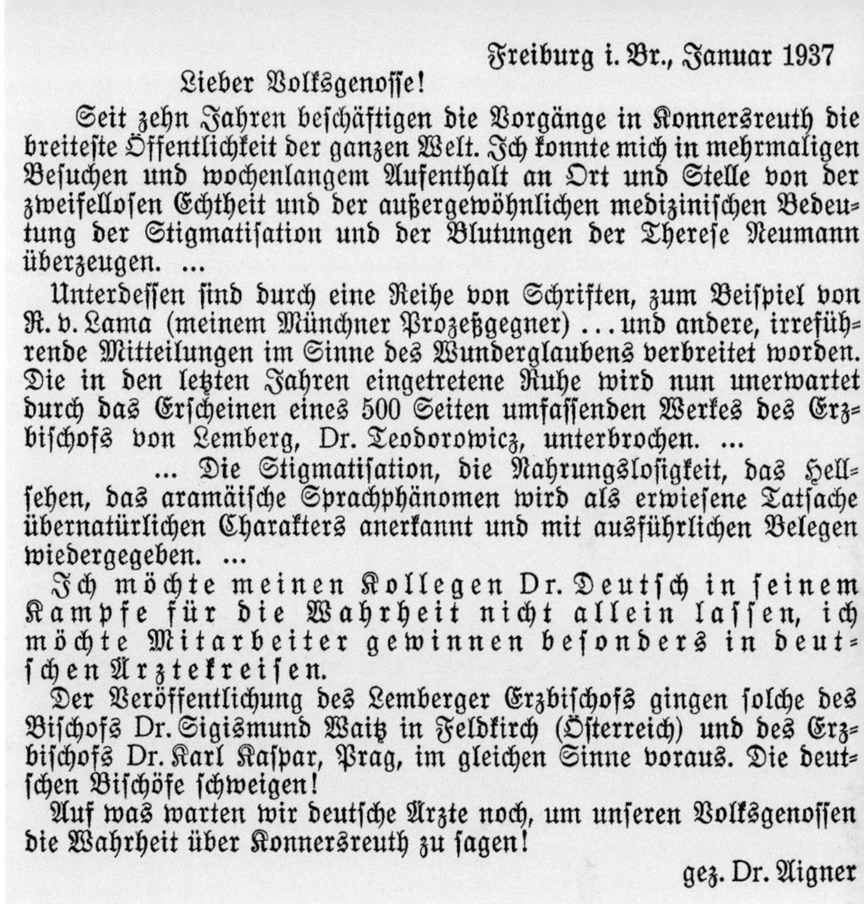

Freiburg i. Br., Januar 1937

Lieber Volksgenosse!

Seit zehn Jahren beschäftigen die Vorgänge in Konnersreuth die breiteste Öffentlichkeit der ganzen Welt. Ich konnte mich in mehrmaligen Besuchen und wochenlangem Aufenthalt an Ort und Stelle von der zweifellosen Echtheit und der außergewöhnlichen medizinischen Bedeutung der Stigmatisation und der Blutungen der Therese Neumann überzeugen. ...

Unterdessen sind durch eine Reihe von Schriften, zum Beispiel von R. v. Lama (meinem Münchner Prozeßgegner) ... und andere, irreführende Mitteilungen im Sinne des Wunderglaubens verbreitet worden. Die in den letzten Jahren eingetretene Ruhe wird nun unerwartet durch das Erscheinen eines 500 Seiten umfassenden Werkes des Erzbischofs von Lemberg, Dr. Teodorowicz, unterbrochen. ...

... Die Stigmatisation, die Nahrungslosigkeit, das Hellsehen, das aramäische Sprachphänomen wird als erwiesene Tatsache übernatürlichen Charakters anerkannt und mit ausführlichen Belegen wiedergegeben. ...

Ich möchte meinen Kollegen Dr. Deutsch in seinem Kampfe für die Wahrheit nicht allein lassen, ich möchte Mitarbeiter gewinnen besonders in deutschen Ärztekreisen.

Der Veröffentlichung des Lemberger Erzbischofs gingen solche des Bischofs Dr. Sigismund Waitz in Feldkirch (Österreich) und des Erzbischofs Dr. Karl Kaspar, Prag, im gleichen Sinne voraus. Die deutschen Bischöfe schweigen!

Auf was warten wir deutsche Ärzte noch, um unseren Volksgenossen die Wahrheit über Konnersreuth zu sagen!

gez. Dr. Aigner

Abb. 122: Auszüge aus einem Brief von Dr. Eduard Aigner an deutsche Ärzte. (RMH, 17-18)

tung „Das schwarze Korps“ veröffentlichte. Diese Zeitung war das Kampf- und Werbeblatt der SS. Auch in diesem Artikel zweifelte er nicht an den Stigmen und der Nahrungslosigkeit. Weitere Phänomene, wie das Sprachphänomen oder die Reliquienerkennung, hielt er dagegen für Erfindungen der Kirche: *„Alles, was die Bischöfe in die Therese hineingeheimnissen, hält einer wissenschaftlichen Untersuchung nicht stand.“* Sein Artikel wendete sich nicht direkt gegen Theres, sondern, der Ausrichtung des „schwarzen Korps“ getreu, vor allem gegen die katholische Kirche. Er bezeichnete Konnersreuth als „*Reklamefeldzug der Kirche*“, unterstellte einen „*materiellen Erfolg, der der Kirche aus Konnersreuth in Form von eingehenden ‚Meßgeldern‘ zufließt*“. Für ihn stand fest, dass die Kirche Theres für ihre Zwecke ausnutzte: „*Hier haben die römischen Priester die Rolle der Budeninhaber übernommen und scheffeln in Konnersreuth mit Therese Geld, wie andere mit der Dame ohne Unterleib auf dem Münchner Oktoberfest das taten.*“ Dr. Aigner forderte, dass zur „*Feststellung der Wahrheit*“ unter dem Gebot „*Gemeinnutz vor Eigennutz … jedes individuelle Wünschen des Mädchens zurücktreten muß …*“. Resl sollte sich also zum Wohle des „Gemeinnutzes“ in einer Klinik überwachen und untersuchen lassen. (StAAM1, 154, 155)

In seinem 1939 veröffentlichten Buch „Zehn Jahre Konnersreuth“ wurde Dr. Aigner noch deutlicher. Er forderte „*vom Standpunkt der Volksgesundheit und Volksaufklärung ein unerbittliches Eingreifen*“ und eine „*Entfernung des Infektionsherdes*“, womit er Theres Neumann meinte. Weiter schrieb er, dass „*mit Hilfe der Staatsautorität doch immer der geeignete Ausweg gefunden wird, der im Interesse der Volkshygiene geboten ist. Das Wohl der Volksgemeinschaft steht auf dem Spiel … Auch die Stigmatisierte hat ihr Eigenwohl dem Gemeinwohl unterzuordnen.*“ Dabei nutzte er Worte aus dem Nazi-Vokabular. „Volkshygiene“ wurde zum Beispiel damals im Zusammenhang mit selektiver Rassenhygiene, Zwangssterilisation und Euthanasie gebraucht. (EA, 98)

Josef Hanauer

Der heute bekannteste und hartnäckigste Gegner der Resl war Josef Hanauer, Pfarrer und Religionslehrer am Albertus-Magnus-Gymnasium in Regensburg. Er schrieb Bücher über Anna Katharina Emmerick, Pater Pio, Fatima, bayerische Kurfürsten, Heimatbücher und „sehr kritische" Bücher über Muttergotteserscheinungen.

Josef Hanauer war ab 1938 als Priester in mehreren Orten in der Oberpfalz beschäftigt. Er hätte es nicht weit gehabt, um Resl zu ihren Lebzeiten kennenzulernen. Soweit bekannt, war er nie bei ihr. Auch später, als er Bücher über Konnersreuth schrieb, weigerte er sich mit den Worten „*Ich gehe doch nicht zu diesem Blödsinn*" beharrlich, nach Konnersreuth zu fahren. Er hatte auch kein Interesse, sich mit Andersdenkenden auszutauschen oder zu diskutieren. Bei einer Podiumsdiskussion in Fockenfeld, bei der auch Resls Bruder Ferdinand anwesend war, warteten die Teilnehmer vergeblich auf Josef Hanauer. (Z-13-19; EH)

Mit der Einstellung „*So ein Blödsinn. Wissen Sie: Es gibt Wundersucht und Wassersucht gibt es auch*" machte sich Josef Hanauer an das Thema „Theres Neumann". Von 1967 bis 2002 verfasste er sieben Bücher über Konnersreuth, besser gesagt: gegen Konnersreuth. Dabei unterstellte Josef Hanauer Theres, ihrer Familie und ihrem Freundeskreis Lüge und Betrug. Aus den Titeln seiner Bücher erkennt man, wie sein Ton mit den Jahren immer aggressiver wurde. Bei den ersten Büchern war in den Titeln die Rede von „*Gottes-Werk oder Menschen-Machwerk*" und von einem „*kritischen Bericht über das Leben der Therese Neumann*". Später ging es in den Titeln um einen „*Skandal ohne Ende*", „*Volksverdummung*" bis hin zu „*Konnersreuth, eine ‚Ewige Lüge'*".

Der katholische Pfarrer Hanauer griff in seinen Büchern nicht nur Theres Neumann und ihre Familie, sondern auch die katholische Kirche an. Das geht schon aus den Titeln zweier seiner Bücher hervor. Im Jahr 1994 erschien „*Konnersreuth: Lug und Trug mit kirchlichem Segen*", im Jahr 1999: „*Wahrhaftigkeit und Glaubwürdigkeit in der katholischen Kirche: Der Fall Konnersreuth*". (Z-13-19)

In seinen Büchern bezog sich Josef Hanauer oft auf Aussagen von Kritikern der Resl, die, wie er selbst, nie in Konnersreuth gewesen waren. Geschickt nutzte er auch seriöse Quellen, zog aus diesen aber nur diejenigen Informationen, die er zur Untermauerung seiner Thesen einsetzen konnte. Aussagen aus diesen Quellen und Urteile von Fachleuten, die seine Ansicht widerlegt hätten, ließ Josef Hanauer unberücksichtigt.

Dr. Rudolf Graber, der von 1962 bis 1981 Bischof von Regensburg war, empörte sich über die Aktivitäten Josef Hanauers gegen Theres Neumann. Das geht aus einem Artikel in der Illustrierten „BUNTE" hervor. Zunächst sind dort einige Vorwürfe Hanauers gegen Theres Neumann aufgeführt. Im Anschluss wird die Reaktion des Bischofs auf Hanauers Anschuldigungen beschrieben: „*Über solche Argumente ist Bischof Graber empört. ‚Es ist wirklich traurig, aus welchen Quellen die Gegner von Konnersreuth schöpfen', klagt er.*" (Z-11-04)

Mit entsprechendem Hintergrundwissen kann man viele Vorwürfe Josef Hanauers gegen „Konnersreuth“ problemlos widerlegen. Ich habe exemplarisch eine Stelle gewählt, in der Hanauer die Echtheit der Stigmen bestreitet:

In seinem 1972 erschienenen Buch „Konnersreuth als Testfall: Kritischer Bericht über das Leben der Therese Neumann“ behauptete er im Kapitel „*Stigmatisation – Die Echtheitsfrage*“: „*Bei den Freitagsleiden soll Therese bis zu drei Liter Blut verloren haben. Wenn jedoch kritische Besucher anwesend waren, hat die Sache nicht so recht geklappt, und die Wunden wollten nicht bluten*.“ Dabei bezog er sich auf eine Aussage von Dr. Seidl, der 1926 berichtet haben soll, niemand hätte die Entstehung der Blutungen beobachtet. Als zweiten Beleg für seine Behauptung führte er Professor Dr. Martini und Professor Killermann an, die 1928 mit einer bischöflichen Untersuchungskommission in Konnersreuth waren, am Gründonnerstag aber zu spät eingetroffen waren, um den Beginn der Blutungen zu beobachten. Als dritten Zeugen benennt Josef Hanauer Pater Gemelli aus Mailand und führt einen Bericht an, nach dem dieser nie gesehen hatte, dass Bluttränen ausgetreten sind. Die Verleugnung der Echtheit der Stigmen zieht sich durch die Bücher Hanauers. In seinem letzten Werk aus dem Jahr 2002 behauptete er: „*Wirkliche Beweise, dass die ‚Konnersreuther Phänomene‘ echt waren und dass die Stigmatisierte ein heiligmäßiges Leben geführt hat? In dieser Hinsicht hat bisher niemand auch nur einen einzigen Beweis vorgelegt.*“ (JH2, 70, 71, 74; JH3)

Josef Hanauer, der für seine Bücher viele Quellen studiert hatte, kann es nicht entgangen sein, dass es zahlreiche stichhaltige Beweise dafür gab, die seine Aussage „*die Wunden wollten nicht bluten*“ widerlegten. Personen, die die Echtheit der Stigmen bestätigten, und Informationen zu entsprechenden Untersuchungsergebnissen sind in mehreren Kapiteln dieses Buches zu finden. Nachfolgend werden die wichtigsten nochmals zusammengefasst:

- Bei der im Juli 1927 durchgeführten 15-tägigen Überwachung der Nahrungslosigkeit war Resl keinen Augenblick unbeobachtet. Die Mallersdorfer Schwestern sahen das Bluten der Stigmen von Anfang an, dokumentierten und beeideten dies.
- Dr. Seidl, auf dessen Aussage von 1926 sich Hanauer beruft, bezeugte 1927, dass die Stigmen bluteten. Das geht aus dem Untersuchungsbericht über die 15-tägige Überwachung des nicht gerade Konnersreuth-freundlichen Dr. Ewald hervor. Dieser führte aus, dass Dr. Seidl „*das erste Auftreten der blutigen Tränen bei Ekstasebeginn … einwandfrei beobachtet hat*“, mit dem Vergrößerungsglas den Beginn der Blutung der Herzwunde beobachtete und einen Abstrich zur Untersuchung des Blutes gemacht hatte. (GE, 23, 24)
- Auch Pater Gemelli, auf den sich Josef Hanauer ebenfalls bezog, bestätigte die Echtheit der Stigmen. Das geht aus einem offiziellen Bericht des Regensburger Bischofs Buchberger über Theres Neumann vom 12. Oktober 1928 hervor. Der Bischof hatte geschrieben: „*Pater Gemelli, Rektor der katholischen Universität Mailand, äußerte sich dahin, daß die Stigmen nicht*

künstlich und nicht durch bloße Suggestion entstanden seien.“ (CS, 32)

- Professor Dr. Molitoris von der Universität Erlangen verfolgte 1927 das Auftreten der Bluttränen und ließ sie untersuchen.
- Studienprofessor Dr. Georg Pabstmann aus Bamberg beobachtete sowohl die Blutungen aus den Augen als auch das „Aufplatzen“ der Handstigmen von Beginn an.
- Der von Bischof Buchberger als „Katholikenfeind“ bezeichnete Dr. Eduard Aigner aus Freiburg bezeugte mehrmals vor Gericht, dass die Stigmen echt waren. Er hatte Resl stundenlang bei einer Leidensvision beobachtet.

Verschiedene Wissenschaftler befassten sich mit den Anschuldigungen Hanauers gegen die Resl.

- **Toni Siegert widerlegte Kernaussagen Hanauers**

Toni Siegert, Abteilungsleiter beim Bayerischen Rundfunk, war durch seine Recherchen zum KZ Flossenbürg bekannt geworden. Er beschäftigte sich seit 1980 mit Theres Neumann und stellte sie als vereidigter Sachverständiger ihres Seligsprechungsprozesses auf den wissenschaftlichen Prüfstand. Nach 10 Jahren Recherche veröffentlichte Toni Siegert die Ergebnisse seiner Forschungen über Theres Neumann. Darin ging er auch auf die Vorwürfe Hanauers ein. Die Wochenzeitung ‚DIE ZEIT‘ berichtete darüber und kam zum Resümee: *„In der Oberpfalz gelten nun wieder Therese Neumann und ihre Anhänger als glaubwürdig, nicht ihre Kritiker. Siegert entlarvte mehrere Kernpassagen aus Hanauers Büchern als schlecht belegt, anderswo übernommen oder nicht nachvollziehbar.“* (Z-13-19)

- **Dr. Günther Schwarz widerlegte die Kritik Hanauers an Resls Sprachphänomen**

Der evangelische Theologe und anerkannte Aramäisch-Forscher Dr. Günther Schwarz analysierte das Aramäisch-Phänomen der Resl anhand zahlreicher Tonbandaufnahmen. In seinem Buch „Schauungen der Therese Neumann aus Konnersreuth“ befasste er sich auch mit der Kritik Hanauers an Resls Aramäischphänomen. Er zählte einige diesbezügliche Unterstellungen Hanauers auf und kam zum Schluss: *„Der obigen Kritik des Josef Hanauer am Sprachphänomen von Konnersreuth mangelt es an allen Voraussetzungen einer sachgemäßen Kritik. Denn sie wurde von einem Mann verfasst, der offensichtlich sowohl von der aramäischen Sprache als auch von dem, was er kritisieren wollte – vom Aramäischphänomen der Therese Neumann –, nicht die geringste Ahnung hatte. Hinzu kommt noch: Ohne sich je persönlich vergewissert zu haben und ohne sich sorgfältig über das informiert zu haben, was man von jenem Phänomen schon zu seiner Zeit sicher wissen konnte, hat Hanauer, um nur drei Punkte zu nennen:*
1. lediglich falsche Behauptungen ‚zum Besten gegeben‘,
2. positive Urteile von Fachleuten unterdrückt,
3. Professor Wutz fälschlich der Suggestion bezichtigt.“
Dann führte Dr. Schwarz noch Fakten an, die beweisen, dass Hanauers Vorwürfe gegen Professor Wutz völlig haltlos sind. (GS, 314-315)

Professoren und Ärzte überzeugten sich vor Ort

Im vorhergehenden Kapitel wurde darüber informiert, dass die allermeisten Gegner der Resl über sie urteilten, ohne sie jemals gesehen zu haben. Unzählige Ärzte und Professoren fuhren dagegen nach Konnersreuth, um sich selbst ein Bild über Theres Neumann und ihre Phänomene zu machen. Kein Einziger, der Resl kennengelernt hatte, konnte belegen, dass in Konnersreuth Betrug vorlag oder jemand getäuscht wurde.

Auch Resls Vater teilte im Oktober 1928 Bischof Buchberger mit, dass *„Hunderte von Professoren u. Ärzten“* bei Theres waren, von denen keiner irgendeinen Schwindel entdeckt hätte. (JH2, 454-455)

Im Folgenden sollen einige dieser Spezialisten kurz vorgestellt werden.

Professoren und Ärzte, über die in anderen Kapiteln berichtet wird

- Sanitätsrat Dr. Otto Seidl aus Waldsassen, langjähriger Hausarzt der Resl, bestätigte Resls Nahrungslosigkeit, deren 15-tägige Überprüfung er geleitet hatte. Dr. Seidl hatte auch die Bluttränen und das Bluten der Herzwunde genau beobachtet.
- Der äußerst skeptische Professor Dr. Gottfried Ewald aus Erlangen, der die Existenz von Wundern ablehnte, begründete ausführlich, warum die Stigmen „mit größter Wahrscheinlichkeit echt“ waren. Die bei der Überwachung von ihm anerkannte *„pfundweise Gewichtszunahme aus Nichts“*, konnte er sich *„einfach nicht erklären“*.
- Der „Katholikenfeind“ Dr. Eduard Aigner aus Freiburg bestätigte mehrmals vor Gericht die Echtheit der Stigmen.
- Der Lemberger Arzt, Dr. Peter Radlo untersuchte Resl als Grundlage für sein Buch und kam zu Erkenntnissen, mit denen er die Anschuldigungen von Dr. Deutsch widerlegte.
- Professor Franz Xaver Wutz aus Eichstätt entdeckte, dass Resl nach den Visionen aramäische Worte wiedergab. Er beobachtete und erforschte dieses Phänomen jahrelang.
- Johannes Bauer, Professor für vergleichende semitische Sprachwissenschaft und Islamkunde in Halle, stellte Ende 1927 vor Ort fest, dass Resls Worte aramäisch waren und dass ihr die aramäischen Worte nicht von Professor Wutz suggeriert worden waren.

Professor Pabstmann aus Bamberg (RH, 96-98, 130)

Der Biologieprofessor Dr. Georg Pabstmann aus Bamberg war in der Karwoche 1927 bei Resls Leidensekstase anwesend. Davon erzählte er dem Prager Arzt

Ich bin zu dem Ergebnis gekommen:

Die Wundmale der Theres Neumann sind, vom anatomischen Standpunkte aus betrachtet, atypisch und einzigartig.

Sie lassen sich nach den allgemein gültigen Gesetzen für Wunden und Wachstum von Wundgeweben nicht erklären.

...

Fremdhypnose ist also im Falle Konnersreuth vollkommen ausgeschlossen.

Auch Selbsthypnose ist ausgeschlossen; denn bei jeder Art von Hypnose fehlt die Rückerinnerung.

Der Hypnotisierte erinnert sich nicht an das, was er gesagt und getan hat.

Die Theres Neumann aber hat Rückerinnerung.

Abb. 123: Aussagen von Dr. Lemke zu den Stigmen und zur Behauptung, dass Phänomene der Resl mit Hypnose erklärt werden können. (HL2, 8, 24)

Rudolf Maria Hynek, der das in einem seiner Bücher über die Resl dokumentierte.

Professor Papstmann konnte die Blutung aus Resls Augen ständig beobachten. „*Er hat festgestellt, dass Theresas Augen zu Beginn der Visionen, wenn Christus auf dem Ölberg ist, kristallklar sind. Gegen Morgen, als er am Hofe des Kaiphas leidet, sind die Tränen leicht blutrot und werden bei der Geißelung ganz aus Blut. So bleiben sie bis zum Ende des Dramas.*“

Über die Handstigmen berichtete Professor Papstmann: „*Die Stigmata habe ich oft beobachtet, ununterbrochen von Donnerstagabend bis zum folgenden Freitagnachmittag. Ich habe sogar gesehen, wie das zunächst intakte Wundmal – es wird von einem Häutchen auf der Außenseite der Hand gebildet – anschwillt; dann beginnt das Blut aufzutauchen, zunächst ein wenig, aber in immer größeren Mengen, bis es schließlich durch das Häutchen platzt.*“

Dr. Lemke aus Berlin (HL2, 8, 17, 24)

Der Arzt und Philosoph Dr. med. et phil. Hermann Lemke hatte am 6. und am 22. Oktober 1927 persönliche Gespräche mit Resl, bei denen er sich die Wundmale zeigen ließ und ihren allgemeinen Körper- und Geisteszustand untersuchte. An beiden Wochenenden besuchte er Resl mehrmals während ihrer Leidensekstase.

In seinem Buch „Die Stigmatisierte – Theres Neumann von Konnersreuth“ beschrieb er Resls Phänomene und widerlegte Hypothesen der Resl-Gegner (siehe Abb. 123).

In einem zweiten Buch, „*Gegenkritik der Professor Ewald'schen Untersuchungen über die Theres Neumann*“, befasste sich Dr. Lemke kritisch mit dem Untersuchungsbericht des Dr. Ewald. Dabei stellte er fest, dass dessen Bericht in einigen Punkten mit seinen eigenen Untersuchungen übereinstimmte, zeigte aber auch Lücken, Ungenauigkeiten und Widersprüche in Dr. Ewalds Bericht auf.

Professor Dr. Hollnsteiner aus Wien (Z-14-01)

Der Privatdozent Professor Dr. Johannes Hollnsteiner war im Herbst 1927 in Konnersreuth, um den „*Fall Therese Neumann wissenschaftlich zu studieren*“. Nachdem er eine Leidensekstase miterlebt und Resl kennengelernt hatte, verflog sein ursprüngliches Misstrauen. Er kam zur Überzeugung, dass jeder Zweifel ausgeschlossen ist (siehe Abb. 124).

Dr. Louis Crobach aus Heerlen in Holland (Z-14-02)

Der ärztliche Direktor des St.-Joseph-Krankenhauses in Heerlen/Holland, Dr. Louis Crobach, wurde von der „Amsterdamer Tagung der katholischen Ärzte" gebeten, *„über das Problem Konnersreuth zu sprechen"*. Dafür galt es für ihn zu klären: *„Entweder in Konnersreuth herrscht bewußt oder unbewußt Betrug – oder es ist die Wahrheit ..."*

Da er von Holland aus *„diese Frage nicht mehr übersehen"* konnte, fuhr er am 25. Oktober 1928 nach Konnersreuth, *„um sich dort an Ort und Stelle nach Möglichkeit zu überzeugen"*. Dort sprach er mit Resl, die ihm bereitwillig ihre Zunge und ihre Stigmen zeigte. Er sprach auch mit Resls Eltern, ihren Freunden und Nachbarn und mit Pfarrer Naber. Dr. Crobach sah Resl am Freitag zweimal in ihrer Ekstase.

In seinem Vortrag vor der Ärztevereinigung entkräftete Dr. Crobach den von Dr. Ewald erhobenen Vorwurf des *„frommen Betrugs"* und dessen *„Diagnose Hysterie"*. Zum Schluss seines Vortrags kam er zum Resümee: *„Ich konnte keinen Betrug entdecken, wurde überzeugt, daß kein Betrug vorhanden war, und kann dann auch demzufolge den wunderbaren Complex von Geschehnissen nur deuten als übernatürlich."*

Professor Verweyen aus Bonn (FRL9, 62; FRL6, 64)

Dr. Johannes Maria Verweyen, Professor der Psychologie in Bonn, hatte im Mai 1931 auf dem Wiener religionspsychologischen Kongress den Vortrag *„Die Rolle der Suggestion im religiösen Leben"* gehalten und „Konnersreuth" als Beispiel für Suggestion herangezogen. Er

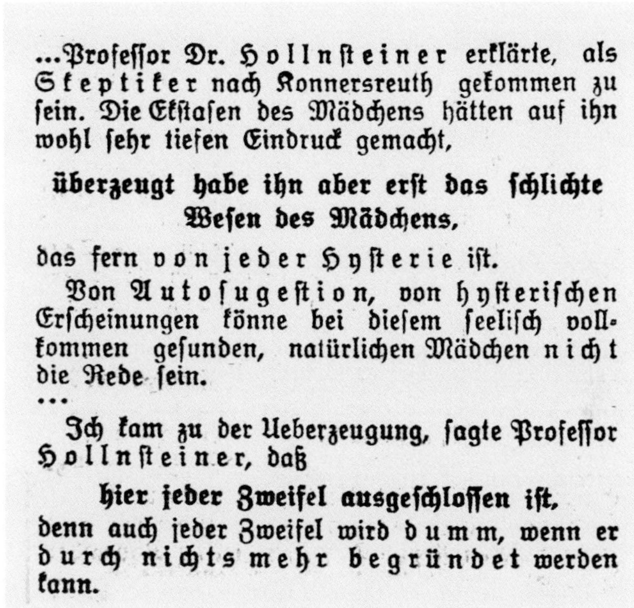
...Professor Dr. Hollnsteiner erklärte, als Skeptiker nach Konnersreuth gekommen zu sein. Die Ekstasen des Mädchens hätten auf ihn wohl sehr tiefen Eindruck gemacht,

überzeugt habe ihn aber erst das schlichte Wesen des Mädchens,

das fern von jeder Hysterie ist.

Von Autosugestion, von hysterischen Erscheinungen könne bei diesem seelisch vollkommen gesunden, natürlichen Mädchen nicht die Rede sein.

...

Ich kam zu der Ueberzeugung, sagte Professor Hollnsteiner, daß

hier jeder Zweifel ausgeschlossen ist,

denn auch jeder Zweifel wird dumm, wenn er durch nichts mehr begründet werden kann.

Abb. 124: Der skeptische Professor Dr. Hollnsteiner hielt jeden Zweifel für ausgeschlossen. (Z-14-01)

war damals der Meinung, dass die Phänomene der Resl auf ihre Einbildung zurückzuführen waren.

Am 18. September 1931 war Professor Verweyen in Konnersreuth und bei einer Freitagsekstase der Resl anwesend. Daraufhin änderte er seine Ansicht. In vielen Vorträgen hat er *„ein vorbehaltloses Bekenntnis zum göttlich-übernatürlichen Charakter der Konnersreuther außerordentlichen Geschehnisse und ihrem Urheber Jesus Christus ausgesprochen ..."*

Professor Verweyer verfasste das Buch *„Das Geheimnis von Konnersreuth: Ein Augenzeuge berichtet und deutet die rätselhaften Vorgänge"*.

Dr. Witry aus Luxemburg (PR, 308)

Dr. Theodor Witry, Nervenarzt und Psychiater aus Luxemburg, der in Frankreich praktizierte, hatte sich 1932 drei Tage in die Akte der Theres Neumann eingelesen.

Er war danach 10 Tage in Konnersreuth und wohnte dort der Passionsekstase bei. Mit Einverständnis der Familie untersuchte er Resl drei Stunden lang und prüfte sie *„nach allen Regeln der Neurologie und Psychiatrie … Beginnend vom Kopf, blieb bis zum Fuß nichts ununtersucht.“*

Dr. Peter Radlo, mit dem Dr. Witry über seinen Besuch in Konnersreuth gesprochen hatte, berichtete: *„Und nach dieser eingehenden Prüfung erklärte mir Dr. Witry, daß Therese Neumann vom neuropsychiatrischen Standpunkt als ein völlig gesunder Mensch anzusprechen sei, daß auch nicht die Spur einer Hysterie hätte festgestellt werden können.“*

Dr. Witry schrieb 1934 das Buch „Die Resl. Medizinisches aus Konnersreuth“.

Professor Urban aus Innsbruck (EB, 241-253)

Professor Dr. Hubert Urban, der Direktor der Innsbrucker Klinik für Nerven- und Geisteskrankheiten, erzählte Ennemond Boniface von seinem Besuch in Konnersreuth. Die wichtigsten Inhalte dieses Gesprächs veröffentlichte Boniface in seinem Buch über die Resl.

Professor Urban war ohne Anmeldung auf gut Glück nach Konnersreuth gefahren, weil ihn außergewöhnliche Bewusstseinszustände im höchsten Maße interessierten und er neugierig darauf war, *„dieses seltsame Wesen kennenzulernen“*.

Der Professor hatte Glück. Kurz bevor er Anfang 1954 in Konnersreuth ankam, hatte Resl einen Unfall. Beim Schmücken des Altars war sie von einem selbst gebauten provisorischen Gerüst gefallen, hatte sich das rechte Handgelenk verstaucht und eine Gehirnerschütterung erlitten. Professor Urban gab sich als Arzt zu erkennen und konnte Resl mehrere Male ausgiebig untersuchen und sie – davon ging Urban aus –, ohne dass sie etwas davon ahnte, als Psychiater befragen und prüfen. Mit dem Hintergrund einer „psychiatrischen Untersuchung“ nutzte er die Gelegenheit, sich auch mit Resls Eltern, zwei ihrer Schwestern und einigen Neffen zu unterhalten. Dabei kam ihm zugute, dass sein oberösterreichischer Dialekt dem Konnersreuther Dialekt ähnlich war und er dadurch *„familiäre“* Gespräche führen konnte.

Ausführlich ging der Professor in seinen Ausführungen gegenüber Ennemond Boniface auf die Autoren ein, die Resl-Phänomene mit Hysterie erklärten und deshalb – nach Meinung des Professors – ihre Leser für *„Einfaltspinsel“* hielten. Zum Thema Hysterie der Resl sagte er: *„Wie dem auch sei, als Professor der Neuropsychiatrie versichere ich, daß, nachdem ich Therese Neumann ernstlich untersucht habe, mein ärztliches Gewissen mich zu sagen zwingt, daß sie nicht hysterisch ist und es auch niemals gewesen ist.“*

Wie viele andere Spezialisten vor ihm, kam Professor Urban zu der Überzeugung, *„daß diese Phänomene … in ihrer Gesamtheit genommen, oder auch eines nach dem anderen untersucht, nur eine übernatürliche Ursache haben können.“*

Spuren der Resl in Konnersreuth

Während Resls Lebzeiten kamen viele Besucher nach Konnersreuth, um mit Resl zu sprechen oder sie zu sehen. Nach Resls Tod wurde es kaum stiller um Konnersreuth. Seit Jahrzehnten kommen Pilger und Besucher, um Resls Heimat kennenzulernen, an ihrem Grab oder in der Pfarrkirche zu beten und den Spuren der Resl zu folgen.

Pfarrkirche – Besucherbuch und Theresienaltar (I-15-01; FG1, 317-322)

In der Pfarrkirche von Konnersreuth liegt ein Gästebuch aus, in dem sich Besucher und Pilger eintragen können. Im Laufe der Jahre ist daraus eine Sammlung von Büchern geworden. Im Rahmen seiner Priester-Ausbildung hat Magnus Forster die Gästebücher des Zeitraums August 1987 bis März 2004 ausgewertet. In knapp 17 Jahren trugen sich dort 56.675 Besucher und Pilger ein, baten Resl um Fürsprache oder dankten ihr für ihre Hilfe und Unterstützung. Aus der Gesamtzahl der Einträge errechnen sich 65 Eintragungen pro Woche. Da viele Einträge durch Paare oder Familien erfolgten und nur ein Teil der Konnersreuth-Besucher etwas in die Gästebücher geschrieben hat, kann man davon ausgehen, dass im Auswertungszeitraum mehrere Hundert Besucher pro Woche wegen Theres Neumann nach Konnersreuth gekommen sind.

Bei etwa 40 Prozent der Eintragungen gaben die Besucher ein Motiv für ihren Konnersreuth-Besuch an. In 20.330 Fällen wurde Resl um ihre Fürsprache oder ihren Segen für verschiedenste Anliegen gebeten. 2.870 Besucher bedankten sich dafür, dass Resl ihnen geholfen hatte.

Mit Abstand die meisten Besucher kamen aus Deutschland. 3.619 Einträge konnten Besuchern aus 37 anderen Ländern zugeordnet werden. Die weitesten Wege hatten Pilger aus Südafrika, Australien und Chile hinter sich.

Der linke Seitenaltar der Konnersreuther Pfarrkirche ist der kleinen heiligen Theresia geweiht. Damit „*diese Heilige, die im religiösen Denken gerade der Konnersreuther Einwohner und Besucher so hervortritt, eine Stätte der Verehrung hätte…*“, hatte Pfarrer Naber Spenden gesammelt und ein Hochrelief der kleinen heiligen Theresia beauftragt. Er wollte damit das bisherige Heiligenbild des Seitenaltars, das in keiner Beziehung zu Konnersreuth stand, ersetzen. Als Termin für die Einweihung des umgestalteten Altars war der 17. Mai 1928, der dritte Gedenktag der Heiligsprechung der kleinen heili-

Abb. 125: Pfarrkirche von Konnersreuth. Links: Altar der kleinen heiligen Theresia; unten rechts: Besucherbuch. (Foto: Johann Härtl)

gen Theresia und gleichzeitig der Tag, an dem sich die Heilung der Resl zum dritten Mal jährte, geplant.

Da erfuhr Pfarrer Naber am 6. Mai, dass es noch einige Hürden zur Genehmigung des geänderten Altars zu überwinden gab. Dr. Fritz Gerlich hielt sich zu dieser Zeit in Konnersreuth auf und wollte Pfarrer Naber anbieten, dass er das für ihn regeln würde. Weil er nicht wusste, welche Behörden zuständig waren und welche Vorschriften es für eine Altargenehmigung gab, traute er sich zunächst aber nicht. Als Dr. Gerlich dem Pfarrer dann doch seine Unterstützung anbot, lachte dieser. Theres hatte Pfarrer Naber im erhobenen Ruhezustand gesagt: „*Bleib ruhig da. Der Heiland wird dem Dr. Gerlich eingeben, daß er Dir anbietet, für Dich zu fahren. Laß ihn ruhig fahren, er schafft es schon.*“

Dr. Gerlich machte sich ans Werk. Nach vielen Terminen und Telefongesprächen mit dem Bezirksamt, der Regierung der Oberpfalz, dem Landesamt für Denkmalpflege und dem Generalvikar der Diözese Regensburg stand nur noch die Prüfung der Bildhauerarbeit durch den auf Reisen befindlichen zuständigen Konservator des Landesamts für Denkmalpflege aus. Nach mehreren Versuchen erreichte Dr. Gerlich diesen telefonisch. Als der Konservator Dr. Gerlich mitteilte, dass es seine dienstlichen Reisedispositionen nicht zuließen, dass er in den nächsten Tagen dafür in die Regensburger Bildhauerwerkstatt fahren konnte, gab Dr. Gerlich die Hoffnung auf, es rechtzeitig zu schaffen. Dann kam ihm jedoch ein glücklicher Zufall zu Hilfe. Der Konservator hatte die dienstliche Anweisung bekommen, in einer anderen eiligen Sache nach Regensburg zu fahren, konnte sich dort das Altarbild ansehen und die Umgestaltung des Altars genehmigen. Dadurch war es möglich, das Hochrelief der kleinen heiligen Theresia am letztmöglichen Tag, am Samstag, den 12. Mai 1928, in Regensburg der Bahn zu übergeben.

Am 17. Mai 1928, dem dritten Jahrestag der Heiligsprechung der kleinen heiligen Theresia, wurde der zum Theresienaltar umgestaltete Seitenaltar eingeweiht.

Das Reslhaus

Resls Urgroßvater hatte ein ehemaliges Polizeigebäude an der Südwestseite eines kleinen Grundstücks in der Ortsmitte von Konnersreuth gekauft. Bei einer Feuersbrunst am 7. Juni 1869 brannten in Konnersreuth 30 Häuser ab. Auch das ehemalige Polizeigebäude, in dem die Familie Neumann lebte, wurde ein Raub der Flammen. Die Vorfahren der Resl bauten sich daraufhin ein kleineres, einstöckiges Haus an der Nordwestseite des kleinen Grundstücks. (FG1, 2-3; Z-15-01)

Theres Neumann wurde in diesem Haus geboren, verbrachte fast ihr gesamtes Leben dort und starb 1962 darin.

Die alten Häuser in Konnersreuth und deren Bewohner haben „Hausnamen", die in der Regel aus den Berufen der ehemaligen Besitzer entstanden sind. Resls Urgroßvater hieß Felix und war Schneider. Aus dem Beruf Schneider und dem Vornamen Felix wurde der Hausname „Schneiderix". Auch die Nachfahren von Resls Urgroßvater trugen dann den gleichen Hausnamen. Das Haus der Familie Neumann ist in Konnersreuth das „Schneiderixn-Haus". Theres Neumann wurde in Konnersreuth „Schneiderixn-Resl" genannt. (FG1, 2-3)

Wie auf den Postkarten auf den Folgeseiten zu sehen, sah das Haus der Familie Neumann recht groß aus. Das täuschte aber. Die Familie bewohnte nur die nördliche Hälfte des Schneiderixn-Hauses. Im Erdgeschoss befand sich das Wohnzimmer, das auch als Schneiderwerkstatt genutzt wurde. Dort stand zwischen zwei Fenstern der große Schneider-Arbeitstisch. Resls Vater, der „Schneiderix", saß gern auf einer Ecke des Tisches mit seinen Füßen auf dem Stuhl. So hatte er das beste Licht zum Nähen. Eine recht robuste Nähmaschine und ein Regal mit Stoffen vervollständigten die Werkstatt-Ausstattung. Hinter einem Wanddurchbruch zur daneben liegenden Küche stand der Küchenherd. Dadurch konnten mit dem Küchenofen Wohnzimmer und Küche geheizt werden. In der neben dem Wohnzimmer liegenden kleinen Küche wurde auch gegessen. Außerdem gab es im Erdgeschoss noch einen kleinen Raum: das Waschhaus oder, besser gesagt, den Waschraum rechts neben der Haustür. Die Schlafzimmer waren unter dem Dach. Für die 12-köpfige Familie muss es extrem eng gewesen sein. (EH)

Die südliche Hälfte des Hauses wurde landwirtschaftlich genutzt. Auf der Vorderseite des Hauses war eine Scheune mit einem Tor zum Marktplatz. Darin waren das Heu und die landwirtschaftlichen Geräte unter-

Abb. 126: Nordseite des Hauses der Familie Neumann mit Hauptstraße und Pfarrkirche. (P-W)

Abb. 127: Haus der Familie Neumann 1926 von Norden; damals noch ohne Seitengiebel. (P-K)

Abb. 128: Haus der Familie Neumann mit Seitengiebel. (P-A)

Abb. 129: Haus der Familie Neumann mit Resls Blumenbeet. (P-K)

gebracht, mit denen die Neumanns 13 Tagwerk Grund bewirtschafteten. Im Stall auf der Rückseite der südlichen Gebäudehälfte hielt die Familie Neumann meist vier bis fünf Kühe, die auch als Zugtiere genutzt wurden. Durch ein Fenster im Flur des Wohntraktes konnte man in den Stall sehen. (EH; FG1, 3)

Nachdem die Phänomene der Resl bekannt geworden waren und viele Fremde nach Konnersreuth kamen, wurde das „Schneiderixn-Haus" über Jahrzehnte ein beliebtes Postkartenmotiv.

Im Herbst 1927 vergrößerte die Familie Neumann das Haus durch die Aufstockung eines durchgehenden Seitengiebels. Während der Bauarbeiten wohnte Resl im Pfarrhaus.

Die vormals landwirtschaftlich als Stall und Stadel genutzte Südseite des Neumann-Hauses wurde 1956 in eine Wohnung für Pfarrer Naber umgebaut. Dort verbrachte Pfarrer Naber die letzten Jahre seines Lebens.

Jahre nach dem Tod der Resl wurde das Haus für Besucher zugänglich gemacht. Im ehemaligen Wohn- und Esszimmer der Familie Neumann richtete man einen Ausstellungsraum mit Fotos und einigen Artefakten der Resl ein. In einem kleinen Andachtsraum im ehemaligen Waschzimmer kann man kurz innehalten.

Das Zimmer der Resl im Obergeschoss sieht noch so aus wie zu ihren Lebzeiten. Im Juni 1927 beschrieben die Mitglieder einer vom damaligen Bischof Antonius von Henle gesandten bischöflichen Kommission Resls Zimmer: *„Über eine Stiege, in den Dachraum eingebaut, ist das Zimmer der Therese. Dieses macht einen freundlichen Eindruck, ist hell und ziemlich geräumig. Gegenüber dem Eingang sind die beiden Fenster. Auf der linken Wandseite vorne beim Fenster steht das Bett der Therese, auf der rechten Wandseite, ebenfalls beim Fenster, ein kleines Sofa; rückwärts in der Ecke, rechts von der Zimmertüre ist noch ein weiters Bett aufgestellt. An dem Pfeiler zwischen den beiden Fenstern steht eine Kommode, auf der eine Herz-Jesu-Statue, umgeben von Blumen und sonstigem Schmuck, eine Art Hausaltar bildet. Auf den beiden Bänken der Fenster ist je ein kleines Aquarium mit Goldfischlein, rechts bei der Kommode am Fußboden steht ein Käfig aus Holz, in dem eine Turteltaube sich befindet. Die ‚Resl' hat nämlich Freude an allem, was lebt, wie sie selbst zu uns äußerte. Die Wände des Zimmers sind vielfach mit Bildern geschmückt, darunter besonders auch das Bild der kl. Hl. Theresia und in der Nähe des Bettes ein Relief von dieser, von Therese Neumann sehr verehrten Heiligen. Außerdem ist an der Wand über dem Bette eine Reliquie der hl. Theresia, ebenso über dem Sofa eine weitere. Unter dieser letzteren hängt unter Glas und Rahmen die Authentik, die den Namen des Bischofes von Passau trägt."* (JS3, 213)

Am Hausaltar auf der Kommode zwischen den Fenstern zelebrierte der Münchner Kardinal Faulhaber am 24. August 1928 eine heilige Messe. Im Jahr 1935 wurde Resl von einem ungenannten geistlichen Gönner ein schöner Altar mit Tabernakel geschenkt, der ihren bisherigen Hausaltar ersetzte. Als Resl Anfang 1936 Bischof Dr. Buchberger in Regensburg besuchte, gab dieser die Erlaubnis, dass am Passionssonntag 1936 an ihrem Altar die hl. Messe gefeiert werden darf. Nach dem Krieg ließ

Abb. 130: Reslhaus heute; links wohnten die Neumanns, rechts ab 1956 Pfarrer Naber. (Foto: Johann Härtl)

Abb. 131: Zimmer der Resl mit Resls Hausaltar.
(Foto: Johann Härtl)

Abb. 132: Wohn- und Arbeitszimmer von Pfarrer Naber.
(Foto: Johann Härtl)

Abb. 133: Jahrelang legten Pilger Dank-Votivtafeln am Grabes der Resl ab. (Foto: Johann Härtl)

sich Resl mehrmals von Bischof Buchberger genehmigen, dass einmal im Jahr eine Messe in ihrem Zimmer gefeiert werden darf. (FRL3, 126; Z-15-02; FRL10, 61; JH2, 503 ff) Seit Frühjahr 2022 wird das Reslhaus komplett saniert. Man rechnet damit, dass das Haus nach zwei Jahren wieder für Besucher zugängig sein wird.

Reslgrab und Votivkapelle

Der Friedhof ist in Konnersreuth das meistbesuchte Ziel von Pilgern und Touristen aus aller Welt. Dort ruht Resl unter einem schönen Grabdenkmal in einem mit Zinn ausgelegten Sarg in einer mit weißglasierten Ziegeln ausgemauerten Gruft. (AP, 53, 54)

Man braucht sich nicht lange auf dem Konnersreuther Friedhof aufzuhalten, um Menschen zu sehen, die für ein kurzes Gebet an Resls Grab verweilen. Dank-Votivtafeln beziehungsweise gravierte Steinplatten zeugen davon, dass es immer wieder Menschen gibt, die eine ihnen widerfahrene Hilfe der Fürbitte der Resl zuschreiben. Bis zum Jahr 2005 wurden diese Votivtafeln rechts und links des Grabs abgelegt, seit 2006 werden diese Dankesbekundungen in einer eigens dafür gebauten Votivkapelle auf dem Konnersreuther Friedhof aufbewahrt.

Direkt neben Resls Grab steht ein imposantes Friedhofskreuz. Es ist 5,65 m hoch, 140 Zentner schwer und wurde aus extrem hartem schwarz-schwedischem Granit gefertigt. Aufmerksame Besucher entdecken, dass das Kreuz eine ganz besondere Form hat. Es handelt sich um ein sogenanntes „Gabelkreuz“. So wie Resl es in ihren Visionen gesehen hatte, sind bei diesem Kreuz die Querbalken nicht waagrecht, sondern in Y-Form eingesetzt. (I-15-02)

Die Aufstellung dieses Kreuzes hatte Resl veranlasst. Sie hatte sich schon länger ein Kreuz auf dem Friedhof gewünscht, das den gekreuzigten Jesus so darstellt, wie sie ihn in ihren Visionen gesehen hatte. Ende 1952 bat sie das Ehepaar Schmitz Wickermann um Hilfe bei der Umsetzung dieses Wunsches. Karl Schmitz Wickermann, Steinmetzmeister aus Süchteln in Nordrhein-Westfalen, wurde im Dezember 1933 durch die Resl von einem schweren Rückenleiden geheilt und war seitdem sehr gut mit ihr befreundet. (I-15-02)

Schmitz Wickermann fertigte einen Entwurf des Friedhofskreuzes und stimmte ihn mit Resl ab. Speziellen Wert legte Resl auf die Gesichtszüge Jesu. Hergestellt wurde das Kreuz im oberfränkischen Kirchenlamitz, 30 km von Konnersreuth entfernt. (I-15-02; EB, 112)

Am 11. August 1954 wurde das Kreuz auf dem Konnersreuther Friedhof errichtet. Maria Magdalena umfasst den Fuß des Kreuzes. Zwischen den beiden unteren Granitblöcken befindet sich in einem speziell dafür eingearbeiteten Loch eine Kreuzreliquie, die Resl von Papst Pius XII. für das Friedhofskreuz bekommen hatte. (I-15-02)

Abb. 134: Jetzt sind die Dank-Votivgaben in einer Kapelle auf dem Friedhof. (Foto: Johann Härtl)

INRI
Hier ruht zu Füßen
des gekreuzigten Heilandes
die stigmatisierte Jungfrau
Theres Neumann
Geboren am 8. April, dem Karfreitag
des Jahres 1898 † † Gestorben
im Anschluss an die Feste der
Kreuzerhöhung
der sieben Schmerzen Mariens
und der Stigmatisation des
hl. Franziskus am 18. September 1962

Der Reslgarten

In den 50er Jahren legte sich Resl einen Garten an, der etwa fünf Minuten vom Wohnhaus entfernt lag. Dort verbrachte sie viel Zeit. Wie im Kapitel „Resl im alltäglichen Leben" beschrieben, liebte Resl Blumen und schmückte mit ihren Blumen die Altäre der Konnersreuther Kirche. Neben Blumen pflanzte sie in ihrem Garten Obstbäume und legte Erdbeerbeete an. Über das Obst, die Beeren und die daraus gekochte Marmelade freuten sich ihre Neffen und Nichten. (I-15-03. EH)

In den ersten Jahren hatte Resl ein kleines hölzernes Gartenhäuschen, in dem sie sich ausruhen konnte. Nach einiger Zeit baute man ein größeres Gartenhaus, das noch immer im Reslgarten steht. Ihr altes, kleines Gartenhäuschen wurde einige Meter nach Osten versetzt und stand nun im Garten ihrer Schwester Anna und ihres Schwagers Hans Härtl. Wenn Besucher die Resl in ihrem Garten bedrängten, schlüpfte sie durch eine Tür im Maschendrahtzaun in den Nachbargarten. Dort hatte sie in ihrem alten Gartenhäuschen ihre Ruhe. (EH)

Nach dem Tod Resls verwilderte der Garten. Ehemals kleine Laub- und Nadelbäumchen wurden innerhalb von 40 Jahren so hoch und dicht, dass man Resls Gartenhaus aus wenigen Metern Entfernung nicht mehr sehen konnte.

Im Jahr 2001 rodete der Konnersreuther Obst- und Gartenbauverein den Garten und legte danach anhand

Abb. 135: Das Grab der Theres Neumann neben dem Friedhofskreuz in Y-Form, so wie Resl es in ihren Visionen gesehen hat. (Foto: Johann Härtl)

Abb. 136: Theres Neumann in ihrem Garten; hinter ihrem Gartenhaus: Resls altes Holz-Gartenhäuschen; dahinter: Autohalle von Hans Härtl. (Foto: Ferdinand Neumann)

Abb. 137: Wiederhergestellter Reslgarten. (Foto: Johann Härtl)

Abb. 138: Das ursprüngliche Gartenhäuschen der Resl steht im Garten meiner Eltern. (Foto: Johann Härtl)

von alten Fotos die Blumenbeete und Wege wieder so an, wie Resl das getan hatte. Ein Gartenteich wurde unter Steinen und Erde wiederentdeckt und wiederhergestellt. Das Gartenhaus und einen kleinen Schuppen hat man originalgetreu saniert. Neu entstand ein kleines Nebengebäude mit Aufenthaltsraum, Ausstellungsfläche und einer WC-Anlage. (I-15-03)

Spätberufenenschule Fockenfeld

(AP 138-142; I-15-04; EH)

Theres erfuhr bei einem ihrer Besuche in Eichstätt, dass die Oblaten des hl. Franz von Sales („Salesianer"), die eine Spätberufenenschule im Schloss Hirschberg bei Weilheim betrieben, größere Räumlichkeiten für ihre Schule suchten. Zu dieser Zeit stand das Schloss Fockenfeld, etwa einen Kilometer von Konnersreuth entfernt, zum Verkauf.

Das Schloss-Gut gehörte seit 1362 zum Kloster Waldsassen, kam im Jahr 1803 in private Hände und hatte seitdem acht verschiedene Besitzer. Der letzte Besitzer, ein Fabrikant aus Sachsen, bot nun das Gut zum Verkauf an. (EH)

Resl setzte alles daran, damit die Salesianer das Schloss kaufen konnten. Sie überzeugte den Provinzial des Ordens und brachte den Regensburger Erzbischof Dr. Michael Buchberger trotz anfänglicher Widerstände dazu, die Gründung der Schule in Fockenfeld zu erlauben.

Abb. 139: Werbe-Postkarte für den Verkauf von Schloss Fockenfeld. Vor- und Rückseite. (P-CD)

Resl traf Fürst Erich von Waldburg-Zeil bei der Feier des achtzigsten Geburtstags von Pfarrer Naber. Als der Fürst sie fragte, ob er ihr „*auch einmal eine Freude machen könnte*", fragte sie ihn, ob er bei der Finanzierung des Projekts Fockenfeld behilflich sein könnte. Der Fürst hatte Wälder im Besatzungsgebiet der Franzosen, die durch Abholzungen viel Geld damit verdienten. Theres nahm Kontakt mit amerikanischen Offizieren auf. Diese veranlassten, dass die Franzosen eine Abfindung für das Holz zahlten, das sie im Wald des Fürsten geschlagen hatten. Fürst von Waldburg-Zeil gewährte den Salesianern davon ein zinsloses Darlehen in Höhe vom 450.000 D-Mark. Damit konnten sie im März 1951 das Schlossgut kaufen und, wie vom Verkäufer gewünscht, bar bezahlen.

Im Jahr 1955 eröffneten die Oblaten des hl. Franz von Sales im Schloss Fockenfeld ein privates humanisti-

Abb. 140: Spätberufenenschule Fockenfeld. Von links nach rechts: Hauskapelle - Seminar- und Internatsräume – altes Schloss. (Foto: Johann Härtl)

sches Knaben-Gymnasium mit Internat. Dort konnten junge Männer, die bereits eine Ausbildung abgeschlossen hatten, Hauptschüler mit qualifizierendem Abschluss und Realschüler mit mittlerer Reife, in abgekürzten Studiengängen das Abitur machen, um, so war die Zielrichtung der Schule, Theologie zu studieren und Priester zu werden.

Zunächst betrieben die Patres und Brüder die zum Gut gehörende Landwirtschaft weiter. Resl schickte immer wieder Konnersreuther nach Fockenfeld, damit diese dort in der Landwirtschaft mithalfen. (EH)

Nach und nach wurde das Schlossgut um Seminar- und Wohnräume erweitert. Im Jahr 1968 baute man eine Hauskapelle, die dem heiligen Josef geweiht wurde.

Da es inzwischen viele andere Wege zum Abitur gab, wurde die Schule im Jahr 2020 geschlossen. In 65 Jahren legten etwa 1300 Schüler in der Spätberufenenschule ihr Abitur ab. Etwa 400 von ihnen wurden Priester. Viele Absolventen wurden Diakone, Pastoralreferenten, Lehrer, Ärzte oder Politiker.

Im März 2021 wurde das Gut von den Kommunen Mitterteich, Waldsassen, Wiesau und Konnersreuth erworben.

Anbetungskloster Theresianum

Das letzte große Anliegen der Theres Neumann war der Bau eines Anbetungsklosters in Konnersreuth. Resls Bruder Ferdinand Neumann berichtete, wie es dazu kam und was Resl dafür veranlasst hatte:

„Als die Resl anläßlich der Inthronisation des Bischofs Dr. Rudolf Graber [am 2. Juni 1962] *in Regensburg weilte, trug ihr der Bischof einen Plan vor. Er wünsche sich für seine Diözese, sagte er, ein Kloster, in dem für die Anliegen des Bistums gebetet werde. … Die Resl*

hatte sich bereits seit längerer Zeit Gedanken darüber gemacht, welchem Zweck man ein in Konnersreuth verfügbares Grundstück zuführen könne." Zwei Bäuerinnen, die keine Hoferben hatten, stifteten dafür ihre Anwesen am östlichen Ortsrand von Konnersreuth. (AP, 149; I-15-05)

Resl bat Monika von Waldburg-Zeil, die Witwe des 1953 verstorbenen Fürsten von Waldburg-Zeil, um Unterstützung bei der Finanzierung des Klosterbaus. Die Fürstin verhandelte mit den Salesianern, denen ihr Mann dreizehn Jahre vorher ein Darlehen zum Erwerb von Fockenfeld gewährt hatte. Da sich die Salesianer in einer günstigen Wirtschaftslage befanden, konnten sie der Fürstin 50.000 DM zurückzahlen, die diese als Grundstock für den Bau des Klosters zur Verfügung stellte. (AP, 149)

Resl beauftragte einen Architekten aus Augsburg einen Bauplan anzufertigen. Als der Großunternehmer Fidel Götz sie im Juli 1962 in Konnersreuth besuchte, besprach Resl ihr Klosterprojekt mit ihm. Fidel Götz lud daraufhin Resl und Pfarrer Naber Ende August 1962 für eine Woche zu sich nach Weingarten ein. „*Der Gastgeber sicherte der Resl zu, daß er sowohl technisch wie auch finanziell für den Klosterbau die volle Verantwor-*

Abb. 141: Theresianum Konnersreuth. (Foto: Johann Härtl)

tung übernehme. Die Resl solle sich nun nicht mehr darum kümmern." (AP, 150)

Ferdinand Neumann berichtete weiter: „*Die Resl hatte sich auch schon Gedanken darüber gemacht, welche Ordensgemeinschaft für das neue Kloster in Frage kommen könne. Mit zwei Frauenklöstern stand sie bereits in Verbindung. Am 13. September meldete sie sich telefonisch bei mir und bat mich, ich solle noch heute nach Konnersreuth kommen und ein Maßband mitbringen. Götz wolle nämlich die genauen Flächenmaße des Baugrundstücks wissen. Noch am gleichen Tag vermaßen wir das Grundstück. Dabei verhielt sich die Resl überaus lebhaft, so daß kaum auffiel, daß es mit ihrer Gesundheit nicht gut bestellt war. Aufgefallen ist mir nur, daß sie wiederholt sagte, den Bau dieses Klosters hätte sie noch gerne miterlebt. Auf meine Bemerkung, daß damit doch bald begonnen werde, gab sie keine Antwort.*" (AP, 151)

Fünf Tage nachdem Resl das zu ihrem Bruder gesagt hatte, starb sie.

Pfarrer Naber sammelte weiter Spenden für den Bau des Klosters. Indirekt unterstützte ihn dabei auch „DER SPIEGEL", der berichtete: „*Josef Naber … wirbt in einem Prospekt, der mehreren Kirchenzeitungen beiliegt, um Spenden für ein Anbetungskloster („Theresianum") in Konnersreuth.*" (Z-15-03)

Am 22. September 1963, fast genau ein Jahr nach Resls Tod, wurde das Kloster mit Kapelle und Seniorenheim eingeweiht. Die Heimbewohnerinnen wechselten sich mit den Marienschwestern vom Karmel beim Gebet für die Anliegen der Kirche und der Diözese in der Klosterkapelle ab. Drei Jahre später konnte ein Kindergarten eingeweiht werden, den ebenfalls die Karmeliterinnen betrieben. 1977 wurde das Kloster um ein Gebäude für eine Krankenstation erweitert, 1996 folgte noch ein Erweiterungsbau. (I-15-05)

Im Jahr 2018 übernahm die Marktgemeinde Konnersreuth den Kindergarten, der inzwischen „Kinderhaus" genannt wurde. Im gleichen Jahr ging die Verantwortung für das Senioren- und Pflegeheim an den „Deutschen Orden" über. Im Kloster leben und arbeiten weiterhin einige Marienschwestern vom Karmel und halten mit den Bewohnern des Senioren- und Pflegeheims Anbetung in der hauseigenen Kapelle.

Das Theres-Neumann-Museum

Ein über 200 Jahre alter Dreiseithof, keine 100 m von der Konnersreuther Pfarrkirche entfernt, wurde von 2018 bis 2022 umfassend renoviert und zum Informations- und Begegnungszentrum „Schafferhof" ausgebaut. Neben einem Sitzungssaal für den Marktgemeinderat und einem Gewölbesaal für Ausstellungen sowie für private Feiern ist das „Theres-Neumann-Museum" ein wesentlicher Bestandteil des Informations- und Begegnungszentrums.

Hier erhalten Besucher in sieben Räumen anhand von etwa 300 Objekten, Dokumenten und Fotos Informationen über das Leben und Wirken der Theres Neumann. An mehreren Medienstationen sind Filmsequenzen aus dem Leben der Resl zu sehen.

Abb. 142: Informations- und Begegnungszentrum „Schafferhof" mit Theres-Neumann-Museum. (Foto: Johann Härtl)

Abb. 143: Blick vom „Schafferhof" auf die Pfarrkirche von Konnersreuth. (Foto: Johann Härtl)

Resl soll seliggesprochen werden

Was bedeutet Seligsprechung?

Wenn die römisch-katholische Kirche jemanden seligspricht, bekundet sie damit das Vertrauen darin, dass der betreffende Mensch die Vollendung bei Gott bereits erreicht hat. Eine seliggesprochene Person darf öffentlich verehrt und um Fürsprache bei Gott angerufen werden. Im Gegensatz zu Heiligen, die weltweit verehrt werden, wird ein Seliger nur in seiner Ortskirche verehrt. Eine Seligsprechung wird auch „Erhebung zur Ehre der Altäre" genannt.

Voraussetzung für eine Seligsprechung ist, dass die betroffene Person dem Vorbild Christi in besonderer Weise gefolgt war. Dafür kennt die Kirche zwei Möglichkeiten. Eine davon ist, dass ein Mensch als Märtyrer aufgrund seiner religiösen Überzeugung gewaltsam getötet wurde. Auf dieser Grundlage wurde die Seligsprechung des in vorangegangenen Kapiteln erwähnten Dr. Fritz Gerlich eingeleitet.

Seliggesprochen kann ein Mensch auch werden, wenn er ein tugendhaftes Leben in vorbildhafter Weise geführt hat. Das bedeutet, dass sein Leben durch Glaube, Liebe, Hoffnung und den Kardinaltugenden Weisheit, Gerechtigkeit, Tapferkeit und Mäßigung geprägt gewesen war. Außerdem muss mindestens ein Wunder nachgewiesen sein, das auf die Fürsprache dieses Menschen geschehen ist. Untergeordneten Rang für eine Seligsprechung haben Phänomene wie Nahrungslosigkeit, Stigmatisation oder Visionen. Für eine Seligsprechung von Theres Neumann müssen das beschriebene tugendhafte Leben und ein Wunder nachgewiesen werden.

Das Verfahren für eine Seligsprechung besteht aus zwei Verfahrensschritten. Nachdem vom zuständigen Bischof das Seligsprechungsverfahren eröffnet wurde, wird von einer Kommission in einem „diözesanen Informativprozess" geprüft, ob die Voraussetzungen für eine Seligsprechung gegeben sind. Dabei werden Zeugen angehört und Material gesichtet. Wenn die bischöfliche Kommission zu einem positiven Ergebnis gekommen ist, werden die gesammelten Dokumente und Gutachten an die Kongregation für die Selig- und Heiligsprechungsprozesse in Rom weitergeleitet.

In Rom werden die Unterlagen geprüft und entschieden, ob der jeweilige Mensch als Märtyrer anerkannt wird beziehungsweise ob er einen „heroischen Tugendgrad" erreicht hat und ihm ein Wunder zugeschrieben werden kann.

Ist das der Fall, erfolgt die Seligsprechung durch den Papst, womit offiziell festgestellt wird, dass der betreffende Mensch „zur Anschauung Gottes gelangt ist".

Erste Forderungen

Schon zu Resls Lebzeiten war man der Ansicht, dass Theres Neumann selig- beziehungsweise heiliggesprochen werden soll.

Obwohl in linken Zeitungen meist gegen die Resl gerichtete Artikel erschienen, schrieb ein Reporter der Wiener „Arbeiter-Zeitung", dem „Zentralorgan der Sozialdemokratie Deutschösterreichs", im August 1927, nachdem er Resl 10 Minuten im Pfarrhof gesehen hatte: *„Kurz, was man von diesem Bauernmädchen hört, reicht hin, daß es später selig- und heiliggesprochen werden kann."* (Z-16-01)

In Indonesien erschien im November 1939 der Artikel *„Thérèse Neumann. Zal ze heilig worden verklaard*?". Im Zusammenhang mit einer falschen Todesmeldung wurde gefagt, ob Therese Neumann heiliggesprochen wird. Dabei verwies man auf den päpstlichen Segen, der ihr am 3. Mai 1928 erteilt worden war. Man ging davon aus, dass die mystische Verbindung, die Resl mit Thérèse von Lisieux verband, *„in Kürze durch die Heiligsprechung der deutschen Thérèse gestärkt wird*". (Z-16-02)

Einige Monate nach Resls Tod, im April 1963, richtete der „Dritte Orden des hl. Franziskus" in Eichstätt die Bitte an den Bischof von Regensburg, den Seligsprechungsprozess für Theresia Neumann einzuleiten. Der Dritte Orden setzte sich deshalb für Resls Seligsprechung ein, weil Resl und Pfarrer Naber im September 1946 feierlich in diesen Orden aufgenommen worden waren. Der Dritte Orden oder „Ordo Franciscanus saecularis" (OFS) ist eine Gemeinschaft von Gläubigen, die sich den Idealen des heiligen Franziskus angeschlossen haben, aber nicht in klösterlicher Gemeinschaft leben. Durch ihre Mitgliedschaft bei den OFS fühlte sich Resl noch enger als vorher mit den Eichstätter Kapuzinern verbunden, da die Kapuziner zu den franziskanischen Orden gehören. Mitglieder des OFS waren auch Franz von Sales, Franz Liszt, Anna Schäffer und Papst Johannes XXIII. (AS1, 77; I-16-01)

Kurienkardinal Augustin Bea, der auch Beichtvater von Papst Pius XII. war, sprach sich schon 1965 für die schnelle Eröffnung des Informativprozesses für die Seligsprechung der Resl aus. Der Kardinal hatte Resl kurz vor ihrem Tod getroffen und dabei die Bitte geäußert, sie möge für das Gelingen des Zweiten Vatikanischen Konzils beten. (Z-16-03)

Vorbereitung der Seligsprechung

Als Vorbereitung auf eine eventuelle Seligsprechung veranlasste der damalige Erzbischof von Eichstätt, Dr. Josef Schröffer, im Jahr 1953 eine ausführliche Befragung der Resl. Sie war Anfang dieses Jahres für einige Wochen in Eichstätt und wurde im bischöflichen Auftrag von einer geistlichen Kommission *„unter strengem*

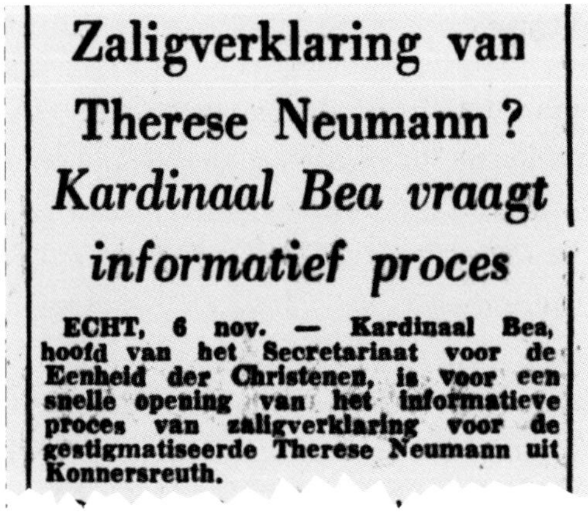

Zaligverklaring van Therese Neumann? *Kardinaal Bea vraagt informatief proces*

ECHT, 6 nov. — Kardinaal Bea, hoofd van het Secretariaat voor de Eenheid der Christenen, is voor een snelle opening van het informatieve proces van zaligverklaring voor de gestigmatiseerde Therese Neumann uit Konnersreuth.

Abb. 144: In Holland wurde 1965 berichtet, dass Kardinal Bea um Eröffnung des Informativprozesses gebeten hat. (Z-16-03)

Eid über ihr äußeres und inneres Leben befragt". Die Niederschriften dieser dreitägigen Befragung hat Johannes Steiner in seinem Buch „Visionen der Therese Neumann, Teil 2", veröffentlicht. (JS1, 273, JS3, 278-293)

Der damals für Konnersreuth zuständige Diözesanbischof Dr. Rudolf Graber beauftragte im Januar 1968 den Jesuitenpater Dr. Carl Sträter, den Informativprozess für die Seligsprechung der Resl vorzubereiten. Dr. Sträter bekam den Auftrag, „*historisch das Leben der Therese Neumann festzulegen und aktenkundig zu machen.*" Im Rahmen dieses Auftrags veröffentlichte Dr. Sträter Mitte 1971 in Konnersreuth eine Aufforderung, dass sich jeder melden sollte, der etwas „*gegen Charakter oder Moral der Theres Neumann vorzubringen hat*", wobei auch positive Informationen zur Resl willkommen waren. Die Zeugen, die Dr. Sträter befragte, sagten durchwegs nur Positives über Theres aus. Dr. Sträter fertigte Tonbandaufzeichnungen, Vernehmungsprotokolle und eidesstattliche Erklärungen von Verwandten und Freunden der Resl. Auch die eidesstattlichen Erklärungen sind im oben genannten Buch von Johannes Steiner veröffentlicht. Nach Abschluss der Vorarbeiten von Dr. Sträter wurde im Jahr 1978 im „Amtsblatt für die Diözese Regensburg" verkündet, dass der Informativprozess für die Seligsprechung der Resl eingeleitet werden könne. Es ist nicht bekannt, warum dieser Prozess dann nicht gestartet wurde. (JS1, 273; JS3, 295-301; JH3)

Der Seligsprechungsprozess für Theres Neumann

Im Oktober 2003 ernannte der damalige Diözesanbischof von Regenburg, Gerhard Ludwig Müller, den römischen Anwalt Dr. Andrea Ambrosi zum „*Postulator der Causa Therese Neumann*". Ein „Postulator" hat federführende Aufgaben im kirchlichen Prozess für eine Seligsprechung. (I-16-02)

Am 14. März 2004 ordnete der Bischof „*die Eröffnung des Tugendprozesses*" an und benannte Mitglieder der Teams, die den Informativprozess durchführen sollten: Den „Gerichtshof", die „theologische Kommission" und die „historische Kommission". Ihre Aufgaben umfassen das Studium von Dokumenten und das Sammeln von Zeugenaussagen über den Lebenswandel und die christlichen Tugenden der Theres Neumann. (I-16-02)

Bischof Gerhard Ludwig Müller holte beim Heiligen Stuhl in Rom die Genehmigung für die Eröffnung des

Seligsprechungsprozesses ein. Mit dem Verlesen dieser Genehmigung, dem „Nihil Obstat" („nichts spricht dem entgegen"), eröffnete er am 13. Februar 2005 in der Pfarrkirche von Konnersreuth feierlich das Seligsprechungsverfahren *„für die Dienerin Gottes Therese Neumann"*. Theres Neumann führte von nun an den Titel „Dienerin Gottes". (I-16-02)

Die in der Diözese durchzuführenden Untersuchungen für den Seligsprechungsprozess der Theres Neumann standen Ende 2019 kurz vor dem Abschluss, da tauchten 25.000 Seiten Material auf, die bisher nicht zugänglich waren. Ein Tölzer Unternehmer hatte dem Bayerischen Hauptstaatsarchiv den von ihm verwahrten Nachlass von Fritz Gerlich überlassen. Außerdem war es dem Regensburger Bischof Voderholzer gelungen, Unterlagen aus einem klösterlichen Nachlass zur Verfügung zu stellen. Dieses Material muss nun noch eingehend geprüft werden. (Z-16-04)

Es ist nicht sicher, dass ein einmal eingeleiteter Seligsprechungsprozess tatsächlich zur Seligsprechung führt. Auch kann es mehrere Jahrzehnte dauern, bis eine Seligsprechung nach Einleitung des Prozesses abgeschlossen ist.

Vielleicht erfüllt sich ja der Wunsch des Regensburger Bischofs Dr. Rudolf Voderholzer, der im Juni 2017 beim Pontifikalamt zur Einweihung des Fritz-Gerlich-Denkmals in Konnersreuth sagte: *„Beten wir, dass die Resl und Fritz Gerlich vielleicht gemeinsam zur Ehre der Altäre erhoben werden."* (I-16-03)

Gebetstage

Seit Beginn des Seligsprechungsprozesses finden am 18. jedes Monats zur geistlichen Unterstützung und Begleitung des Prozesses *„Gebetstage um die Seligsprechung der Dienerin Gottes Theres Neumann"* mit feierlichem Gottesdienst und Lichterprozessionen statt.

Jedes Jahr wird am 18. September, dem Todestag der Theres Neumann, der Gebetstag besonders festlich als „Großer Gebetstag" begangen. Er beginnt dann am frühen Nachmittag mit einer Kreuzwegandacht, gefolgt von Betstunden. Nach einem Rosenkranzgebet wird der Hauptkonzelebrant des darauffolgenden Pontifikalamts gemeinsam mit eventuell weiteren anwesenden Bischöfen mit einem feierlichen Kirchenzug abgeholt. Der Höhepunkt des Großen Gebetstags, das Pontifikalamt, wird immer von Bischöfen oder Weihbischöfen zelebriert. Ein besonderer Zelebrant war im Jahr 2007 Kardinal Friedrich Wetter, Erzbischof von München und Freising. Besonders feierlich war der Große Gebetstag zum 50. Todestag der Resl, am 18. September 2012. Das Pontifikalamt zelebrierte an diesem Tag Kardinal Dominik Duka, Erzbischof von Prag und Primas von Böhmen, zusammen mit zwei Bischöfen und einem Weihbischof.

Die Gebetstage enden mit einer feierlichen Lichterprozession zum Grab der Resl, um dort für ihre Seligsprechung zu beten, und Betstunden in der Pfarrkirche.

Bild- und Quellennachweis

Bildnachweis

Buchumschlag vorne: Konnersreuth, Therese-Neumann-Platz, Pfarrkirche, Reslhaus (Foto: Johann Härtl); Theres Neumann 1928 (Foto: Pater Ingbert Naab).

Buchumschlag hinten: Konnersreuth, Grab der Theres Neumann und Friedhofskreuz (Foto: Johann Härtl).

Quellennachweis

Kennzeichnung der Bücher durch Initialen des Buchautors.
Kennzeichnung der Zeitungen/Zeitschriften beginnen mit Z.
ANNO = Österreichische Nationalbibliothek – anno.onb.ac.at.
Kennzeichnung der Beiträge aus dem Internet beginnen mit I.

AN: Augustin Niedermeier: Joseph Naber. Der Pfarrer der Konnersreuther Resl. Schnell & Steiner, Regensburg 2001.

AP: Albert Panzer: Licht von drüben. Ein Journalist begleitet das mystische Leben der Therese Neumann. Eigenverlag, 3. Auflage 1991.

AS1: Anni Spiegl: Leben und Sterben der Therese Neumann von Konnersreuth. Eigenverlag Anni Spiegl, Eichstätt 1963.

AS2: Anni Spiegl: Leben und Sterben der Therese Neumann von Konnersreuth. Eigenverlag, 6. Auflage, Eichstätt 1967.

BKK: Konnersreuther Kreis e.V; Brief Nr 5/1995; BVB – Bibliotheksverbund Bayern (gateway-bayern.de/BV023251329).

CB: Klemens Bretano: Das bittere Leiden unseres Herrn Jesu Christi, nach den Geschichten der Dienerin Anna Katharina Emmerich. Verlag Josef Kösel & Friedrich Pustet K.-G., Verlagsabteilung Regensburg 1924.

CS: Carl Sträter: Das Geheimnis von Konnersreuth. Resch Verlag, Innsbruck 1979.

EA: Dr. Ed. Aigner: 10 Jahre Konnersreuth. A. Bock Verlag, Berlin-Friedenau 1939.

EB: Ennemond Boniface: Therese Neumann, die Stigmatisierte von Konnersreuth – Ein Bekenntnis. 3. Auflage. Credo-Verlag, Wiesbaden 1963.

EH: Englbert Härtl.

FA1: Dr. Erwein Freiherr von Aretin: Die Sühneseele von Konnersreuth. 2. Auflage, Verlag Siegfried Hacker, Gröbenzell bei München 1956.

FA2: Freiherr Erwein von Aretin: Fritz Michael Gerlich – Lebensbild des Publizisten und christlichen Widerstandskämpfers. Verlag Schnell Steiner, München-Zürich, Zweitauflage der Biografie von 1949 mit zeitgeschichtlichem Kommentar von Otmar Freiherr von Aretin, 1983.

FG1: Dr. Fritz Gerlich: Die stigmatisierte Therese Neumann von Konnersreuth. Die Lebensgeschichte der Therese Neumann. Verlag Josef Kösel & Friedrich Pustet, München 1929.

FG2: Dr. Fritz Gerlich: Die stigmatisierte Therese Neumann von Konnersreuth, Teil 2, Die Glaubwürdigkeit der Therese Neumann von Konnersreuth, München 1929.

FRL1: Friedrich Ritter von Lama: Therese Neumann von Konnersreuth – Eine Stigmatisierte unserer Zeit. Rhenania Verlag, 2. Auflage, Bonn 1928.

FRL10: Friedrich Ritter von Lama: Konnersreuther Jahrbuch 1935. Bardenia-Verlag, Karlsruhe 1936.

FRL2: Friedrich Ritter von Lama: Zur Aufklärung über Konnersreuth, Verlag Lindner & Söhne, Leipzig 1938.

FRL3: Friedrich Ritter von Lama: Konnersreuther Chronik 1928. Badenia-Verlag, Karlsruhe 1929.

FRL4: Friedrich Ritter von Lama: Konnersreuther Jahrbuch 1933. Bardenia-Verlag, Karlsruhe 1934.

FRL5: Friedrich Ritter von Lama: Heilandswege in Konnersreuth, Verlag Jos. Thum G.m.b.H., Kevelaer 1933.

FRL6: Friedrich Ritter von Lama: Konnersreuther Jahrbuch 1932. Bardenia-Verlag, Karlsruhe 1933.

FRL7: Friedrich Ritter von Lama: Konnersreuther Jahrbuch 1929. Bardenia-Verlag, Karlsruhe 1930.

FRL8: Friedrich Ritter von Lama: Konnersreuther Jahrbuch 1930. Bardenia-Verlag, Karlsruhe 1931.

FRL9: Friedrich Ritter von Lama: Konnersreuther Jahrbuch 1931. Bardenia-Verlag, Karlsruhe 1932.

FS: Professor Franz Spirago: Klarheit über Konnersreuth. Verlag R. van Acken, Lingen (Ems), Dritte Auflage 1932.

GE: Dr. Gottfried Ewald: Die Stigmatisierte von Konnersreuth – Untersuchungsbericht und gutachtliche Stellungnahme. Verlag Lehmans Darmstadt, Nachdruck von 1927.

GS: Günther Schwarz: Schauungen der Therese Neumann aus Konnersreuth. Verlag Mainz, Aachen 2011.

HF: Kaplan Helmut Fahsel: Konnersreuth. Tatsachen und Gedanken. Thomas-Verlag, Berlin 1932.

HL1: Dr. Hermann Lemke: Gegenkritik der Professor Ewald'schen Untersuchungen über die Theres Neumann. Dr. Lemke-Verlag, Berlin 1928.

HL2: Dr. Hermann Lemke: Die stigmatisierte Theres Neumann von Konnersreuth. Dr. Lemke-Verlag, Berlin 1932.

HW: Helmut Witeschek: Pater Ingbert Naab – Ein Prophet wider den Zeitgeist 1885 – 1935. Verlag Schnell Steiner, München-Zürich 1985.

I-01-01: Who`s Who, The People Lexicon: Luise Rinser – https://whoswho.de/bio/luise-rinser.html, abgerufen am 21.09.2019.

I-02-01: BSB-Historischer Atlas von Bayern. Altbayern Reihe I Heft 21, Seite 390. – https://geschichte.digitale-sammlungen.de/hab/seite/bsb00007636_00408, abgerufen am 05.09.2021.

I-03-01: Die Bibel.de: Stichwort Vision – https://www.die-bibel.de/lightbox/basisbibel/sachwort/sachwort/anzeigen/details/vision/, abgerufen am 20.10.2020.

I-03-02: Terra Mystica: Forscher erstellen 3D-Modell vom Turiner Grabtuch – terra-mystica.jimdo.com/bibel-religionen/forscher-erstellen-3d-modell-vom-turiner-grabtuch, abgerufen am 16.02.2019.

I-03-03: Ärztezeitung: Gentechnik: Münchener Rechtsmediziner an der Klärung eines Wunders beteiligt – https://www.aerztezeitung.de/Medizin/Muenchener-Rechtsmediziner-an-der-Klaerung-eines-Wunders-beteiligt-315927.html, abgerufen am 20.02.2021.

I-04-01: Joachim Schäfer: Artikel Adelindis von Buchau, aus dem Ökumenischen Heiligenlexikon – https://www.heiligenlexikon.de/BiographienA/Adelindis_von_Buchau.htm, abgerufen am 09.07.2017.

I-06-01: Kathnews, Michael Hesemann: Der spätere Papst Pius XII. über Therese Neumann – https://www.kathnews.de/der-spaetere-papst-pius-xii-ueber-therese-neumann, abgerufen am 21.09. 2019.

I-07-01: Jagiello'nska Biblioteka Cyfrowa: „Webeplakat „Mjstyka Zjawisk u Teresy Neumann“ – https://jbc.bj.uj.edu.pl/dlibra/publication/555892/edition/528917, abgerufen am 01.05.2019.

I-07-02: Historisches Museum der Pfalz, Speyer/Vanessa Velikonja/MPM Speyer (CC BY-NC-SA) – https://nat.museum-digital.de/index.php?t=objekt&oges=620806 , abgerufen am 26.11.2020.

I-08-01: List abpa J. Teodorowicza do J. Nabera, 28-11-1936 – http://archiwum.ormianie.pl/archiwuma.php?ida=0&id=72277&ik =1, abgerufen am 12.05.2017.

I-10-01: Wikipedia: Franz Wutz – https://de.wikipedia.org/wiki/Franz_Wutz; abgerufen am 11.10.2021.

I-10-02: MK-Online: Gerlich-Denkmale in München – https://mk-online.de/meldung/starke-praesenz-in-muenchen-fuer-ns-gegner.html, abgerufen am 23.04.2017.

I-10-03: https://www.fritzgerlichpreis.de/, abgerufen am 05.02.2021.

I-10-04: Süddeutsche Zeitung Digitale Medien GmbH / Süddeutsche Zeitung GmbH – http://www.sueddeutsche.de/muenchen/kirche-seligsprechung-eingeleitet-1.3083801, abgerufen am 05.03. 2017.

I-10-05: Joachim Schäfer: Artikel Ingbert (Karl) Naab, aus dem Ökumenischen Heiligenlexikon – https://www.heiligenlexikon.de/BiographienI/Ingbert_Karl_Naab.htm, abgerufen am 13. 10. 2021.

I-10-06: Deutsches Historisches Museum – https://www.dhm.de/datenbank/dhm.php?seite=5&fld_0=D2009757, abgerufen am 15.02.2019.

I-11-01: Stein, Heilig Kruis/Theresia Neumann – http://www.meertens.knaw.nl/bedevaart/bol/plaats/983, abgerufen am 11.10.2017.

I-12-01: Alles über Paramahansa Yogananda und Kriya Yoga – https://www.yogaeasy.de/artikel/tote-yogis-leben-laenger-parahamsa-yogananda, abgerufen am 15.05.2019.

I-12-02: Autobiagrafie eines Yogi – https://de.wikipedia.org/wiki/Autobiographie_eines_Yogi, abgerufen am 16.02.2021.

I-15-01: Baccalaureat-Arbeit von Magnus Forster: Die Verehrung der Therese Neumann von Konnersreuth in den Kirchenbüchern – https://oberpfaelzerkulturbund.de/wp-content/uploads/2016/04/37.NGT-Seite-175_182.pdf, abgerufen am 2. Mai 2018.

I-15-02: Das Süchtelner Kreuz in Konnersreuth: Abdruck der „Süchtelner Heimatblätter 11/1954“ – http://sanctirmgardis.blogspot.com/2017/02/das-suchtelner-kreuz-in-konnersreuth.html, abgerufen am 04.01.2022

I-15-03: Der Reslgarten in Konnersreuth – http://www.reslgarten.de/daten-und-fakten/beschreibung-der-anlage/, abgerufen am 28.12.2021.

I-15-04: www.Fockenfeld.de, abgerufen am 21. September 2019.

I-15-05: Haus der Geschichte Bayern: Konnersreuth, Theresianum – https://www.hdbg.eu/kloster/index.php/pdf?id=KS0849, abgerufen am 03.01.2021.

I-16-01: Bistum Eichstätt: Feierliches Versprechen bei Franziskanischer Gemeinschaft – https://www.bistum-eichstaett.de/aktuell/aktuelle-meldungen-details/news/feierliches-versprechen-bei-franziskanischer-gemeinschaft, abgerufen am 27. 12.2018.

I-16-02: Bistum Regensburg: Amtsblatt Nr.3/2005 für die Diözese Regensburg – https://bistum-regensburg.de/fileadmin/Dateien/pdf/2005_Abl_Jahrgang.pdf, abgerufen am 28.12.2021.

I-16-03: Bistum Regensburg: Konnersreuth: Ein Denkmal für Fritz Gerlich – https://bistum-regensburg.de/news/konnersreuth-ein-denkmal-fuer-fritz-gerlich-5537, abgerufen am 28.12.2021.

I-DGW: Digitale Sammlungen der Bayerischen Staatsbibliothek (https://digipress.digitale-sammlungen.de/calendar/newspaper/bsbmult00000001) abgerufen am 23.01.2017.

IK: Ignaz Kosubek: Warum spreche ich über Konnersreuth? Erlebnisberichte von meinen Vortragsreisen 1948-1951. Eigenverlag, Osnabrück, 1951.

JD1: Dr. Josef Deutsch: Um Konnersreuth. Ärztliche Kritik an Dr. Fritz Gerlichs Buch „Die Stigmatisierte von Konnersreuth". Eigenverlag, Lippstadt 1932.

JD2: Dr. Josef Deutsch: Wie steht's um Konnersreuth? Offener Brief an S. Exzellenz dem H. H. Erzbischof von Lemberg vom armenischen Ritus Dr. Josef Teodorowicz. Eigenverlag, Lippstadt 1936.

JD3: Dr. Josef Deutsch: Ärztliche Kritik an Konnersreuth! Wunder oder Hysterie? Eigenverlag, Lippstadt 1938.

Jes 53: Altes Testament, Der Prophet Jesaja aus „Gute Nachricht Bibel". Deutsche Bibelgesellschaft, Stuttgart 2018.

JH1: Josef Hanauer: Gottes-Werk oder Menschen-Machwerk? Therese Neumann von Konnersreuth. Eigenverlag, Regensburg 1967.

JH2: Josef Hanauer: Konnersreuth als Testfall. Kritischer Bericht über das Leben der Therese Neumann. Mit einem Anhang: Unveröffentlichte Akten des bischöflichen Archivs in Regensburg. Manz-Verlag, München 1972.

JH3: Josef Hanauer: Konnersreuth eine „Ewige Lüge". Eigenverlag, Regensburg 2002.

JK: Dr. Josef Klosa: Das Wunder von Konnersreuth in naturwissenschaftlicher Sicht. Paul Pattloch Verlag, Augsburg. Ausgabe 1994.

JM: Prälat Josef Messmer: Die stigmatisierte Seherin Theresia Neumann – Persönliche Eindrücke von Konnersreuth. Verlag Räber Cie., Luzern und Leipzig 1927.

JN: Joseph Naber: Tagebücher und Aufzeichnungen über Theres Neumann. Herausgeber Johannes Steiner. Schnell & Steiner, München und Zürich 1987.

JR: Josef Rasche: Das Wunder von Konnersreuth ein Wunder. Verlag Das illustrierte Familienblatt, Aussig 1927.

JS1: Johannes Steiner: Theres Neumann von Konnersreuth, ein Lebensbild nach Berichten, Tagebüchern und Dokumenten, 8. Auflage. Verlag Schnell & Steiner, München 1971.

JS2: Johannes Steiner: Visionen der Therese Neumann, Erster Teil. Verlag Schnell & Steiner, München und Zürich 1973.

JS3: Johannes Steiner: Visionen der Therese Neumann, Zweiter Teil. Verlag Schnell & Steiner, München und Zürich 1977.

JT: Dr. Josef Teodorowicz, Erzbischof von Lemberg: Konnersreuth im Lichte der Mystik und Psychologie. Pustet-Verlag, Salzburg-Leipzig 1936.

KK: Erzbischof Dr. Karel Kašpar: Eindrücke von Konnersreuth, Bardenia-Verlag, Karlsruhe 1931.

KZ-Gedenkstätte Dachau: Bericht von Josef Eckstein, August 1936, Kopie im Archiv der KZ-Gedenkstätte Dachau, DaA A 1326 / 8836.

LR: Luise Rinser: Die Wahrheit über Konnersreuth. Ein Bericht. Verlag Fischer, Frankfurt am Main und Hamburg 1954.

LW1: Leopold Witt: Konnersreuth im Lichte der Religion und Wissenschaft, Die Leiden einer Glücklichen – Heimatblümchen aus dem Stiftland, 1. Teil, 2. Auflage. Verlag Albert Angerer, Waldsassen 1927.

LW2: Leopold Witt: Konnersreuth im Lichte der Religion und Wissenschaft, Die Leiden einer Glücklichen – Heimatblümchen aus dem Stiftland, 2. Teil. Verlag Albert Angerer, Waldsassen 1929.

MB: Schwester Maria Breuer: Therese Neumanns Sendung: Verehrung des Leidens Christi. Kanisius-Verlag, Fribourg/Schweiz 1962.

MN: Max Niemeyer: Die Herausforderung der Diktaturen: Katholizismus in Deutschland und Italien 1918-1943/45. Verlag Tübingen 2009.

MR: Max Rößler: Therese Neumann von Konnersreuth. Echter-Verlag, Würzburg 1963.

OS: Pater Odo Staudinger O.S.B.: Die Leidensblume von Konnersreuth. Verlag von Anton Pustet, Salzburg 1928.

P-A: Postkartensammlung Johann Härtl – Andro Verlag, Nürnberg.

P-CD: Postkartensammlung Johann Härtl, Verlag C. Dietrich, Leipzig-Anger.

P-FL: Postkartensammlung Johann Härtl – Fritz Löwenhag, Marktredwitz.

P-H: Postkartensammlung Johann Härtl – Foto Hölzl Waldsassen.

P-JH: Postkartensammlung Johann Härtl – ohne Verlagsangabe oder ohne dargestellte Kartenrückseite.

P-JS: Postkartensammlung Johann Härtl – Verlag J. Strauß, Waldsassen.

P-K: Postkartensammlung Johann Härtl – Verlag Franz Krämer, Mitterteich.

P-L: Postkartensammlung Johann Härtl – Eigenverlag der Künstlers Michael Lindner, Mitterteich.
PR: Dr. med. Peter Radlo: Trug oder Wahrheit? Neues über Konnersreuth. Bardenia-Verlag, Karlsruhe 1938.
P-S: Postkartensammlung Johann Härtl -Vertrieb Eugen Storr, München.
P-W: Postkartensammlung Johann Härtl – J.B. Weiß, Konnersreuth.
PY: Paramahansa Yogananda: Autobiographie eines Yogi, Self-Realization Fellowship 2001.
RH: R.W. Hynek M.D.: Konnersreuth. Konnersreuth – A medical and psychological study of the case of Teresa Neumann. Übersetzung ins Englische, The MacMillan Company, New York 1932.
RM: Rudolf Morsey: Fritz Gerlich (1883–1934). Ein früher Gegner Hitlers und des Nationalsozialismus. Ferdinand Schöningh, Paderborn 2016.
RMH: Dr. Rudolf Maria Hynek: Zur Abwehr. Neuer Beitrag zur Lösung des Konnersreuther Problems. Bardenia-Verlag, Karlsruhe 1938.
RoL: Robert Leiber S.J.: Konnersreuth – Tatsachen und Grundsätze. Herder & Co. G.m.b.H. Verlagsbuchhandlung, Freiburg im Breisgau, 1927.
SAÄZ: Sonderdruck aus Allgem. Ärztl. Zeitschrift f. Psychotherapie und psychische Hygiene, Bd1, H.5, Verlag S. Hirzel, Leipzig: Ed. Aigner: Die Stigmatisierte von Konnersreuth.
StAAm1: Staatsarchiv Amberg. Bezirksamt Landratsamt Tirschenreuth 4169.
StAAm2: Staatsarchiv Amberg. Regierung der Oberpfalz Kammer des Innern 13038.
StAAm3: Staatsarchiv Amberg. Amtsgericht I Waldsassen 1314.
StAAm4: Staatsarchiv Amberg. Amtsgericht I Waldsassen 441.
StAAm5: Staatsarchiv Amberg. Amtsgericht I Waldsassen Strafakten 173.
StAAm6: Staatsarchiv Amberg. Amtsgericht I Waldsassen 440.
StAAm7: Staatsarchiv Amberg. Amtsgericht I Waldsassen 442.
StAAm8: Staatsarchiv Amberg. Amtsgericht I Waldsassen 444.
StAAm9: Staatsarchiv Amberg, Amtsgericht I Waldsassen 1315.
SW: Bischof Dr. Sigismund Waitz: Die Botschaft von Konnersreuth. Caritasverlag, Feldkirch/Österreich 1928.
WF: Pfarrer Dr. Wilhelm Franzmathes: Der Segen von Konnersreuth. Verl. der Schulbrüder, Kirnach-Villingen, Baden 1929.
Z-01-01: Illustrierte Magazine – https://magazine.illustrierte-presse.de.
Z-01-02: „Personalien“, Der Spiegel, 22. August 1947 – (www.spiegel.de/nachrichtenarchiv/).
Z-01-03: www.jugend-wochenschrift.de.
Z-01-04: „Warum manche Oskar Maria Graf bis heute nicht verzeihen“, Süddeutsche Zeitung, 28. Mai 2017 – www.sueddeutsche.de.
Z-01-05: www.simplicissimus.info.
Z-01-06: Universitätsbibliothek Heidelberg – https://digi.ub.uni-heidelberg.de.
Z-01-07: „Thérèse Neumann“, L’effort algérien, Algier/Algerien Titelseite am 24. März 1933 – Bibliothèque nationale de France (gallica.bnf.fr).
Z-01-08: „Het Mysterie van Konnersreuth“, De Sumatra Post, Medan/Sumatra, Titelseite, 3. Juli 1931 – Delpher (www.delpher.nl).
Z-02-01: „Die heilige ‚kleine‘ Theresia, die große Wundertäterin unserer Zeit“, Ybbstal-Zeitung, St. Pölten/Österreich, 20. Februar 1926, Seite 51-53 – ANNO.
Z-02-02: „Gibt es das Wunder von Konnersreuth?“, Mittelbayerische Zeitung, Regensburg, 15. September 2012, Seite 8.
Z-03-01: „Das Wunder von Konnersreuth“, Arbeiter Zeitung, Wien, 17. Sept 1927, Seite 6 – ANNO.
Z-03-02: „Der Schwindel von Konnersreuth“, Tagblatt, Linz, 20. Sept. 1927, Seite 4 – ANNO.
Z-03-03: „Sie halten sich nicht für Christus, fühlen aber wie er“, SZ-Magazin, Heft 13/2021 – www.sueddeutsche.de.
Z-04-01: „Neue Kunde aus Konnersreuth“, (Neuigkeits) Welt Blatt, Wien, 13. September 1930, Seite 10 – ANNO.
Z-04-02: „Erlebnisse eines amerikanischen Bischofs in Konnersreuth“, Allgemeiner Tiroler Anzeiger, Innsbruck, 3. April 1928, Seite 1 – ANNO.
Z-04-03: „Die Geschichte der Seherin von Konnersreuth“, Allgemeiner Tiroler Anzeiger, Innsbruck, 10. September 1927, Seite 4 – ANNO.
Z-04-04: „Die Grabungen am Federsee und Therese Neumann“, Bregenzer/Vorarlberger Tagblatt, Bregenz, 21. September 1929, Seite 6 – ANNO.
Z-05-01: „Konnersreuth ist eine Botscahft für viele“, Der Neue Tag, Weiden, 24. September 1962.
Z-05-02: „Therese Neumann“, Kleine Volks-Zeitung, Wien, 18. September 1927, Seite 8 – ANNO.
Z-05-03: „Neues aus Konnersreuth“, (Neuigkeits) Welt Blatt, Wien, 9. Mai 1929, Seite 17 – ANNO.
Z-05-04: „Gerüchte um Theres Neumann und deren Wert“, (Neuigkeits) Welt Blatt, Wien, 18. September 1931, Seite 7 – ANNO.
Z-05-05: „Aufklärendes über Konnersreuth“, (Neuigkeits) Welt Blatt, Wien, 6. Oktober 1931, Seite 8 – ANNO.

Z-05-06: „Therese von Konnersreuth bei Kardinal Kašpar“, Pilsner Tagblatt, 3. September 1937, Seite 2 – ANNO.

Z-05-07: „Reserl von Konnersreuth will in die Schweiz“, Die Weltpresse, Wien, 4. Februar 1949, Seite 2 – ANNO.

Z-05-08: „Die Nahrungslosigkeit der Therese Neumann“, (Neuigkeits) Welt Blatt, Wien, 19. Januar 1932, Seite 10 – ANNO.

Z-05-09: „Eine Wendung im Fall Konnersreuth“, Salzburger Volksblatt: unabh. Tageszeitung f. Stadt u. Land, 7. November 1931, Seite 3 – ANNO.

Z-05-10: „Die Reisen der Therese Neumann“, Vorarlberger Landstimme, Bregenz, 24. September 1931, Seite 7 – ANNO.

Z-06-01: „Das Mädchen mit den blutenden Heilandswunden“, Prager Tagblatt, 29. April 1926, Seite 3 – ANNO.

Z-06-02: „Konnersreuth (Therese Neumann)“, Tirschenreuther Tagblatt Nr. 173 vom 31. Juli 1926.

Z-06-03: „Die Besuche in Konnersreuth – Noch immer starker Andrang“, AZ am Abend, München, 21.06.1929, Seite 3 – Bayerische Staatsbibliothek (digipress.digitale-sammlungen.de).

Z-06-04: „Sechs Jahre Stigmatisierte von Konnersreuth“, (Neuigkeits) Welt Blatt, Wien, 17. März 1932, Seite 14 – ANNO.

Z-06-05: „Tousands See WomanRe-Enact The ‚Crucifixion‘“, Olean Times Herald, Olean/New York, 15. April 1949, Titelseite – Old Fulton NY Post Cards (fultonhistory.com).

Z-06-06: „13000 erlebten Konnersreuth“, Passauer Neue Presse, 12. April 1950, Seite 5 – Bayerische Staatsbibliothek (digipress. digitale-sammlungen.de).

Z-06-07: „6000 Besucher sahen heuer das ‚Wunder von Konnersreuth‘“, Wiener Kurier, 8. April 1950, Seite 1 – ANNO.

Z-06-08: „Bishop McNally Relates Story Of Stigmatized Girl“, The Catholic Northwest Progress, Seattle/Washington, Seite 1 und 7 – Washington State Library (washingtondigitalnewspapers.org).

Z-07-01: „Tagesneuigkeiten – Das verdorbene Geschäft in Konnersreuth“, Arbeiter-Zeitung, Wien, 20. November 1927, Seite 6 – ANNO.

Z-07-02: „Das ‚Wunder’ ist aus“, Die Rote Fahne, Wien, 7. Febr. 1928, Seite 3 – ANNO.

Z-07-03: „Auf Besuch beim ‚Rätsel von Konnersreuth‘“, Arbeiter-Zeitung, Wien, 26. August 1927, Seite 8 – ANNO.

Z-07-04: Kinowerbungen, AZ am Abend, München, 24. August 1927, Seite 8 – Bayerische Staatsbibliothek (digipress.digitale-sammlungen.de).

Z-07-05: „Tagesneuigkeiten – Konnersreuth im Film“, Salzburger Chronik für Stadt und Land, 14. Dezember 1927, Seite 5 – ANNO.

Z-07-06: „‚Das Wunder von Konnersreuth‘ verboten“, Vorarlberger Volksblatt, Bregenz, 15. Februar 1928, Seite 4 – ANNO.

Z-07-07: „Warum Reinhardt nicht in Hollywood blieb“, Der Tag, Wien, 3. April 1929, Seite 4 – ANNO.

Z-07-08: „Theater, Kunst und Welt – Reinhardt auf der Rückreise von Amerika“, Reichspost, Wien, 31. Januar 1929 – ANNO.

Z-07-09: „Erinnerungen an Konnersreuth“, Forsetzungsgeschichte im Konnersreuther Sonntagsblatt, Verlag Angerer Waldsassen, Nr. 40, 41 und 42, 6./13./20. Oktober 1929.

Z-07-10: „Max Reinhardt arbeitet an einem Jannings-Film – Das Wunder von Konnersreuth wird nicht gedreht“, Die Stunde, Wien, 22. Februar 1929, Seite 7 – ANNO.

Z-07-11: „Max Reinhardt ist bereits in Hollywood“, Die Stunde, Wien, 1. Januar 1929, Seite 9 – ANNO.

Z-07-12: „Therese Neumann und der Film“, Mittelbayerische Zeitung, 31. März 1949, Seite 8, – digipress (digipress-beta.digitale-sammlungen.de).

Z-07-13: „Glossen: Geschäft-Geschäft, Tagblatt, Linz, 30. September 1927, Seite 5 – ANNO.

Z-07-14: „Das Rätsel von Konnersreuth – im Residenztheater“, Berliner Volkszeitung, 15. November 1927, Seite 2 – The European Library (www.teheuropaenlibrary.org).

Z-07-15: „Rund um das Wunder von Konnersreuth“, Die Leuchtrakete, Wien, Oktober 1928, Seite 7 – ANNO.

Z-07-16; Anzeige in ‚Die Leuchtrakete‘, Wien, März 1928, Seite 6 – ANNO.

Z-07-17: „Schaubühne – Raimundtheater“, Mein Film Nr. 217, Wien, 21.02.1930, Seite 2 – ANNO.

Z-07-18: „Neue Phänomene zu Konnersreuth“, Neue Warte am Inn, Braunau, 14. September 1928, Seite 10 – ANNO.

Z-07-19: „Vortrag Karl Wassmann“, Badische Presse, Karlsruhe, 26. Sept. 1927, Seite 12 – Badische Landesbibliothek (digital.blb. karlsruhe.de).

Z-07-20: „Det blödande belgonet“, Hangö, Hanko (Finnland), 31. Oktober 1929, Seite 1 – Digitaaliset Aineistot (digi. kansalliskirjasto.fi).

Z-07-21: „Erindi um Theresu Neumann“, Vísir, Reykjavík , 15. März 1930, Seite 1 – Tímarit.is (timarit.is).

Z-07-22: „Die Resl von Konnersreuth als Wachsfigur auf dem Oktoberfest“, Linzer Tagespost, 29. September 1927, Seite 9 – ANNO.

Z-07-23: „Kardinal Faulhaber über Konnersreuth“, Salzburger Volksblatt, 8. November 1927, Seite 3 – ANNO.

Z-07-24: „Das Wundermädchen von Konnersreuth“, Illustrierte Kronen Zeitung, Wien, 15. September 1927, Seite 5 – ANNO.

Z-07-25: „Therese von Konnersreuth bestohlen“, Allgemeiner Tiroler Anzieger, 24. April 1930, Seite 5 – ANNO.

Z-07-26: „Wie steht es heute um Konnersreuth“, Allgemeiner Tiroler Anzeiger, 18. Nov 1933, Seite 13 – ANNO.

Z-07-27: „Erlebnis bei Therese Neumann“ , Allgemeinen Tiroler Anzeiger, 3. November 1932, Seite 3 – ANNO.

Z-07-28: „Gibt es das Wunder von Konnersreuth, Mittelbayerische Zeitung, 15. September 2012.

Z-08-01: „Der Bischof von Regensburg über Konnersreuth“, AZ am Abend, München, 10. Oktober 1927 – Bayerische Staatsbibliothek (digipress.digitale-sammlungen.de).

Z-08-02: „Undrin í Konnersreuth.“, Lesbók Morgunblaðsins, Reykjavík/Island, 6. November 1932, Seite 346 – Tímarit.is (timarit.is).

Z-08-03: „Morreu a Estagmatizada de Konnereut“, A Noite, Rio de Janeiro 12. Seoptember 1939, Seite 1 – Bibliotheca Nacional Digital Brasil (memoria.bn.br).

Z-08-04: „Teresa Neumann, La Mujer Que Maldijo a Hitler“, Diario de la Marina, La Habana (Havanna/Kuba), 12. Dezember 1939, Seite 5 – Biblioteca Virtual de Prensa Hisórica (historica.mcu.es).

Z-08-05: „Therese Neumann – Letter from Fr. Naber“, Catholic Herald, London, 16. November 1951, Seite 2 – Catholic Herald (archive-uat.catholicherald.co.uk).

Z-08-06: Kritisches um Konnersreuth“, Korrespondenz-Blatt für den Katholischen Klerus Österreichs, Wien, 25. Oktober 1937, Seite 5 – ANNO.

Z-09-01: „Auch mit ‚Visionen‘ muß man vorsichtig sein“, Tagesbote, Brünn/Tschechei, 15. Februar 1935. Seite 2 – Digitale Bibliothek (www.difmoe.eu).

Z-09-02: „Therese von Konnersreuth: Ich bin frei!“ Der Morgen. Wiener Montagblatt, 18. Februar 1935, Seite 3 – ANNO.

Z-09-03: „Zgon Teresy Neumann stygmatyczki z Konnersreuth“, Gazeta Wągrowiecka, WągrowiecPolen, 22. Juli 1939, Seite 2 – Wielkopolska Biblioteka Cyfrowa (www.wbc.poznan.pl).

Z-09-04: „Die ungeliebte Heilige“, BUNTE Nr. 46 vom 8.11.1979, Seite 116-118.

Z-09-05: „The Woman Hitler Fears“, The Catholic Weekly, Wochenzeitung der Erzdiözese Sydney/Australien, 26. Oktober 1943, Seite 9 – National Library of Australia (trove.nla.gov.au).

Z-09-06: „Aus der katholischen Welt: Therese von Konnersreuth in der letzten Phase des Kriegsgeschehens“, Luxemburger Wort, 29.11.1945 Seite 2 – Bibliothéque nationale de Luxembourg (www.eluxemburgensia.lu).

Z-09-07: „Americans Give Guards to Stigmatized Theresa“, The Catholic Advance, Wichita/Kansas/USA, 11. Mai 1945, Seite 1 – www.newspapers.com.

Z-09-08: Der Spiegel, 6. November 1957, Seite 64.

Z-09-09: „Aufstand in Konnersreuth“, Westböhmische Tageszeitung, Pilsen/Tschechei, 31. März 1937, Seite 1 – ANNO.

Z-09-10: „Die ‚Konnersreuther Resl‘ als Zeugin“, Mittelbayerische Zeitung, Regensburg, 4. Dezember 1948, Seite 3 – Zeitungsportal der Bayerischen Staatsbibliothek (digipress-beta.digitale sammlungen.de).

Z-09-11: „Die Therese prophezeit nicht“, Der Spiegel, 30.08.1947 – (www.spiegel.de/nachrichtenarchiv/).

Z-10-01: „Der Beichtvater über Therese Neumann“, Allgemeiner Tiroler Anzeiger, Innsbruck, 12.02.1938, Seite 3 – ANNO.

Z-10-02: „Neues aus Konnersreuth!“, (Neuigkeits) Welt Blatt, Wien, 09.05.1929, Seite 17 – ANNO.

Z-10-03: „Therese Neumann“, St. Pöltner Bote, 28. Januar 1928, Seite 9 – ANNO.

Z-10-04: Das Aramäische in den Visionen Therese Neumanns“, Zeitschrift für Parapsychologie, Leipzig, 1. März 1929, Seite 171–172 – http://dl.ub.uni-freiburg.de/diglit/zs_para1929/image?sid=fe18.

Z-10-05: „Neue Phänomene zu Konnersreuth“, (Neuigkeits) Welt Blatt, Wien, 6. September 1928, Seite 9 – ANNO.

Z-10-06: „Neue Kunde aus Konnersreuth“, (Neuigkeits) Welt Blatt, Wien, 13. September 1930, Seite 10 – ANNO.

Z-11-01: „Neue Phänomene zu Konnersreuth“, (Neuigkeits) Welt Blatt, Wien, 6. September 1928, Seite 9 – ANNO.

Z-11-02: „Die ungeliebte Heilige“, BUNTE Nr. 47 vom 15.11.1979, Seite 179.

Z-11-03: „Kapel uit Dankbaarheid voor Genezing“, Het Vrije Volk – democratisch-socialistisch dagblad, Amsterdam, 24. August 1971, Titelseite – Delpher (www.delpher.nl).

Z-11-04: „Die ungeliebte Heilige“, BUNTE Nr. 47 vom 15.11.1979, Seite 180.

Z-12-01: „Zweimaliger Besuch des Bischofs von Regensburg in Konnersreuth“, (Neuigkeits) Welt Blatt, Wien, 4. Juli 1929, Seite 13 – ANNO.

Z-12-02: „Die Seherin von Konnersreuth“, Die Neue Zeitung, Wien, 7. September 1927, Seite 5 – ANNO.

Z-12-03: „Erinnerungen an den Kardinal“, Reichspost, Wien, 22. April 1932, Seite 3 – ANNO.

Z-12-04: „Dr. Kordac' Nachfolger", Neues Wiener Tagblatt, 19. Juli 1931, Seite 5 – ANNO.

Z-12-05: „Der Papst läßt sich über Konnersreuth Bericht erstatten", Liechtensteiner Nachrichten, Vaduz, 24. Jan. 1929, Seite 3 – Liechtensteinische Landesbibliothek (www.eliechtensteinesia.li).

Z-12-06: „Bischof Waitz über Konnersreuth", Neue Warte am Inn, Braunau, 4. Oktober 1929, Seite 12 – ANNO.

Z-12-07: „True Cross Relic Sent by Pope to Theresa Neumann", The Catholic Advance, Wichita/Kansas, 22. Apr. 1955, Seite 5 – www.newspapers.com.

Z-13-01: „Die ungeliebte Heilige", BUNTE Nr. 44 vom 25.10.1979, Seite 96.

Z-13-02: „Der Schwindel von Konnersreuth. Ein Fall bewußten Betruges", Tagblatt (Organ für die Interessen des werktätigen Volkes), Linz, 20. Sept. 1927, Seite 4 – ANNO.

Z-13-03: „Das Wunder von Konnersreuth. Aberglaube, Skrupellosigkeit und Dummheit", Vorarlberger Wacht (Sozialdemokratisches Organ), Dornbirn, 24. Sept. 1927, Seite 6 – ANNO.

Z-13-04: „Ein Kölner Prozeß um Konnersreuth", Konnersreuther Sonntagsblatt, Verlag Angerer Waldsassen, 3. Feb. 1928, Seite 1.

Z-13-05: „Die ‚heilige Resl'. Der Volksbetrug von Konnersreuth", Hamburger Volkszeitung, 17. Sept. 1927 – Hamburger Welt-Wirtschafts-Archiv (webopac.hwwa.de).

Z-13-06: „Ein kommunistischer Schriftleiter wegen Beleidigung der Therese Neumann verurteilt", Konnersreuther Sonntagsblatt, Verlag Angerer Waldsassen, 19. Mai 1928, Seite 2.

Z-13-07: „Die heilige Jungfrau von Konnersreuth hat ein uneheliches Kind", Die Rote Fahne, Wien, 3. November 1927, Seite 3 – ANNO.

Z-13-08: „Neue Konnersreuth-Prozesse", Konnersreuther Sonntagsblatt, Verlag Angerer Waldsassen, 24. Februar 1928, Seite 2.

Z-13-10: „Therese Neumann klagt", Konnersreuther Sonntagsblatt, Verlag Angerer Waldsassen, 16. Dez. 1927, Seite 1.

Z-13-11: „Die heilige Resl unter besonderem Strafschutz", Die Arbeiterzeitung, Wien, 4. Jan. 1928, Seite 9 – ANNO.

Z-13-12: „Wegen Verleumdung der Therese Neumann verurteilt", Konnersreuther Sonntagsblatt, Verlag Angerer Waldsassen, 1. März 1928, Seite 5.

Z-13-13: „Ein neuer Prozeß in Düsseldorf", Konnersreuther Sonntagsblatt, Verlag Angerer Waldsassen, 8. April 1928, Seite 2.

Z-13-14: „Ein neues Strafurteil wegen Konnersreuth", Liechtensteiner Volksblatt, 1. Mai 1928, Seite 2 – Liechtensteinische Landesbibliothek (www.eliechtensteinesia.li).

Z-13-15: „Konnersreuth – Erklärungsversuche der Gegner", Tiroler Anzeiger, Innsbruck, 15. Okt. 1927, Seite 6 – ANNO.

Z-13-16: „Das Wunder von Konnersreuth vor Gericht", Innsbrucker Nachrichten, 18. April 1929, Seite 7 – ANNO.

Z-13-17: „Konnersreuth vor Gericht", Grazer Tagblatt, 21. April 1929, Seite 24 – ANNO.

Z-13-18: „Die ungeliebte Heilige", BUNTE Nr. 46 vom 8.11.1979, Seite 120.

Z-13-19: „Die fromme Therese. Selig oder hysterisch?", Zeit Online, 1. Januar 1993 – (www.zeit.de)

Z-14-01: „Die Untersuchung der stigmatisierten Therese Neumann von Konnersreuth", (Neuigkeits) Welt Blatt, Wien, 7. Oktober 1927, Seite 1 -ANNO

Z-14-02: „Stoffwechselprobleme und Konnersreuth", Konnersreuther Sonntagsblatt, Verlag Angerer Waldsassen, 21. April 1929, Titelseite und 2 Folgeseiten.

Z-15-01: „Feuersbrunst", Prager Abendblatt, 12. Juni 1869, Seite 3 – ANNO.

Z-15-02: „Ein Haus mit (Leidens-)Geschichte", Der Neue Tag, Weiden, 7. Dezember 2020, Seite 6.

Z-15-03: „Personalien – Josef Naber", Der Spiegel, 27. März 1963, Seite 94.

Z-16-01: „Auf Besuch beim ‚Rätsel von Konnersreuth'. Wunder und Geschäft", Arbeiter-Zeitung, Wien, 26. August 1927, Seite 8.

Z-16-02: „Thérèse Neumann. Zal ze heilig worden verklaard?", Bataviaasch Nieuwsblad, Batavia (Indonesien), 8. Nov 1939, Seite 9.

Z-16-03: „Zaligverklaring van Therese Neumann? Kardinaal Bea vraagt informatief proces", De Tijd – De Maasbode, Amsterdam, 6. November 1965, Seite 2.

Z-16-04: „Siegert schürt bei Resl-Fans Hoffnung", Der neue Tag, Weiden, 8. November 2019.